要素市场化配置改革

刘翔峰 ◎ 著

中国市场出版社
China Market Press
·北京·

图书在版编目（CIP）数据

要素市场化配置改革 / 刘翔峰著. —北京：中国市场出版社有限公司，2024.4
ISBN 978-7-5092-2457-1

Ⅰ.①要… Ⅱ.①刘… Ⅲ.①生产要素市场—市场配置—市场改革—研究—中国 Ⅳ.①F723.0

中国版本图书馆CIP数据核字（2023）第155741号

要素市场化配置改革
YAOSU SHICHANGHUA PEIZHI GAIGE

著　　者：	刘翔峰
责任编辑：	晋璧东（874911015@qq.com）
出版发行：	中国市场出版社
社　　址：	北京市西城区月坛北小街2号院3号楼（100837）
电　　话：	（010）68033539/68036672/68020336
经　　销：	新华书店
印　　刷：	河北鑫兆源印刷有限公司
成品尺寸：	170mm×240mm　　　开　本：16
印　　张：	25　　　字　数：298千
图　　数：	102　　　表　数：32
版　　次：	2024年4月第1版　　　印　次：2024年4月第1次印刷
书　　号：	ISBN 978-7-5092-2457-1
定　　价：	128.00元

版权所有　侵权必究　　　印装差错　负责调换

序　言

要素市场化，何以成为改革突破口

习近平总书记指出，发展环境越是严峻复杂，越要坚定不移深化改革。

改革的重点和突破口在哪里？

2020年4月9日，中共中央、国务院发布《关于构建更加完善的要素市场化配置体制机制的意见》（以下简称《意见》）。作为我国第一个关于生产要素市场化配置改革的纲领性文件，对我国深化要素市场化配置改革具有重要的指导和促进作用，将成为我国经济体制改革的里程碑式文件，成为我国建设高标准市场体系的真正起点。

一、要素市场化配置在改革全局中处于战略性地位

市场经济的本质和标志，是市场在资源配置中发挥决定性作用。我国40多年的经济体制改革，一直是围绕着资源要素配置方式的改革和完善进行的。党的十九大报告明确将要素市场配置作为经济体制改革的两个重点之一。党的十九届四中全会进一步强调，推进要素市场制度建设。这表明，要素市场化配置改革在经济体制改革全局中处

于战略性地位，是我国建设高标准市场体系和经济高质量发展的必然要求。特别是在2008年全球金融危机以后，我国经济处于转型筑底时期，要素市场化配置改革已经迫在眉睫。经过长期探索，我国生产要素市场建设已取得一定进展，但总体来看，土地、劳动力、资本、技术、数据等主要的生产要素市场发展仍相对滞后，市场决定要素配置的范围有限，要素流动存在体制机制障碍，新型要素市场规则建设滞后。这些客观不足，影响了市场对资源配置决定性作用的发挥，导致经济结构失衡、产业结构不合理、制造业和消费成本不断上升，不利于产业竞争力和国家竞争力的提升。

因此，唯有构建更加完善的要素配置体制机制，才能从根本上解决制约经济发展全局的深层次矛盾，释放错配资源，使生产要素从低质低效向优质高效领域流动，解决我国经济的结构性和体制性矛盾，重塑经济持续发展动力，这是坚持和完善社会主义基本经济制度、加快和完善社会主义市场经济体制改革、建立统一开放竞争有序的现代市场体系的迫切要求。

完善要素市场化配置改革的目的在于，要让企业成为独立的市场主体来配置要素资源。在完善政府调节监管的基础上，针对要素产权不清晰、要素市场化交易机制不健全、要素市场发育不足等问题，必须进一步深化要素市场化改革，盘活要素资源，提高要素配置效率和全要素生产率，靠改革来激发要素蛰伏的潜能，使之成为经济发展的新动能。

序言

二、要素市场化配置改革的方案包含"一、二、三、五",重在"完整"

《意见》提出建立一个体系、发挥两个作用、构建三个机制、激活五个重点要素,构建完整的要素市场化配置体制机制。

"一个体系",即建立一个要素价格由市场决定,各类要素自主有序流动、配置高效公平的高标准要素市场体系。

"两个作用",即发挥市场的决定性作用、更好地发挥政府作用。要素市场配置改革的核心,就是要发挥市场配置资源的决定性作用,通过市场价格、市场竞争、市场准入退出等规则形成完善的要素市场体系,畅通要素流动,保障不同市场主体平等获取生产要素,释放被束缚的要素活力。同时,市场化改革,不是一放了之,而是要更好地发挥政府作用,政府要从实际出发,大幅度减少政府对要素的直接配置,同时加强对要素价格、市场运行的调控和监管,打破行政垄断、防止市场垄断,清理妨碍统一市场和公平竞争的各种规定和做法,建立健全公平、开放、透明的市场制度规则,从根本上破除阻碍要素自由流动的体制机制障碍,引导各类要素向技术、数据等先进生产力积聚,不断优化改革环境,保证各类所有制企业平等获取要素。

"三个机制",即完善主要由市场决定的要素价格机制,健全要素市场运行机制,建立组织保障机制。"三个机制"能够确保各类市场主体平等获得要素,保证生产要素市场的良好运行,确保要素市场化配置改革的顺利推进。

"五个重点要素",即土地、劳动力、资本、技术和数据。尤其是技术、数据这类"软要素",将大大拓宽生产的广度和深度,对土地、劳动力、资本等传统生产要素进行渗透改造,并使其释放新活力。这五个要素的有机组合和有序流动,将极大地促进产业升级,优化经济结构,更有效地创造更多的社会财富。

三、两大新兴要素与三大传统要素

技术要素和数据要素,是现代要素市场体系两大新的推动力。首次将数据纳入生产要素范围,成为《意见》的突出亮点。生产要素从有形扩展到无形,各个经济发展阶段都有主导性生产要素。农业时代的土地和劳动力是重要的生产要素,工业社会以资本要素为主导,并催生出技术、管理等更多要素。

(一)两大新兴要素

在后工业化时代,技术要素正在逐步成为主导性要素,引导各类要素向先进生产力聚合。随着信息经济发展,以大数据为代表的信息资源在向生产要素的形态演进,数据和技术等要素一起融入经济价值创造过程,成为经济发展新的推动力。

目前,世界各国都把经济数字化作为创新发展的重要动能,在前沿技术研发、数据开放共享、隐私安全保护、人才培养等方面作出前瞻性布局。随着我国转入创新驱动发展,大数据和实体经济深度融合,创新潜力巨大,若干要素协同作用正在形成新的生产力。

因此，我国必须进一步重视在互联网时代形成的新的要素形态，通过整合优化提升数据资源价值，保护必要的数据安全，在数据化经济方面进行不懈的探索，从而促进实体经济和数字经济融合发展，推动制造业加速向数字化、网络化、智能化演进，运用大数据提升国家治理现代化水平，提高感知、预测、防范风险的能力。

（二）三大传统要素

土地、劳动力、资本等传统要素，也将通过市场化配置改革激发新的市场活力。

土地要素市场化是改革的重点。土地是最基本的生产和生活要素，目前土地资源在农业、工业、住宅间的配置主要通过地方政府而非市场完成，降低了土地利用效率，制约了经济发展和城镇化进程。针对这些问题，土地要素市场化配置改革的重点是推进农村建设用地、盘活城镇存量用地、深化产业用地等市场化配置改革，完善土地管理体制，从而为促进城乡融合发展和经济高质量发展提供新的动力源。

劳动力要素市场化是改革的核心之一。劳动力是各生产要素中最活跃、最富有创造性的要素，土地、资本、技术、数据只有通过劳动力才能激活运转，劳动力的市场化配置水平对整个经济社会发展具有极其重要的意义。唯有消除对劳动力要素流动的限制，才能极大地激发劳动者的创造力，推动资本、技术、数据等要素凝聚形成先进生产力，推动人工智能、大数据等数字经济的不断发展。劳动力要素市场化配置，就是不断消除劳动力流动的制度障碍，畅通劳动力和人才社会性流动渠道。针对当前劳动力配置的主要问题，《意见》中一是提出"两个畅通",即深化户籍制度改革以畅通落户渠道,完善技术技能评价制度以畅通职称申报渠道,为我国从人口大国向人力资源强国转变创造条件;二是提出"两个激活",即激活技术产权激励,激活中介服务活力,以加快国家技术转让体系和人才培养体系,形成人才社会化评价体系,推动我国加速进入创新型社会。

资本要素市场化改革不可或缺。我国资本市场快速发展,目前股票市场市值、债券市场规模均已位居全球第二位。建设规范、透明、开放、有活力、有韧性的资本市场,完善资本市场基础性制度,使之真正成为经济运行的"晴雨表",是我国经济发展的必然要求。推进资本要素市场化配置改革的思路是,完善股票市场的发行、交易、退市等基础制度,加快发展债券市场,推进债券市场互联互通,加强对公司信用债券实行发行注册制管理,增加金融有效供给,构建大中小分工合理的银行机构体系,有序地扩大金融业对外开放。

四、先试点,后推广;允许试错、鼓励大胆创新

党中央对新形势下完善要素市场改革,作出了系统全面的战略部署和切实有效的措施安排。其中,坚持改革与开放,是贯穿要素市场化改革的两条主线。坚持从客观实际出发,遵循经济发展规律,在改革中寻找解决问题的出路,立足于破除旧的要素配置体制机制障碍,建立新的高效配置的体制机制。同时,坚持建立开放型的要素市场体系,加大劳动力要素、资本要素、技术要素的有序开放和全球流动性,增强国际竞争优势。

序 言

顺应这两条主线，各级政府和部门要积极构建本地、本部门的各类要素市场体系，完善工作机制，出台配套改革措施，确保各项改革任务落到实处。要素市场化配置改革的《意见》作为顶层设计，主要是管方向、划界限，在此前提下，要给地方、基层、企业和个人留出更大的自主空间，允许试错、鼓励大胆创新，在更大程度上激发各方面的积极性、创造性，加快构建高标准的要素市场体系。

因此，要素市场化改革采取先试点后推广的方式，注重体制机制创新，坚持大胆实践。到目前为止，要素市场化配置改革已经进行了一系列探索性改革，例如现代都市圈的统一开放市场、国资国企改革的"综改试验"、广东南海的集体经营性建设用地入市、浙江海宁的"亩产效益"、粤港澳大湾区的"科技+金融"双轮驱动和打造劳动力与金融要素自由流动典型区域等探索。所有这些改革都在实践中不断检验和完善，并推动了要素市场化配置改革不断前行。

同时，要素市场化改革贵在坚持。要素市场化配置是一个长期的改革过程，未来还会推出一系列指导意见、制度、规定，并进行一些试点。比如，出台农村集体经营性建设用地入市指导意见，探索产业用地市场化配置改革，深化农村宅基地制度改革试点，制定出台股票市场基础制度的意见，探索对公司信用类债券实行发行注册管理制，开展赋予科研人员职务科技成果所有权和长期使用权试点，探索国际科技创新合作新模式，制定出台一批政府数据共享责任清单，如此等等。未来还会要求对于要素市场分类改革要进行持续跟踪指导，研究新情况、总结新经验、解决新问题，重大问题要及时向党中央、国务院报告。只有长期坚持在探索中深化改革,才能通过一系列改革配套措施,优化要素配置结构,提高要素配置效率,持续释放制度改革的红利。

《要素市场化配置改革研究》一书,是对改革进行理论探索和实践直到认识的升华,回答了要素市场化配置改革的思考过程。要素市场化配置改革是我国社会主义市场经济体制改革的重点内容,更是加快全国统一大市场的核心所在,《中华人民共和国国民经济和社会发展第十四个五年规划和2035年远景目标纲要》(以下简称"十四五"规划)指出持续推进要素市场化配置改革,对建立各类生产要素统一市场进行明确指引。作为我国建设高水平社会主义市场经济体制改革的核心内容,要素市场化配置改革从顶层设计到各类要素市场建设路径都已经明确。本书研究了生产要素理论体系及要素配置基本规律,分析要素配置体制障碍及相关问题,提出要素市场化配置改革的思路及举措。围绕要素市场化配置改革文件出台进行了系列性研究,并根据要求提供咨询服务和智力支撑,同时也进行了一系列各区域的要素市场化评估工作。

本书内容分为如下三个部分。

一是分析要素理论体系及改革实践以探索生产要素配置规律。从马克思主义经济学到配第、萨伊、马歇尔、舒尔茨、罗默、诺斯等要素理论的形成和发展入手,梳理了要素理论发展的脉络,结合我国要素市场化改革理论与实践,把数据纳入要素内涵,提出生产要素主要包含土地、劳动力、资本、技术和数据等五个范畴。总结要素市场化

序 言

配置改革要遵循的基本规律，即技术要素起主导作用并聚合其他要素形成先进生产力，建立市场起决定性作用的要素配置体系为其提供制度保障。

二是现行要素配置体制阻碍了市场在要素配置中起决定性作用。（1）现行土地制度、户籍制度、金融制度、技术创新体制、数据管理体制等体制障碍制约了各类要素的市场化配置，体制机制成本过高造成生产要素成本过高，带来制造业成本和消费成本不断上升，导致我国产业竞争力和国家竞争力下降。（2）要素配置结构失衡主要表现在房地产业的资源配置畸高，而流向制造业的要素资源持续减少，导致产业转型升级困难，经济结构失衡，资本配置效率和全要素生产率不断下降。（3）要素价格市场化机制不健全，原因是行政干预下的垄断价格、补贴价格和扭曲性商品传导价格导致要素价格普遍扭曲，导致了要素资源错配、经济结构扭曲。（4）竞争性要素市场体系远未构建，要素市场发育程度低，没有形成充分竞争，要素市场规则和市场机制尚不完善，导致不能建立统一开放竞争有序的现代化要素市场体系。

三是深化要素市场化配置改革的思路和举措。坚持社会主义市场经济基本制度，全面深化改革要素配置体制。建立市场起决定性作用的要素市场配置体系，为技术创新和技术转化提供制度保障。加快推进土地、劳动力、资本、技术和数据等重点要素市场化配置改革，构建要素价格机制、竞争机制、市场规则的要素市场体系。加快推动"科技+金融"的双轮驱动，发挥政府调节作用，推动国有企业改革，促进城乡融合和各种所有制企业平等使用要素，形成国内统一要素市场，创新对外开放模式促进国内外要素流动，打造国际竞争新优势。

本书创新之处在于，一是拓展生产要素范围，把数据纳入要素，构建土地、劳动力、资本、技术、数据为重点的要素市场体系。二是提出技术是我国生产要素的主导性要素，发挥技术主导引领各要素向先进生产力聚合。三是构建市场决定的要素配置体制，以技术要素为核心，以"科技+金融"为驱动，以市场竞争、市场价格、市场规则为内容的要素配置体系，让市场充分竞争，让国企进行市场化运营，让民企平等地使用生产要素，让内资企业和外资企业享有同等待遇，降低体制机制成本，优化要素结构和提高配置效率，提升产业竞争力和国家竞争力。四是重新调整政府和市场关系，破除体制障碍，最大限度地减少政府对市场的行政干预，促进公平竞争。比如，政府用税收等手段调节市场主体的行为，调节要素的行业配置；提出国企的利润再分配，将利润划拨给社保基金，让全社会分享其利润。

本书成果应用主要体现在为完善要素市场化配置改革的体制机制的《意见》提供系统性研究、智力支撑并提供文件解读。本书源于中国宏观经济研究院的重点课题。课题组成员包括刘翔峰、刘强、王磊、郭琎、王阳、荣晨、胡飞、魏明达。首先感谢国家发展改革委体改司有关领导的指导，推动课题组形成了要素市场化配置改革一系列研究成果。特别感谢中国宏观经济研究院的诸位专家，特别致谢马晓河院长对于体制机制改革方面的思路建议，感谢林兆木、陈东琪、王昌林、吴晓华、毕吉耀等诸位院长的倾心指导，感谢臧跃茹、杨宜勇、肖金成、高国力、银温泉、叶辅靖等诸位所长的宝贵建议，感谢

序 言

刘琳、黄征学、盛朝讯等诸位研究员的专业支持，感谢中国社会科学院社会发展战略研究院张冀院长、金融所彭兴韵研究员的不吝赐教，感谢中国国际经济交流中心信息部王晓红主任的大力支持，感谢市场所诸位领导的关怀和同事们的帮助。

研究成果经过编辑整理，现以著作的形式呈现给关心改革的读者朋友们，希望大家进行讨论，推动深入思考，继续深化要素市场化配置改革的研究，探索出一条中国特色社会主义市场经济的改革之路。

刘翔峰

2023年1月1日

目录

第一章　概　论 / 1

第二章　完善要素市场化配置体制机制 / 39

　　一、坚持要素市场化配置改革方向 / 40

　　二、现行要素配置体制阻碍了市场在要素配置中

　　　　起决定性作用 / 57

　　三、建立由市场起决定性作用的现代化要素市场体系 / 87

第三章　要素价格形成机制研究 / 103

　　一、要素价格形成机制的理论分析框架 / 104

　　二、我国要素价格改革进程及评价 / 110

　　三、要素价格形成机制存在的问题及原因 / 120

　　四、进一步完善我国要素价格市场化、竞争性形成机制 / 130

第四章　土地要素市场化配置改革研究 / 141

一、土地及其市场化的内涵 / 142

二、土地市场化配置改革的评估 / 146

三、土地市场化配置改革面临的问题 / 163

四、下一步改革的思路和建议 / 170

第五章　劳动力要素市场化配置改革研究 / 177

一、劳动力配置现状 / 178

二、劳动力配置效果评估 / 189

三、进一步推进劳动力要素市场化配置改革的建议 / 212

第六章　资本要素市场化配置改革研究 / 223

一、资本要素市场化配置方式发生深刻变化 / 224

二、要素市场化配置改革面临的主要问题 / 248

三、要素市场化配置改革的建议 / 256

第七章　技术要素市场化配置改革研究 / 263

一、技术市场相关概念内涵与基本特征 / 264

二、我国技术要素市场发展现状与存在的问题 / 269

三、科技创新技术效率影响因素的定量测算 / 287

四、国外促进技术转移转化的经验做法 / 301

　　五、完善技术要素市场化的思路与对策 / 308

第八章　数据要素市场化配置改革研究 / 317

　　一、数据要素的内涵、典型特征及市场构成要件 / 319

　　二、推动数据要素市场化配置的国际经验镜鉴 / 325

　　三、推进数据要素市场化配置面临的主要问题 / 337

　　四、推进数据要素市场化配置的总体思路及对策举措 / 347

第九章　广东省要素市场化配置调研案例 / 351

　　一、广东省要素市场化配置改革的先进经验 / 352

　　二、要素市场化配置改革中存在的主要问题和原因 / 356

　　三、深化要素市场化配置改革的对策建议 / 364

第十章　优化资金配置调研案例 / 371

　　一、银企合作新机制的关键作用 / 371

　　二、创新型主办银行制度的机制创新 / 373

　　三、新主办银行制度的利弊分析 / 374

　　四、加快塑造新型银企合作机制 / 377

后　记 / 381

第一章 概 论

本书首先对生产要素理论进行梳理并探索了生产要素配置规律，认为生产要素范畴随着生产力发展不断拓展，在人类社会发展不同阶段总有某种主导要素起引导聚合成先进生产力的作用。结合我国实际，本书把数据纳入现代生产要素范畴，要素主要包括土地、劳动力、资本、技术和数据等五个方面。在要素的组合和相互作用中，技术是主导要素并聚合引导其他要素形成先进生产力；同时，要建立市场起决定作用的要素配置体系，为其提供制度保障，要素市场化配置改革要按照要素发展的规律进行设计和推进。其次，本书分析了现行要素配置中存在的问题及原因，认为现行土地制度、户籍制度、金融制度、技术创新体制、数据管理等体制障碍制约了各要素的市场化配置。要素价格市场化机制不健全、竞争性要素市场体系尚未构建、要素市场发育程度低等问题，导致了要素配置结构失衡、产业转型升级困难，以及资本配置效率、全要素生产率及产业竞争力和国家竞争力下降。最后，本书提出深化要素市场化改革的思路和建议，坚持社会主义市场经济基本制度，建立市场起决定性作用的要素市场配置体系，加快推进土地、劳动力、资本、技术和数据等重点要素市场化配置改革，发挥政府调节作用，建设城乡融合、各种所有制企业平等使用要素的统一要素市场，创新对外开放模式，打造国际竞争新优势。

一、探索生产要素配置规律，坚持要素市场化配置改革方向

探索要素配置发展规律、调整要素配置结构、提高要素配置效率，推动要素市场化配置改革对于建立社会主义市场经济体系有重大意义。

（一）要素理论丰富发展和我国要素市场化配置的改革实践

生产要素是进行物质资料生产所必须具备的基本因素或条件。根据马克思主义政治经济学对生产力和生产关系的分析，认为生产要素包括劳动者、劳动资料和劳动对象。其中，劳动者是指正在或能够在生产力系统运行中使用劳动力和发挥劳动功能的人，被认为是生产力诸要素中最为活跃和最富有创造性的要素。劳动资料包括生产工具和基础设施等。劳动对象包括自然物（如土地、资源等）和经劳动者

加工过的劳动对象（如原料、材料等）。而生产要素的内涵也经历了从"二要素论""三要素论"到"多要素论"的发展过程。"二要素论"认为劳动力和土地都创造财富和价值，而劳动更是商品价值的基础。"三要素论"明确提出劳动力、土地（或自然力、以土地为代表的自然资源）和资本是最基本的生产要素。管理或企业家才能等对生产活动起重要作用的"组织要素"被列入生产要素中，将"三要素论"扩展到"多要素论"。随着社会经济的发展、科学技术的进步以及新经济（如知识经济、网络经济、平台经济等）的兴起，技术和数据在推动经济发展中起着越来越重要的作用，这些无形要素也被纳入生产要素（如图1-1所示）。

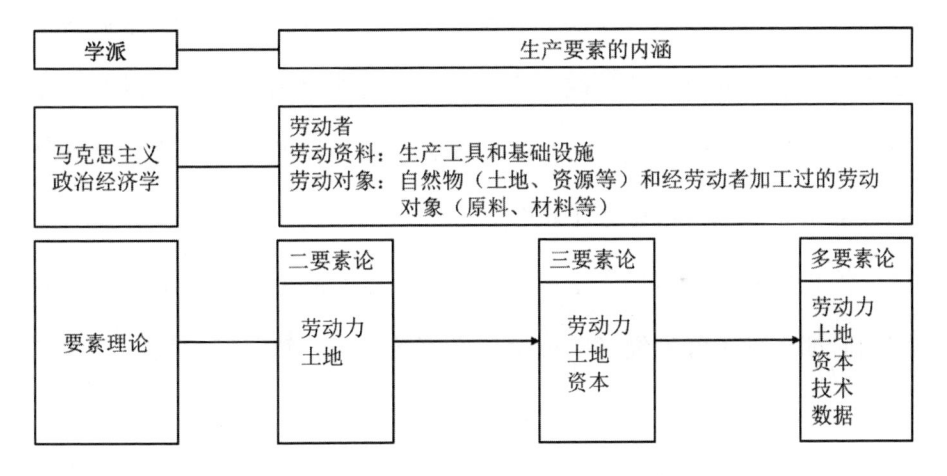

图1-1　生产要素内涵的动态发展

资料来源：本课题组整理得出。

我国经济发展奇迹的取得，一个重要因素是我国有一以贯之的长远发展战略，以及为实现战略目标连续实施的五年规划。五年规划集中体现中国的战略目标，把人民的意志和愿景变为国家的意志和愿景，把党的理论、路线、战略、目标都落到规划里面。同时，五年规划又着力破解当时经济社会发展的突出矛盾和问题，推动经济社会持续健康发展。从"一五"到"十四五"规划，大体经历以下阶段："一五"到"五五"的计划经济阶段，"六五"到"九五"的计划经济体制向社会主义市场经济体制转轨时期，"十五"到"十三五"的社会主义市场经济体制基本建立，"十四五"则进入了高水平市场经济体制建设阶段。[1]

随着计划经济转向社会主义市场经济体制建设，我国要素理论与实践随着要素市场化配置改革而发展，从计划经济下的要素统一配置到社会主义市场经济建设下的要素市场化配置，要素市场体系不断建立、发展和完善，这种改革逻辑从党的历次全国代表大会报告中可以找到清晰的脉络体现。一是生产要素市场，党的十三大最早提出我国社会主义市场经济体系不仅包括商品市场，还包括资金、劳务、技术、信息和房地产市场等生产要素市场，这一时期是我国第七个五年规划时期，处于计划经济向社会主义市场经济转轨时期，生产要素市场开始建立；党的十五大继续提出着重发展资本、劳动力、技术等要素市场。二是价格形成机制，党的十八大提出完善反映市场供求关系、资源稀缺程度、环境损害成本的生产要素和资源价格形成机制。三是平等竞争自由流动，党的十六大提出打破行业垄断和地区封锁，促进商品和生产要素在全国市场自由流动；党的十八大提出保证各种

---

[1] 林兆木.十三个五年规划的强国轨迹[J].瞭望，2019-10-12.

所有制经济依法平等使用生产要素、公平参与市场竞争。四是要素配置方式，党的十八届三中全会提出"使市场在资源配置中起决定性作用"，党的十九大提出要素市场化配置是经济体制改革的重点之一，要提高全要素生产率，实现产权有效激励、要素自由流动、价格反应灵活、竞争公平有序、企业优胜劣汰。同时也提出打破行政性垄断，防止市场垄断，加快要素价格市场化改革，放宽服务业准入限制，完善市场监管体制。在社会主义市场经济建设时期，要素市场化配置体系也不断建设和完善。党的二十大报告强调，构建全国统一大市场，深化要素市场化改革。

（二）生产要素呈现出与经济发展阶段相适应和促进生产力发展的新特征

我国生产要素从有形扩展到无形，各个经济发展阶段都有主导性生产要素，目前主要包含土地、劳动力、资本、技术和数据等五种要素（如图1-2所示），要素互相组合形成新的生产力，从而促进经济发展，呈现出与经济发展阶段相适应的新特征。

一是要素的所有权与使用权分离，在社会主义市场经济建设过程中，在土地公有制或土地集体所有制基础上，土地要素的使用权、承包权等权利可以作为商品进行交换而获得收益。

二是技术正在逐步成为主导性要素，随着我国转入创新驱动发展，大数据和实体经济深度融合形成科技创新潜力，若干要素协同作用正在形成新的生产力。

三是数据发展带来政府和市场边界重新划分，例如政府过去在市场失灵领域提供公共服务，现在可以通过购买大数据平台提供的公共服务来为公众提供服务，政府监管变为线上治理、精准治理。

四是各要素市场都在加快发展，技术、数据这类"软要素"将大大拓宽生产广度和深度，对土地、劳动力、资本传统生产要素进行渗透改造并使其释放新活力，这种重新组合形成各种要素价格引导要素流动和配置，促进产业技术升级、创造社会财富和优化经济结构。从实践看，我国要素市场成长发育很快，但各重点要素市场发展并不平衡。金融业的要素市场化发展相对稳健，整体推进有序；人力资源发展较快，但起伏较大；技术和数据市场发展缓慢，未能适应相关要素市场发展的要求，这也从宏观层面揭示了我国芯片等高新技术落后的原因。

可见，改革开放以来要素市场虽然发展很快，但需要认真总结经验和教训，确定进一步改革与发展的思路。

社会形态	农业社会	工业社会	数字社会
经济形态	农业经济	工业经济	数字经济
生产方式	$Y=F(T,L,S)$	$Y=F(T,K,L,S)$	$Y=F(T,D,K,L,S)$

Y:经济产出；F:生产函数；T:技术进步；L:劳动；S:土地；K:资本；D:数据信息

图1-2　社会经济形态变革与生产要素演进

资料来源：本课题组整理得出。

（三）改革开放不断降低体制机制成本，促进要素优化配置，从而形成独特的国际竞争力

通过启动商品市场价格改革逐步建立起激发经济活力的市场机制，通过制度改革不断降低高体制成本，破除工业和其他高收益行业的行政垄断，激发潜在生产成本优势。对外开放则从根本上改善外贸服务，把国内充裕的劳动力、土地等要素与国外的资本、技术等要素充分结合，形成出口优势，促使农业劳动力快速向工业和服务业转移，加速城镇化和技术创新。外资企业进入不仅增加我国的市场竞争主体，还倒逼内资企业改革重组，并带动《中华人民共和国反不正当竞争法》（以下简称《反不正当竞争法》）、《中华人民共和国反垄断法》（以下简称《反垄断法》）等一系列法律法规实施，加快要素流动和重新配置。跨国公司追逐利润的本能驱使全球要素跟随国际资本进行流动，将我国变为其要素优化配置基地以分享全球化红利，但这类资本逐利型的全球要素配置最终带来各国收入分配差距过大、全球产能过剩所导致的贸易摩擦加剧和国际贸易规则变化调整，目前正等待着世界第四次技术革命带来新旧动能转换创造出新国际需求。

行政审批和不当行政管制使得曾大幅下降的体制成本重新上升，各种费用上升速度快于经济增速，成本上升削弱了我国的全球比较竞争优势，拖累靠成本优势发力的经济增长，因此亟须重新优化配置生产要素并改革其配置模式，抑制并扭转体制成本急升势头，加快提高

要素配置效率，这也是我国经济可持续发展必不可缺的前提条件。

（四）要素市场化改革需要遵循要素市场配置规律

一是主导性要素引导其他要素积聚形成先进生产力。各种经济形态的社会有各自不同的主导性生产要素，各种要素必须相互作用才能形成生产力。在新的全球技术革命和产业革命来临之际，技术要素主导并引导着其他要素聚合形成先进生产力。我国要素市场化配置改革必须遵循这个基本规律，紧紧抓住技术要素这个"牛鼻子"，实现新旧动能转换，走上技术强国之路。

二是选择符合我国实际的要素市场化配置模式。市场经济模式其实就是市场与政府的组合，从全球实践来看，美国、欧洲、东亚等多种典型的市场经济模式共同存在，并不存在完全自由的市场经济模式，政府这只"看得见"的手在发挥着不可或缺的作用。中国实际上走的是"市场与政府作用相结合"的东亚模式，既要"有效市场"，也要"有为政府"。

三是要素市场化配置是促进生产力发展的最优选择。市场决定要素资源配置的本质要求是在经济活动中遵循价值规律，让价值规律、竞争和供求规律在资源配置中起决定性作用。市场化配置是最有效率的要素配置体制，能使要素资源配置以最低成本获得最大效益，促进生产力快速发展。

四是要素市场化配置改革要接受实践检验。要素市场化改革采取的依旧是"摸着石头过河"的办法，先试点后推广，注重体制机制创新，坚持大胆实践。目前，要素市场化配置改革的一系列探索，例如现代都市圈的统一开放市场、国资国企改革的"综改试验"、广东南海的集体经营性建设用地入市、浙江海宁的"亩产效益"、粤港澳大湾区的"科技+金融"双轮驱动、打造劳动力和金融要素自由流动典型区域等探索，所有这些改革都将在实践中得到检验和完善，并将推动要素市场化配置改革不断前行。

二、现行要素配置体制阻碍了市场在要素配置中起决定性作用

生产要素配置存在的体制机制障碍在于市场没有起决定性作用，其后果是制造业和消费成本不断上升，产业竞争力和国家竞争力同时下降。因此，找准体制障碍和分析其原因才能确定要素市场化改革路径。

（一）要素配置体制障碍制约各要素市场化发展

1.土地制度：市场在土地配置中没能起主导性作用

农地征收由政府定价，集体建设用地由市场定价，两种机制并行，产生新的不公平。新修订《中华人民共和国土地管理法》（以下简称新《土地管理法》）规定，"征收土地的，按照被征收土地的原用途给予补偿"，土地征收补偿由政府定价，集体经营性建设用地与国有建设用地同等入市由市场定价。而这两种价格的价差较大，以安

徽省金寨县为例,首宗入市的全军乡熊家河村地块每亩成交单价20.05万元,与同区域国有商业用地价格大体相当;而金寨县征地统一补偿标准是每亩3.74万元。如此大的价差,带来新的不公平,必然会给今后政府征地带来巨大困难。

集体建设用地存量可以入市,但增量却要由政府征收,存在利益冲突。新《土地管理法》规定,集体建设用地的存量可以入市,但新增的集体建设用地则不能直接入市,而应由政府征收。这也会产生利益冲突,例如新增的工矿、仓储、商服用地属于经营性集体建设用地,要求直接入市,但政府则会以该地不属于存量而是新增土地进而提出征收,因入市和征收的价差较大,政府和农村集体会发生较大的利益冲突。

集体经营性建设用地不能用于住宅与城镇化发展的需求将产生矛盾和冲突。新《土地管理法》规定,集体经营性建设用地入市、征地限于工业、商业等经营性用地,不允许用于住宅用地。从长期来看,集体经营性建设用地能否用于商品住宅开发,需要综合考虑城镇房地产市场、农村外来人口居住需求、农村产业发展情况、乡镇和村庄规划、土地和房地产调控目标等多重因素。随着城镇经济的发展,城镇住宅用地来源是直接面临和需要破解的问题。

国有划拨土地监管不到位。非市场配置的划拨土地,管理混乱,党政机关、事业单位、基础设施建设工程在土地利用方面常常出现违规圈地、乱占滥用的现象。由于监管不到位和土地供应过程不透明,擅自改变划拨土地用途的案件时有发生,损害了公平竞争的市场环境。

建设用地产出效率偏低。2010—2018年，城市建设用地主要包括工矿仓储、住宅用地、基础设施用地等（如图1-3所示），工业用地占国有建设用地供应面积比重虽由35.7%降至20.5%，但一直高于20%。2009年上海建设用地产出效率为0.89亿美元/平方千米，远低于2006年伦敦（1.82）、巴黎（2.31）、纽约（7.72）的水平。

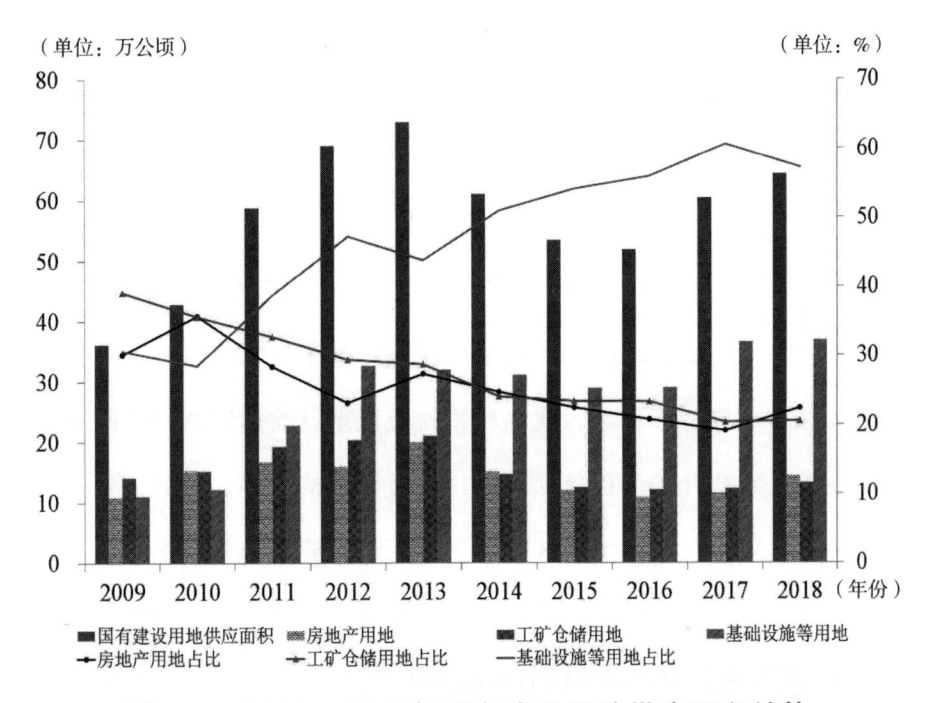

图1-3　2009—2018年国有建设用地供应面积结构

数据来源：Wind。

2.户籍制度：劳动力要素不能自由流动，制约城镇化发展

本书进行了一个模型测算，构建了城镇地区劳动力要素配置对经济发展效率影响的动态面板数量回归模型。

$$DE_{it} = \beta_0 + \beta_1 DE_{i,t-1} + \beta_2 ER_{it} + \beta_3 ER_{it}^2 + \beta_4 \ln ka_{it} + \beta_5 \ln ka_{i,t-1} + \beta_6 \ln ka_{i,t-2} +$$
$$\beta_7 \ln ka_{i,t-3} + \beta_8 \ln gdpa_{it} + \beta_9 eduy_{it} + \eta_{it} \quad (1)$$
$$(i = 1,2,3\cdots,31; t = 2000,2001,2002\cdots,2016)$$

其中，β_0为常数项，$\beta_1\sim\beta_9$为待估计的参数，η为随机扰动项。

测算结果表明（如表1-1所示），城镇就业与经济发展效率存在显著的非线性"倒U形"曲线关系。曲线拐点就是经济发展效率最大值，也是城镇就业比重最优值。当城镇就业比重小于或等于最优值时，向城镇地区配置更多的劳动力要素就有利于提高经济发展效率。如果使用"人均国内生产总值的增长率"来衡量经济发展效率（数量标准），那么城镇就业比重最优值为66.04%。如果使用"全要素生产率的自然对数"来衡量经济发展效率（质量标准），那么城镇就业比重最优值为74.61%。2018年，我国城镇就业比重目前达55.96%，距前述两个最优值分别有10个百分点和近19个百分点的空间。因此，当前及今后10到20年间，向城镇地区配置更多劳动力要素将是有助于提高经济效率的重要决策选择。但目前的户籍制度、劳动力工资制度、劳动保险制度等却阻碍着农村劳动力向城镇转移。

表1-1 城镇地区劳动力要素配置的经济发展效率模型整体估计结果

解释变量	被解释变量（效率的衡量标准）			
	$gdpag$		$lntfp$	
	系数	t值	系数	t值
ER	0.152***	2.81	0.006***	4.25
ER^2	−0.00115***	−2.68	−0.00004***	−3.61

（续表）

解释变量	被解释变量（效率的衡量标准）			
	$gdpag$		$lntfp$	
	系数	t值	系数	t值
$gdpag_{t-1}$	0.565***	16.03	—	—
$lntfp_{t-1}$	—	—	0.177***	4.58
$lnka_{t-1}$	−0.292	−0.08	0.331***	2.88
$lnka_{t-2}$	−8.373***	−2.35	−0.020	−0.19
$lnka_{t-3}$	1.302	0.66	−0.076	−1.30
$lngdpa$	1.437*	1.79	−0.055*	−2.04
$lnka$	3.531	1.52	−0.330***	−4.71
$eduy$	0.932***	4.13	0.046***	6.45
常数项	−14.809**	−2.27	0.259	1.22
曲线关系	倒U形		倒U形	
观测值	527		527	
组数	31		31	

资料来源：本课题组测算得出。

户籍制度是劳动力流动的主要体制障碍。一是户籍制度阻碍农业转移人口市民化，其公共成本分担机制尚未建立。大量流向城市的农村劳动力因户籍问题无法在城市安定下来，目前2.26亿农民工没户籍，现行体制下的交通、教育、医疗、住房、培训等公共服务与户籍捆绑，没有户籍就不能享受公共服务。而农业转移人口的公共成本分担机制难以建立，大城市每人公共成本15万元，中等城市10万元，各级政府面临很大压力而不愿放开户籍。二是户籍制度造成高端人才流动效率低。户籍、身份、学历、人事关系等条件限制造成城乡劳动力市场分割、不同体制间的分割，带来国有与非国有部门以及科技研发人员流动的体制性障碍，客观上制约着人才横向流动，而持外籍护照的科研人员的引进、工作许可及就业证办理等手续烦杂也大大降低了外籍人才引进效率。

劳动力工资制度和工资价格形成机制不健全。一是我国集体协商制度还没有覆盖到全行业、全区域，集体协商程序不规范，集体合同内容空洞，对劳动者集体合同的建立还没有起到实质性作用。2014年中国制造业就业人员实际年平均工资仅为51369元，仅为发达国家就业人员工资的10%~18%。二是部分劳动者权益保障不到位，违法解除劳动合同、拖欠职工工资、同工不同酬、不缴或欠缴社会保险费、超时加班、不落实带薪年休假制度、不依法支付加班工资等现象普遍存在。三是国企工资形成机制中，难以对劳动贡献定价。国有部门高人力资本的报酬率低于非国有部门，而低人力资本的报酬率却显著高于非国有部门。国企对高学历者存在工资惩罚，对低学历者存在工资溢价，形成劳动力的"逆向选择"。

劳动力流动面临体制机制障碍。一是非本地城镇户籍人口要进入政府的公务员系统和高收入的垄断行业几乎是不可能的。二是我国现有的社会保障体系是由本地财政支撑并独立运转的，各个城市的社会保障均以服务本地居民为主，即使有些城市为外来人口提供的社会保障，其保障水平也比较低。养老保障的个人账户目前尚不能跨地区携带，企业缴纳的统筹部分无法带走，这对外来劳动力而言是不小的损失。城乡居民"三无"人员供养标准和最低生活保障水平差距较大。农村户籍人口的伤残赔偿金和死亡赔偿金标准只是城镇标准的三分之一。三是义务教育虽然已对外来务工人员开放,但那些较好的学校却未能对外来务工人员的子女实行同等待遇。高等教育资源集中的城市往往倾向于将高考招生名额分配给本地考生,外来务工人员的子女必须回原籍参加高考,这显然会造成高等教育的机会不均等,并阻滞代际的收入和社会流动。

3.技术创新体制:知识产权及技术转化是技术要素配置的主要障碍

技术要素配置的突出问题有两个。一是知识产权保护不到位带来技术开发和创新能力提升缓慢。监管力度不够和处罚过轻,企业和个人技术创新的积极性和创新动力不足。在国内发明专利授权中,目前职务发明为18.3万件,占95.2%,而非职务发明0.9万件,占4.8%,职务发明的技术产权需要进一步确认,在促进个人创新动力上需要做更多工作。二是技术转化机制不健全带来技术市场不发达和成果转化较慢。其中原因有两个,一是由于知识产权保护不足导致科技成果公开交易意愿不高,更多选择私下磋商、地下转化,技术交易较少在市场进行,通过价格机制进行科技资源配置的功能无法充分发挥;二是科技成果难以跨越从实验室产品到产业化之间的"死亡之谷",技术创新存在两头强中间弱,即前端产业研发和后端产业投资相对强,中间地带的技术成果产业转化开发较薄弱,正如我国50%以上的高校和科研院所缺乏中试设备和中试资金,不具备中试条件,导致科研成果不能及时转化,造成企业对科技成果"接不住"和"用不了"。

技术研发经费投入不足。本书进行了一个模型测算,测算结果见

表1-2所示。其中模型（1）和模型（2）表明，R&D（研究与试验发展）经费投入每增加1%，专利产出（或发明专利产出）增加2.357%（2.632%）。我国R&D中的基础研究目前占比5%左右，与发达国家的10%~15%差距明显，而我国风险投资基金只愿投资成熟期的高新技术项目。技术转移的人员投入不足，从模型（3）和模型（4）估计得到的产出弹性系数来看，人员投入每提高1%，技术合同成交额可提高约1.5%。

模型测算结果还表明，劳动力市场扭曲是阻碍技术研发和转化效率提升的突出短板。从技术效率方程来看，技术研发环节［模型（1）和（2）］和技术转化环节［模型（3）和（4）］表明，劳动力要素市场扭曲对技术研发和技术转化的提升均有显著抑制作用。长期以来，地方政府和企业采取人为压低工资的方式促进产出增加，既抑制了地区对于创新产品的需求，弱化了市场需求对于技术研发的引致作用，低收入还极大地抑制了科研人员在技术研发和技术转化环节的积极性。

表1-2 随机前沿生产函数的估计结果

变量	模型（1）	模型（2）	模型（3）	模型（4）
（a）生产函数方程				
constant	−4.608***	−4.640***	1.278	1.010
	（−3.766）	'（−7.091）	（0.907）	（0.260）
Log_RDL	0.026	−0.213	1.465***	1.543***
	（0.119）	'（−1.503）	（11.291）	（10.191）
Log_rdk,Log_Pat,或Log_inventPat	2.357***	2.632***	−0.026	−0.023
	（4.299）	'（8.408）	（−0.564）	（−0.563）

（续表）

变量	模型（1）	模型（2）	模型（3）	模型（4）
（b）技术效率方程				
constant	−0.029	0.313	−18.102***	−29.090***
	(−0.025)	(0.318)	(−2.800)	(−5.111)
Dist_K	−0.024	−0.131	−0.218***	−0.241***
	(−0.352)	(−1.460)	(−3.576)	(−3.996)
Dist_L	0.166**	0.133**	0.159***	0.256***
	(2.458)	(2.179)	(2.829)	(3.558)
Gov.	−0.154	−0.795	−4.247***	−3.650***
	(−0.341)	(−1.595)	(−12.225)	(8.233)
Develop	−0.015	0.009	0.842***	1.245***
	(−0.248)	(0.228)	(3.414)	(4.803)
Open	−0.236	−0.339	0.068	0.069
	(−0.260)	(−1.029)	(0.694)	(1.131)
sigma-squared	0.232***	0.309***	0.791***	0.795***
	(4.976)	(8.064)	(10.961)	(12.695)
gamma	0.279***	0.438***	1.000***	0.998***
	(3.011)	(5.181)	(55436.4)	(159.248)
log likelihood function	−167.2	−187.4	−354.1	−351.6
LR单边检验	21.8	30.6***	108.4	113.5

资料来源：本课题组测算得出。

4. 数据管理体制：数据保护制约数据要素市场健康发展

数据资源要素的高效配置是推动数字经济成长的关键所在。我国数据要素市场化配置尚处于发展的起步阶段，数据要素市场化配置规模较低，成长速度相对缓慢，在市场化配置过程中，存在数据确权、开放、流通、交易、监管等瓶颈制约问题。目前数据发展和应用的主要问题在于：一是数据垄断。数据存在于不同层级、不同板块、不同行业。信息孤岛、数据烟囱林立，企业间数据共享较少，呈现自给自足的"小农经济"状况。二是数据产权不明晰。涉及公民个人信息的数据产权不明确和数据控制权与处置权边界不清晰，导致数据持有主体不愿推进数据开放与共享。三是跨境数据保护过严。海量数据流动创造了大量经济和贸易，如果数据不对外开放和对外交易，在数据转化为经济新动能过程中，将降低我国的竞争力（如图1-4所示）。有研究指出，如果全面实施数据本地化政策，我国GDP（国内生产总值）可能下降1.1%、出口规模下降1.7%（Verschelde，2014）。四是数据市场体系建设滞后。在数据要素配置中，市场还没有起决定性作用，市场交易机制不完善，大数据交易所、数据公司等数据市场中介机构不能有效发挥作用。

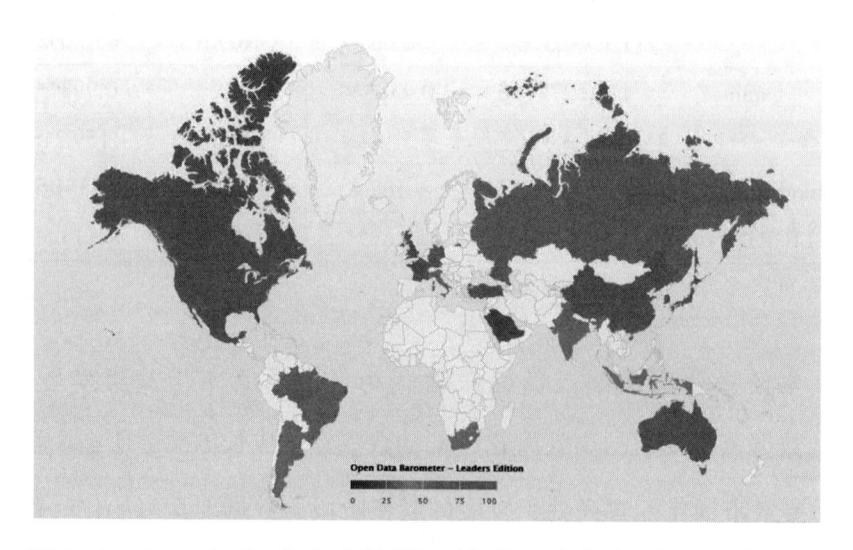

图1-4　2017年全球政府数据开放晴雨表指数（领导者版）

资料来源：https://opendatabarometer.org/?_year=2017&indicator=ODB.

5.资本管理制度：金融供给结构性失衡与资本市场配置功能未充分发挥

银行没有发挥好通过资金配置社会资源的功能。我国是以间接融资为主的融资体系，银行贷款占社会融资比重为80%，承担着配置社会资源的主要功能，决定着全社会的要素配置结构，但是银行没有发挥好资源配置功能，银行贷款结构性失衡。一是资金主要流向国有企业、大中型企业和地方融资平台，这些企业盈利性好、抗风险能力强且有抵押，而小微企业则因抗风险能力弱、缺乏抵押物等难以得到银行贷款，只能去不规范的地下融资市场进行高息融资。以工商银行为例，2017年对中小企业贷款比重为40%，其中，小微贷款比例为17%。二是银行贷款结构失衡，其中房地产业比重36.6%，而制造业比重不到15%（如表1-3所示）。三是银行获得的超额利润主要来自对市场的垄断和低价格获取要素资源，2018年银行业利润1.8万亿元，高于整个实体经济所有部门的利润，但国家对金融业征收的增值税税率明显偏低（只有6%）。目前，银行等垄断性国企获得的超额垄断利润全部留归企业，却没有担负起相应社会责任。

表1-3　金融机构本外币贷款投向及变化（%）

指标名称	2010年	2011年	2012年	2013年	2014年	2015年	2016年
制造业	18.05	18.83	19.01	18.27	16.83	14.83	13.26
交通运输、仓储和邮政业	10.20	10.13	10.03	9.75	9.97	9.70	9.29

(续表)

指标名称	2010年	2011年	2012年	2013年	2014年	2015年	2016年
批发和零售业	7.77	8.50	9.34	9.83	9.43	8.77	7.95
租赁和商务服务业	5.21	4.94	4.79	4.97	5.39	5.74	6.66
房地产业（含个人贷款）	30.34	30.63	30.96	32.55	33.89	34.29	36.55
水利、环境和公共设施管理业	8.47	7.20	6.18	5.52	5.40	5.14	5.48
电力、燃气及水的生产和供应业	6.98	6.66	6.06	5.36	5.16	4.87	4.68
金融业	0.36	0.28	0.39	0.43	0.48	3.25	3.42
建筑业	2.63	3.00	3.35	3.40	3.47	3.28	3.10
对境外贷款余额	1.67	1.87	2.03	2.14	2.20	2.78	3.00
采矿业	2.72	2.92	3.07	2.88	2.74	2.50	2.23
农林牧渔业	1.37	1.28	1.22	1.26	1.29	1.17	1.06
公共管理和社会组织	1.13	0.96	0.96	0.93	1.01	1.07	0.82
住宿和餐饮业	0.61	0.63	0.71	0.79	0.78	0.71	0.64
信息传输、计算机服务和软件业	0.42	0.39	0.38	0.41	0.38	0.39	0.43
卫生、社会保障和社会福利业	0.34	0.34	0.37	0.37	0.40	0.40	0.39
教育	0.80	0.59	0.43	0.39	0.39	0.35	0.33
文化、体育和娱乐业	0.21	0.23	0.26	0.28	0.30	0.32	0.31
科学研究、技术服务和地质勘查业	0.16	0.17	0.18	0.21	0.22	0.21	0.22
居民服务和其他服务业	0.55	0.44	0.31	0.27	0.26	0.23	0.20

资料来源：Wind。

资本市场未能发挥有效的要素配置功能。目前，我国资本市场问题突出，从股票市场看，上市、退市、投资者保护等股市的基础性制度尚不健全；股市价格暴涨暴跌，没有充分反映出上市公司的经营实绩；股票市场成为"圈钱工具",难以体现经济晴雨表作用。从债券市场看,政府有五个部门审批债券发行,号称"五龙治水"。以信用债为例(如图1-5所示),央企和其他国企发债数量占比69%、民企为14%、外资为5%、其他为12%,国有企业占据债券融资绝大部分渠道,同时国企的融资利率明显优于同等信用评级的民营企业。

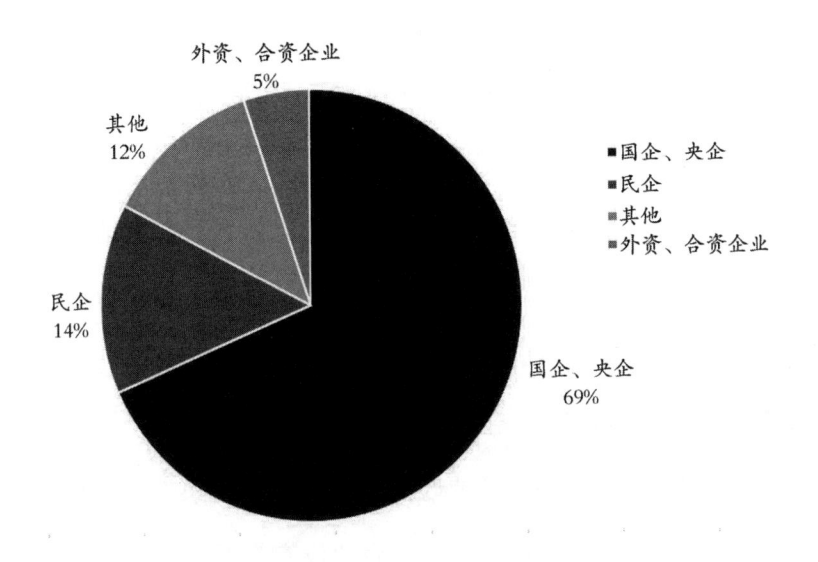

图1-5 存量信用债发债数量

资料来源:Wind。

6.开放规则:要素国际配置遇到瓶颈

传统的要素国际配置对我国经济增长的贡献度下降。我国劳动力、能源、土地等传统要素比较优势逐渐弱化,净出口对GDP贡献2017年已降至3.47%,FDI(外国直接投资)占全社会固定资产投资比重2016年仅为1.22%,经济由"三驾马车"拉动转为投资和消费"双轮驱动"。出口导向型开放模式难以维系,人口要素红利基本消耗殆尽,全球经济失衡带来产能过剩和贸易摩擦,我国亟须重塑国际竞争新优势(如图1-6所示)。

金融开放模式需要反思。工、农、中、建、交五大国有商业银行及股份制商业银行都有外资参股,享有我国金融业的低税收和超额垄断利润的红利,参股的外资在撤出中国时都从我国银行赚走上千亿元利润。如果让外资继续扩大股权份额甚至控股我国的全国性银行,外资不但将继续享受我国银行的低税收和垄断利润,还可能对我国政府的经济宏观调控产生重大影响。同时,美国等发达国家对我国的金融开放却不对等,常以"国家安全"为由限制我国银行及其他金融机构进入。我国应当借鉴东盟国家之间的金融开放进程强调银行户数和股份对等开放的做法,应从国家安全和经济长远发展角度对外资控股我国银行作进一步研究评估。

承接国际技术转移路径需要改进。改革开放以来,我国实施以市场换技术的探索没有达到预期效果,企业没有掌握外资的核心技术和高端技术,高技术出口的80%由外资企业的加工贸易提供,出口附加值偏低,被锁定在全球价值链中低端(如图1-6所示),随着外资企业逐渐转移到低成本的东南亚国家,这块市场正在迅速萎缩。

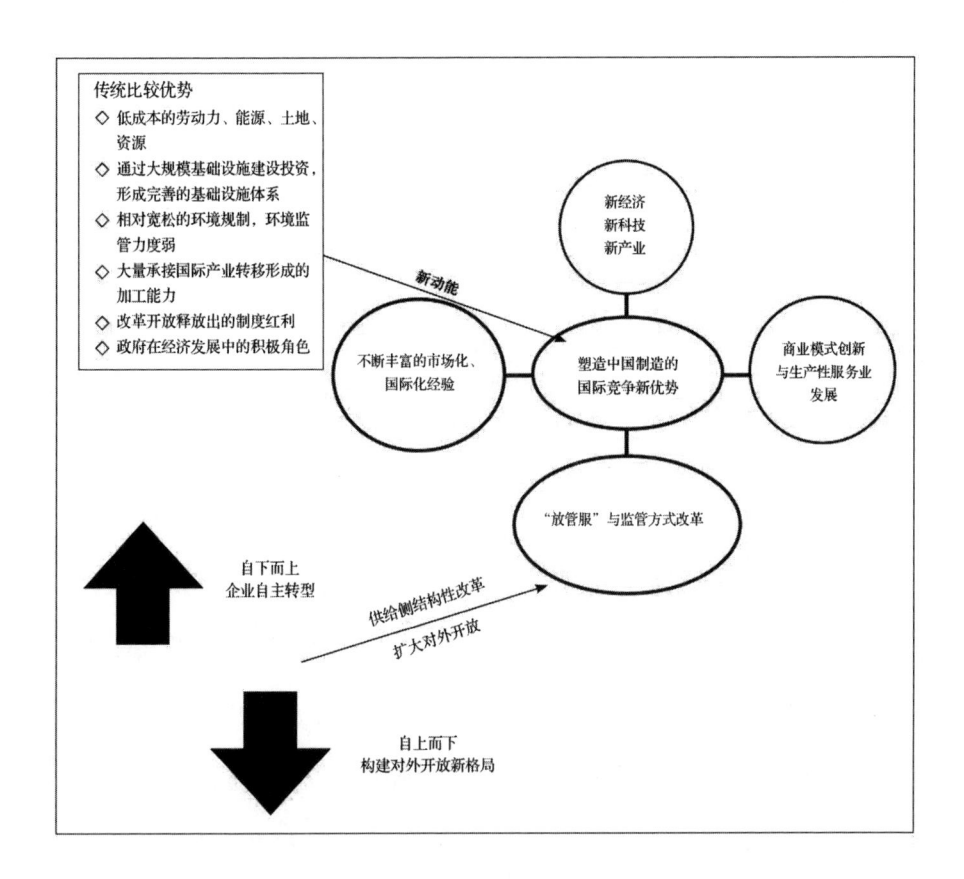

图1-6 亟须塑造国际竞争新优势

（二）要素价格市场化机制尚未形成导致要素价格普遍扭曲

1. 政府垄断土地供应导致土地价格"双轨制"，造成"同地，不同权，不同价"

城市用地存在划拨和招拍挂两个价格，农村土地长期被排除在土地市场之外，新《土地管理法》出台扫除了集体建设性用地入市的制度障碍，但国有土地和集体土地仍然存在价差，阻碍了土地在城乡之间最优配置，造成农村建设用地在供给和流转中"同地，不同权，不同价"。

2.市场分割和政府管制带来劳动力价格扭曲

一是同等技能劳动力在不同行业收入差距大。例如，石油和金融等垄断行业利润较高，其员工收入普遍较高；而制造业等竞争性行业，税负较高，利润较低，其员工收入也普遍较低。二是科研单位的高技能人才收入低。科研企事业单位和金融机构都聚集了大批高学历和高技能的优秀人才，但金融业收入高，科研单位收入低。职务科研成果缺乏个人分享机制，例如老科学家倾其毕生精力研究出的对国家有重大贡献的科研成果所获奖金，没有一些金融高管一年的薪酬高。三是我国高技能和低技能劳动力薪酬差距没有拉开。我国高技能劳动力平均工资是低技能劳动力的1.73倍，中等技能是低技能劳动力的1.21倍，而美国分别是2.47倍和1.41倍。许多科研优秀人才往往先在体制内积累资源，然后跳出体制外进行人力资本的变现和套利。四是农民工普遍拥挤在低收入行业。我国2.88亿农民工因文化水平和劳动技能低，普遍聚集在低技能、低收入的工厂、作坊、建筑队、餐饮、快递等行业，增大了社会阶层的分化。

3.政府干预造成资本价格扭曲

一是存贷款基准利率由政府定价，不能真实反映市场资金的供求关系，银行存贷利差过大，缺乏竞争，银行可以轻易获得超额利润，侵蚀了企业利润，尤其是制造业企业成本负担过重影响了制造业发展。二是行政干预人民币汇率，汇率构成是"前日收盘价+人民币一篮子指数+逆周期因子",后两项则体现了政府对汇率的控制,行政干预使得汇率价格无法反映以真实需求为基础的供求关系和基本平衡。

4.产权制度不完善造成技术和数据要素的市场化价格形成机制尚未形成

目前,技术和数据价格以经营主体"协商定价"为主,不能体现充分的市场竞争关系。产权制度不完善造成技术和数据要素在市场交易中的信息不对称和交易主体权责模糊,特别是"体制内"技术成果的产权界定不明晰,因数据要素的产权界定规则尚未建立,导致技术和数据要素市场交易低效率,市场价格难以形成。

(三)要素配置结构失衡、配置效率下降导致经济增速放缓

1.资本要素配置结构失衡

其主要表现在以下三个方面:一是资本要素大量流向房地产行业。2008年以来,资金配向房地产的比重不断提高,2018年房地产贷款存量已占人民币贷款存量的28.7%,增量占41.1%。银行贷款追逐房地产的主要原因是,土地在地方政府的操控下,价格逐年推高,房价也水涨船高,地方政府和房地产商共同获得超额利润。但房地产业税负较低,增值税税率仅为11%。房地产企业因获超额利润可承受高息,银行向其贷款能够获取较高的收益,个人房贷因有房产抵押也无风险,因此银行紧紧地抓住房地产贷款不放。资本流动失衡造成了整个社会要素配置结构失衡,进而造成了经济结构失衡、经济增速下降。

二是制造业占银行贷款比重逐年下降。2018年，五大国有商业银行对制造业贷款占比都在20%以下，生产要素流入制造业不断减少，使其发展后劲不足，产业转型升级困难。制造业的税前利润率为6.58%，税后仅为3%，这么低的利润率很难经得住市场波动的冲击，稍有不慎就会亏损，因此银行等金融机构不愿意冒风险向其贷款。三是国有企业占有过多资源。中国金融机构贷款大部分流向了国企，2017年国有企业贷款占银行贷款余额的79%；2010年至2018年，国有企业发行债券规模占企业债券市场总规模的86%，民营企业发债规模仅占9.52%。国有企业占据了银行贷款和企业债券融资的绝大部分，同时国企获得的融资利率（贷款和债券利率）也明显优于同等信用评级的民营企业。

2. 要素配置效率下降

一是全要素生产率下降。根据中国社科院世界经济政治所测算，2008年至今，随着人口红利开始消失和劳动力工资快速上升，劳动力要素对GDP直接贡献下降，资本边际报酬加速递减，全要素生产率也处于下降趋势。经济增长可分解为劳动、资本和全要素生产率，三者相加即为当期的GDP同比增速平均值，全要素生产率增速从2005—2010年的4.2%下降到2010—2016年的2%。由于全要素生产率可以分解为技术进步和要素配置效率，上海财经大学对我国2002—2018年的要素配置效率也进行了测算，全国的要素配置效率2002年开始上升，2011年则开始呈下降趋势，要素配置变化率在2015年之前均为正，2015年后为负，这和近年来我国经济增长下滑相对应。二是货币配置效率下降。从货币效率GDP/M_2看，2011—2018年呈下降趋势，2011年为53%，

2018年降到49.2%，而美国2018年为150%，为我国的3倍。这说明我国资金周转使用效率和要素配置效率都非常低，经济发展质量较差。从2008年开始，制造业竞争力下降，其原因是银行大量的信贷资源流入相对低效的房地产和基础设施建设，而很多效率较好的制造业企业却贷款困难，生产要素严重错配。

3.各区域要素配置效率不均衡

我国要素资源一直向东部沿海地区聚集，而西部地区配置比例越来越少，东西部经济发展不平衡逐渐加剧，形成马太效应。要素配置结构失衡，严重阻碍了经济发展，而各区域的要素配置效率也差异很大。根据表1-4所示的对于"广东省深化要素市场体系改革研究"的测算，广东的要素配置效率最高，其金融配置和技术配置的效率都居全国第一，人力资源配置效率居全国第二。

表1-4　资金市场、人力资源、技术市场及要素市场体系综合效率评价

地区	要素体系综合效率	资金市场效率	人力资源市场效率	技术市场效率
北京	3.0667	0.5584	2.2765	0.2381
天津	1.0030	0.3011	0.4900	0.2119
辽宁	1.3119	0.4096	0.6722	0.2301
上海	1.1140	0.5738	0.2190	0.3212
江苏	2.9372	0.8852	1.1085	0.9434
浙江	2.3003	0.7306	1.0470	0.5227
福建	0.9977	0.2634	0.5463	0.1880
山东	2.1395	0.5665	0.8534	0.7196
湖北	1.0814	0.2702	0.5828	0.2284

（续表）

地区	要素体系综合效率	资金市场效率	人力资源市场效率	技术市场效率
广东	3.4394	0.9695	1.5775	0.8934
重庆	0.9512	0.2272	0.6215	0.1025
四川	0.6182	0.3896	0.1016	0.1270
河北	0.8391	0.2570	0.4282	0.1540
湖南	0.4673	0.2219	0.0431	0.2023

资料来源：吴二娇.广东省"十三五"深化要素市场体系改革研究[J].市场经济与价格，2015（7）.

（四）要素市场机制不健全导致竞争性要素市场体系难以构建

1.要素市场化发育程度低，没有形成完全的市场竞争

相比较而言，我国劳动要素市场的市场化程度相对较高，资本要素市场受政府干预较大，土地要素市场尚需完善，技术和数据要素正在初建阶段。课题组在利用超越对数生产函数得到相关回归系数的基础上，对我国资本要素市场和劳动力要素市场扭曲程度进行测算。2009—2017年全国层面资本要素市场和劳动力要素市场均呈现扭曲态势，资本要素市场扭曲程度远远高于劳动力要素市场（如图1-7所示）。这与樊纲计算要素市场发育程度相互印证。课题组测算的劳动力要素价格也存在扭曲，边际产出大于实际价格，但扭曲度逐渐减弱。

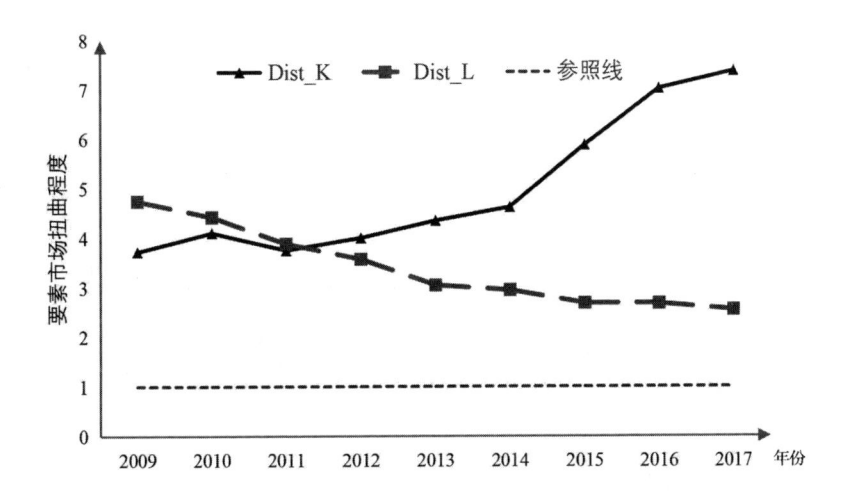

图1-7 资本和劳动力市场扭曲程度的变化趋势

注：Dist K 曲线为资本要素市场扭曲度，Dist L 曲线为劳动力要素市场扭曲度。
资料来源：本课题组测算得出。

2.要素市场规则不完善，现代化要素市场体系仍未建立

一是要素统一交易平台不完善。很多省份还没有公共交易资源中心，数据交易目前多处于政府信息平台建立阶段，数字信息基础设施建设不均衡，农村互联网相关基础设施建设滞后。二是对国内企业的市场准入门槛过高。比如对外资企业实行负面清单准入制度，但对国内的内资企业则没有实行，民营资本进入银行、证券、保险、土地和能源矿产等行业面临诸多限制。三是市场定价竞争性不够。我国产品市场绝大部分已经放开，但要素市场在生产、交易、定价等环节还存在着政府垄断和管制，各要素存在区域分割和地方保护。四是市场交易和监管制度不完善。数据泄密、违规使用、滥用等问题严重。数据监管不完善，亟须从国家层面设立数据管理机构予以统筹协调和监

管。五是社会信用制度尚未建立，信息机制不透明，市场交易交换和分配缺乏信任基础。

三、深化要素市场体制改革，建立由市场起决定性作用的现代化要素市场体系

坚持市场起决定性作用的要素市场配置体系，加快各重点要素市场化配置改革，建设城乡融合平等使用要素的统一要素市场，创新对外开放模式，消除各种体制机制障碍、降低生产要素成本和形成新技术优势，打造国际竞争新优势。

（一）要素市场化配置改革的总体思路和基本原则

1.总体思路

全面深化要素市场化改革。按照社会主义市场经济体制改革的总体要求，建立市场起决定性作用的要素市场配置体系，最大限度地减少政府对要素资源的直接配置，扩大要素市场化配置范围，培育发展新型要素形态，调整要素配置结构，提高要素配置效率，提升要素质量，促进市场要素向优质高效领域流动，加快产业转型升级步伐，坚定不移地走科技强国之路。

构建全国统一的要素市场。要素市场化配置改革要保障在生产要素配置中，各生产要素向技术要素聚合，有助于以技术要素为主导的

先进生产力的形成，以技术创新和技术进步作为经济发展的主要推动力。要加快要素价格市场化改革，构建全要素市场体系，促进市场要素产权明晰、流转顺畅、竞争有序、价格灵敏、配置高效的全国统一要素市场形成，全面提升企业、行业和国家竞争力，还要完善政府的调节与监管职能，弥补市场调节失效的缺陷。

保证要素充分流动。要素市场化配置改革要破除一切不利于要素流动的体制障碍，保证要素的充分流动；破除体制歧视，保障不同市场主体平等获得生产要素；解决政府对市场监管的越位、缺位、错位问题，建立由市场决定的市场价格、市场竞争和市场规则的要素配置体系。

进行系统性的要素配置改革。改革不能只是单一要素的突破，而是制度改革的相互协调，例如土地制度与户籍制度改革、社会保障制度改革、城乡金融体制改革相协调，人口流动与公共服务配置相协调，如此等等。理清要素市场改革难易程度，土地市场改革难度较大，因为它涉及与各项制度的协调；户籍制度改革最难，因为涉及中央和各级政府以及广大城镇居民的既有利益格局的巨大调整。

2.基本原则

坚持市场主导与促进要素有序流动相结合。依据市场价格、市场竞争、市场规则来拓展要素市场化配置范围和畅通要素流动渠道，保障市场主体能够平等获得生产要素。

坚持创新导向与问题导向相结合。要素市场化配置改革没有现成的经验和模式可循，必须敢于创新、勇于实践，针对要素配置中存在的市场分割、价格扭曲、供需错配、制度缺失等问题，结合改革的难易程度、用创新的理论和方法、有计划有步骤地推进要素市场化改革。

坚持重点突破与统筹推进相结合。重点突破技术和资本要素配置的体制障碍，形成"技术+金融"双轮驱动，统筹推进产权制度、土地制度、户籍制度、价格机制、财税体制、社保体制等制度改革，确保要素市场化配置改革效益和效率的最大化。

（二）破除制度障碍，推进各要素市场配置改革

1.推动以"农村土地"为核心的土地要素市场化改革

深化农村土地制度改革。积极推进农村集体建设性用地和宅基地直接入市，建立入市方式、入市收益分配、入市土地交易规则等制度体系。保证农民分享土地收益权，宅基地转让所得收入应全部归农民个人所有。完善农村集体建设性用地入市收益分配制度，建立兼顾国家、集体、个人的土地增值收益分配机制，实现土地征收与集体建设用地入市增值收益大体平衡。完善农村土地征收制度，缩小征地范围，规范征地程序，维护被征地农民和农民集体权益。

深化城市土地制度改革。城市土地市场化改革应朝精细化方向发展，提升土地"亩产率"，盘活土地存量资源。推动不同产业用地类型的合理转换，创新工业用地方式及不同用地类型置换，探索组合产业用地混合入市的方式，提高入市土地有效利用。

统一城乡建设用地市场。农村土地有效利用与城镇化、乡村振兴相协调，对村庄内零星、分散的集体建设用地先复垦，然后按计划

调整到区域范围内的产业集中区入市。对土地整理取得的集体建设用地，原址符合土地利用规划、城镇建设规划和产业布局规划的可在原址使用；原址不符合规划的，在土地复垦后可以整合置换到规划建设用地区集中使用。推动城中村、城边村、村级工业园等可连片开发区域的土地依法合规整治入市。

2.推动户籍制度为核心的劳动力要素市场化改革

推动户籍制度和公共服务改革。逐步解决2.26亿成为城镇常住人口但未落户的农业转移人口的户籍问题，推动除个别特大城市以外的大中小城市放开放宽落户限制。建立基本公共服务与常驻人口挂钩机制，推动公共资源按照常住人口规模配置。保障农村转移人口享受与当地市民同等的教育、医疗、子女入学等待遇，保证享有"五险一金"。

破除劳动力和人才流动机制障碍。人人都有通过辛勤劳动实现自身发展的机会，形成公正、顺畅的社会纵向和横向流动，提高人力资源配置效率，促进劳动力和人才在城乡间、行业间、地区间和不同体制间的流动。

推进教育体制和人才培养机制改革。强化对高科技研究型人才、专业技术人才、职业技能人才的培养，加快建立劳动者终身职业技能培训制度。

3.推进以基本制度建设为核心的资本要素市场化改革

建设多层次资本市场以发挥其要素配置的基础性功能。对股市完善注册制、退出制、强制信息披露制度、股权分红制度等基本制度，以切实提高资本市场要素配置能力和效率。对债市要改变"五龙"治水局面,完善企业发债条件、实行强制发债企业信息披露制度,提高其为实体经济服务能力。提高直接融资占社会总融资比重,用5年时间使股市和债券融资增量达到同期银行新增贷款水平。

优化银企长期合作机制,增强银行的社会责任。可通过主办银行制度等各种创新型制度来重塑银企合作机制,以市场需求为导向提供金融综合配套服务,能在企业遇到困难时帮助企业想办法渡过难关,切实为实体经济服务化解融资困境。加快全国性商业银行和国有企业改革,因其占有垄断资源获有超额利润,可提高税收并加大利润向社保基金的转移,让广大人民能够获益。外资和民资不宜控股全国性商业银行,但是可以控股地方性银行和中小银行。

建立中小企业贷款担保基金。建议分别由中央财政和地方财政各拿出2000亿元构成中小企业贷款担保基金,按照担保法为经过精心筛选的有较强生命力、产品有市场需求的中小企业提供4万亿元的贷款担保,帮助其渡过经济"寒冬",培育和夯实我国要素生产的基础。

4.加快以技术转化为核心的技术要素市场化改革

加快完善知识产权制度。知识产权归属制度,保护技术发明人以及职务发明人的知识产权权益。完善知识产权许可使用、转让、质押等制度。严厉打击对知识产权的侵权行为,保护技术发明人的科研成果。

加快创新科技成果转化机制。建立以企业为主体、市场为导向、科研人员自主决定科研成果转化体制,建立专事技术成果转化的服务机构,帮助研发人员和企业跨越技术转化的"死亡之谷"。建议中央财政和各省份财政各拿出2000亿元，组建4000亿元的科技转化基金，分布在各省份，作为科技转化的引导基金，引导企业和个人投资高新科技项目，真正形成万众创新的局面。

加大政府对高新科技支持力度。对技术创新企业减税鼓励。鼓励生产企业采购新技术、新产品，给予增值税的先征后返；将部分创新产品补贴调整为对采购企业的税收激励或补贴；在政府采购中，采用更有利于技术创新的产品标准。

5.加快培育以开放共享为核心的数据要素市场化配置

完善数据产权制度，培育数据产业链。确认数据所有权，允许合法数据入市交易和租赁。对个人层面的数据资产管理应促进信息保护，重在隐私保护；企业层面的数据资产管理强调数据价值，注重技术安全；社会层面的数据资产管理重在数据应用，丰富产业链条；国家层面的数据资产管理聚焦运营流通，关注安全规范；国际层面的数据资产管理聚焦在标准共识，促进跨境流动。

培育政府数据开放共享模式和数据市场交易机制。政府应对社会无条件提供公共信息，推动数据采集的标准化，推动公共资源的开发利用，提升政府数据开放共享水平，推动数据资源在全球范围内安全高效配置。完善大数据流通交易规则，规范市场主体交易行为，完善数据合规应用监督。

（三）加快要素市场价格形成机制，健全要素市场体系建设

健全要素市场化价格形成和传导机制。第一，改变政府制定银行利率的做法，先放开银行贷款利率，再适时放开银行存款利率，促使商业银行开展全方位竞争。第二，确定城市用地基准价格，农村征地费用按市场价格补偿，农村建设用地和宅基地补偿费用应按照市场价格确定。第三，劳动力实行"基准价格+浮动市场价格"的定价机制，坚持最低工资标准制度，建立工资协商制度；国企工资应向高科技人才倾斜，提高教师工资尤其是农村教师工资水平。第四，技术和数据要以完善产权制度和活跃平台交易为主线，促进技术和数据要素形成有效的市场交易和市场价格。

健全市场决定的要素配置体系。市场决定要素配置体系的目标是以技术要素为主导，引领聚合其他要素形成先进生产力，以"科技+金融"为驱动，培育要素市场化交易平台，发挥市场竞争、市场价格、市场规则的功能，发挥政府的调节作用，降低体制成本，创新监管方式以保障规范交易，优化配置结构和提高配置效率，促进全要素生产率的提高，提升国家竞争力。

培育竞争性市场主体参与公平竞争的市场机制。建立负面清单准入机制和退出制度，促进竞争性交易和市场价格形成。推进社会信用体系建设，完善信用共享平台，建立失信黑名单制度，健全守信联合

激励和失信联合惩戒机制。构建依法监管与信用激励约束、政府监管与社会监督相结合的新型监管体系。

（四）发挥政府作用，维护要素市场公平竞争

完善国家对要素配置的管理。要素市场化改革不是全面去政府化，也不是全面私有化，而是完善政府管理方式，让企业在国内外市场竞争中发展壮大。但国家始终要控制战略性资源，一是控制土地、能源、矿产、水等自然垄断性的战略性要素资源。二是控制全国性商业银行、电网、石油、煤炭、通信、航天、航空等具有社会垄断性的战略性资源。以强大的国有实力应对国际经济危机和金融危机，对抗国际资本对我国的封锁以及战争风险。三是加大国有企业的社会责任，优化调节要素配置结构。凡是盈利50亿元以上的大型国企每年都应拿出30%~40%的企业利润充实到社保基金，国家每年应将5000亿~10000亿元的国企利润划转给社保基金，以弥补社保基金的巨大缺口。

加大税收对产业布局的宏观调控力度。运用税收杠杆引导资本要素流入实体经济，将制造业企业增值税税率由13%降到6%，以增加其盈利空间；将房地产业的增值税从11%税率提高到16%，压缩其利润空间。

促进要素城乡顺畅流转。全面推动土地、人员、资金等生产要素在城乡之间的市场化配置，把城市化下半程的土地红利更多地分给农民。都市圈要带动周边城区发展，从基础设施建设、金融服务等方面向农村和不发达地区辐射，缩小城乡基础设施和公共服务差距。建立

城乡融合发展基金，引导社会资本，实现产业集聚。

（五）创新对外开放模式，培育国际竞争新优势

实现由商品开放走向服务业全面开放，由吸引物质资本、技术和管理方法，转向聚集提升人力资本和高科技发展，提升我国在全球科学技术前沿的创新能力。实现对内资和外资一视同仁的深化市场准入改革，对国企、民企、外企实行同等监管，清理废除妨碍统一市场和公平竞争的各种规定和做法。实现国内国际要素资源优化配置，有效地利用国内国际两个市场以提高我国利用国际金融市场在全球配置资源的能力，形成面向全球的贸易、投融资、生产、服务网络，加快培育国际经济合作和竞争新优势。

第二章　完善要素市场化配置体制机制

本章对我国要素市场化配置改革的理论、要素配置存在的主要问题，以及未来我国要素市场化配置改革的思路和措施作了深入研究，主要包括三个部分。第一，探索生产要素配置规律。从马克思主义经济学到配第、萨伊、马歇尔、舒尔茨、罗默、诺斯等西方要素理论的形成和发展入手，梳理要素理论发展脉络，结合我国要素市场化改革理论与实践，把数据纳入要素内涵，提出生产要素主要包含土地、劳动力、资本、技术和数据等五个方面。总结要素市场化配置改革要遵循的基本规律，即技术要素起主导作用并聚合其他要素形成先进生产力，要素市场化配置机制是形成先进生产力的制度保障。第二，分析现行要素配置存在的问题及原因。一是现行土地制度、户籍制度、金融制度、技术创新体制、数据管理体制等体制障碍制约了各类要素的市场化配置，体制机制成本过高造成生产要素成本过高，带来制造业成本和消费成本不断上升，导致我国产业竞争力和国家竞争力下降。二是要素配置结构失衡主要表现在房地产业的资源配置畸高,而流向制造业的要素资源持续减少,加上资本配置效率和全要素生产率不断下降,导致我国产业转型升级困难、经济结构失衡。三是行政干预下的垄断价格、补贴价格和扭曲性商品传导价格导致要素价格普遍扭曲,带来要素价格市场化机制尚不健全。四是要素市场发育程度低,没有形成充分竞争,要素市场规则和市场机制尚未完善,竞争性要素市场体系尚未构建。第三,提出深化要素市场化改革的思路和建议。坚持社会主义市场经济基本制度,全面深化改革要素配置体制;建立市场起决定性作用的要素市场配置体系,加快推动"科技+金融"的双轮驱动,为技术创新和技术进步提供制度保障;加快推进土地、劳动力、资本、技术和数据等重点要素市场化配置改革,构建遵循市场价格、市场竞争、市场规则的要素市场体系;发挥政府调节作用,推动国有企业改革;促进城乡融合平等使用要素形成国内统一要素市场,创新对外开放模式促进国内外要素流动,打造国际竞争新优势。

一、坚持要素市场化配置改革方向

我国经济体制改革始终沿着所有制改革和市场机制这两条主线持续推进,党的十九大提出经济体制改革必须以完善产权制度和要素市场化配置改革为重点,再次为要素市场改革提供强大动力。进一步探索要素市场发展规律、调整要素配置结构、提高要素配置效率,对于建立社会主义市场经济体系有重大意义。

（一）生产要素理论不断发展，要素内涵日益丰富

1.生产要素理论已形成二要素论到多要素论的理论体系

马克思指出，任何社会进行生产都必须具备劳动者、劳动资料和劳动对象，这是最基本、最起码的条件。物质资料生产是人类生存和发展的基础，生产必须具备一定的有形和无形投入，这些就是生产要素。生产要素简称要素，是指用于生产产品和服务的土地、劳动、资本、技术等各种有形和无形投入，是维系国民经济运行及市场主体生产经营过程中所必须具备的基本因素。社会生产不断发展使生产过程愈加复杂，导致新的生产要素不断加入生产过程，要素理论在实践中逐渐发展出包含二要素、三要素、多要素的生产要素理论体系。威廉·配第的二要素论，即把财富源泉归结为劳动和土地，马克思在《资本论》中曾引述，"劳动是财富之父，土地是财富之母"，说明劳动是形成财富的能动要素。萨伊的三要素论认为效应是劳动、资本和土地共同作用的结果，生产要素创造了价值，劳动者得到工资、资本得到利息、土地得到地租，企业家"把生产资料组织起来、重新组合，体现在产品价值中"。穆勒认为生产要素由劳动、资本和自然构成，自然可由"土地"代表，自然稀缺会形成交换价值，生产增长是生产各要素的生产规律所决定的结果，劳动增长即人口增长，资本增长取决于储蓄和储蓄能力，自然（土地）受报酬递减规律制约。李斯特的"生产力论"丰富了生产要素理论，认为生产力就是创造财富的

能力，生产力源于物质资本和精神资本两大因素。马歇尔的四要素论认为国民收入是劳动、资本、土地、组织等四要素合作的结果，形成工资、利息、地租和利润，收入分配就是决定要素份额，要素价值就是生产要素价格，取决于各要素的需求和供给。

2.人力资本、技术、制度等新要素不断充实要素内涵

舒尔茨提出人力资本概念，认为人力资本体现为劳动者素质和能力，知识和能力对经济增长的贡献远比物质资本重要，教育和培训能提升人力资本质量。罗默提出技术要素是新经济增长的核心，企业是价格制定者而不是接受者，知识、技术及专业化人力资源能使其他投入要素的收益递增，知识能提高投资收益，投资与知识良性循环，不断增加投资能使国家长久提高经济增长率。诺斯认为制度是根本性生产要素，技术进步只是表层原因，而土地制度、产权制度和专利制度等所激发的技术创新热情才是深层原因。制度通过规则和秩序性，增大信息量、降低信息成本和交易成本，有效利用资源，这是经济发展的根本和核心。马克思指出，生产必须具备一定的有形和无形投入，而上述要素理论所论述的恰恰是有形和无形的生产要素的构成（如图2-1所示），人类社会的发展史实际就是由生产要素及其组合方式演化而成。

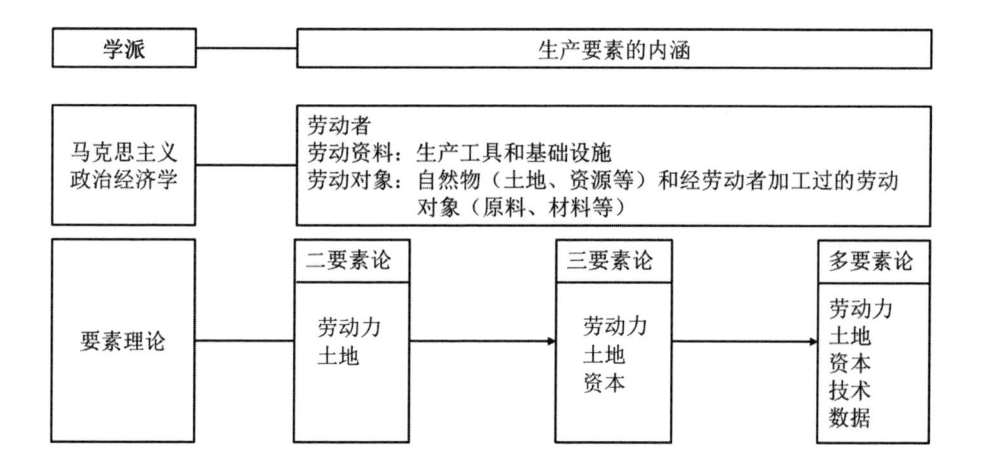

学派	生产要素的内涵
马克思主义政治经济学	劳动者 劳动资料：生产工具和基础设施 劳动对象：自然物（土地、资源等）和经劳动者加工过的劳动对象（原料、材料等）
要素理论	二要素论：劳动力、土地 → 三要素论：劳动力、土地、资本 → 多要素论：劳动力、土地、资本、技术、数据

图2-1　生产要素内涵的动态发展

资料来源：本课题组研究整理。

（二）我国要素市场化配置改革实践与社会主义市场经济发展阶段相适应

1.我国要素市场化改革理论及要素改革目标逐渐清晰

我国的要素市场体系、市场机制不断完善成熟的实践揭示了要素市场化改革的逻辑。一是生产要素体系趋于完善，党的十三大最早提出我国社会主义市场体系不仅包括商品市场，还包括资金、劳务、技术、信息和房地产市场等生产要素市场；党的十五大继续提出要着重发展资本、劳动力、技术等要素市场；党的十九大则提出了提高全要素生产率，加快建设实体经济、科技创新、现代金融、人力资源协同发展的产业体系，不断增强经济创新力和竞争力。二是提出要素价格市场化形成机制，党的十三大提出推进价格改革要理顺商品价格和各种生产要素价格；党的十八大提出发展各类生产要素市场，完善反映市场供求关系、资源稀缺程度、环境损害成本的生产要素和资源价格形成机制。三是建立统一开放、有序竞争的市场体系，党的十三大已经提出社会主义市场体系必须是竞争的和开放的，垄断的或分割的市场不可能促进商品生产者提高效率；党的十六大提出打破行业垄断和地区封锁，促进商品和生产要素在全国市场自由流动；党的十八大进一步提出保证各种所有制经济依法平等使用生产要素、公平参与市场竞争、同等受到法律保护。四是生产要素要能跨区域合理流动，党的十七大提出缩小区域发展差距，必须注重实现基本公共服务均等化；党的十八大提出促进城乡要素平等交换和公共资源均衡配置。五是要素收益分配更加合理，党的十七大提出要完善劳动、资本、技术和管理等生产要素按贡献参与分配的原则，初次分配和再分配都要处理好效率和公平的关系；党的十八大提出再分配更加注重公平，要加快健全以税收、社会保障、转移支付为主要手段的再分配调节机制；党的十九大则直接提出完善按要素分配的体制机制，促进收入分配更合理、更有序。

要素市场化配置改革的目标逐渐清晰，由提高效率、消除流动障碍到走向国内国际的要素自由流动。党的十三大提出实现生产要素合理配置，提高资金使用效益和资源利用效率。党的十八届三中全会提出促进国际国内要素有序自由流动、资源高效配置。党的十九大提出经济体制改革必须以完善产权制度和要素市场化配置为重点，实现产权有效激励、要素自由流动、价格反应灵活、竞争公平有序、企业优胜劣汰。打破行政性垄断，防止市场垄断，加快要素价格市场化改革，放宽服务业准入限制，完善市场监管体制。2018年中央经济工作会议提出，深化要素市场化配置改革，重点在"破""立""降"上下功夫；健全城乡融合发展体制机制，清除阻碍要素下乡的各种障碍。2019年政府工作报告提出，落实粤港澳大湾区建设规划，推动生产要素流动和人员往来便利化。在要素获取等方面，对各类所有制企业平等对待。继续推动商品和要素流动型开放，更加注重规则等制度型开放，以高水平开放带动改革全面深化。

2.生产要素的新内涵和特征与时代发展相适应

基于要素理论及我国实践发展，本章认为重点要素包含五种，即土地要素、劳动力要素、资本要素、技术要素和数据要素。实际上，能矿要素也是重要的生产要素，根据《中华人民共和国矿产资源法（2009年修正）》，矿产资源属于国家所有，由国务院行使国家对矿产资源的所有权，地表或者地下的矿产资源的国家所有权，不因其所依附的土地的所有权或者使用权的不同而改变；根据穆勒认为的生产要素由劳动、资本和自然构成，自然可由"土地"代表；鉴于《国务院关于印发矿产资源权益金制度改革方案的通知》（国发〔2017〕29号），以维护和实现国家矿产资源权益为重点，以营造公平的矿业市场竞争环境为目的，符合我国特点的新型矿产资源权益金制度已经建立，矿产资源的要素市场化配置途径已相对明确，故而本章不单独论述能矿要素，因此本章论述的重点要素包括土地、劳动力、资本、技术、数据等五大要素。（1）土地要素。土地是传统农业的重要要素，其稀缺性是限制约束经济发展的重要条件，是经济学建立的重要基础。由于土地丰度不同和自然资源矿藏差异，等量的资本、劳动力投入会得到非等量产出。我国新《土地管理法》于2020年施行，坚持土地公有制不动摇，土地交易是对土地使用权或经营权等进行交易。我国20世纪90年代允许地方政府卖地，卖地收入最初只有几十亿元或上百亿元，2011年1200亿元，2018年全国土地使用权出让收入达6.5万亿元，同比增长25%，土地价值变得巨大是因为大城市聚集效应带来非常高的生产率。（2）劳动力要素。劳动是价值创造的源泉，其他要素通过劳动力的开发、加工、利用（自然资源）和创造（技术、信息）等形成产品或服务，否则只是一种可能要素而无法形成现实财富。2018年我国16~64岁人口9.80亿人，城乡就业人数7.76亿人，城镇就业人员4.34亿人，城镇就业人员比重首次超过乡村就业人员是在2014年，目前农民工为2.88亿人。（3）资本要素。其是对其他要素有一定配置权、组合权和替代性的特殊要素，劳动力、技术等要素既是资本产物，且资本投入又能带来这些要素的质和量的变化，是生产的推动力又是结果，因而资本存量、资本形成能力是影响经济增长的基本因素。2018年我国社会融资存量200万亿元，增量为19.26万亿元，其中，银行贷款占67%，债券（企业债和地方债）占17.2%，股票融资占3.5%。（4）技术要素。产业革命由技术进步推动，不断改善着要素质量、节约要素投入和提高资源使用效率。技术由资本、劳动力结合产生，又对其他要素有重大影响，经济越发达，技术越无法替代。2019年上半年，我国发明专利申请量为64.9万件，共授权发明专利23.8万件，其中，国

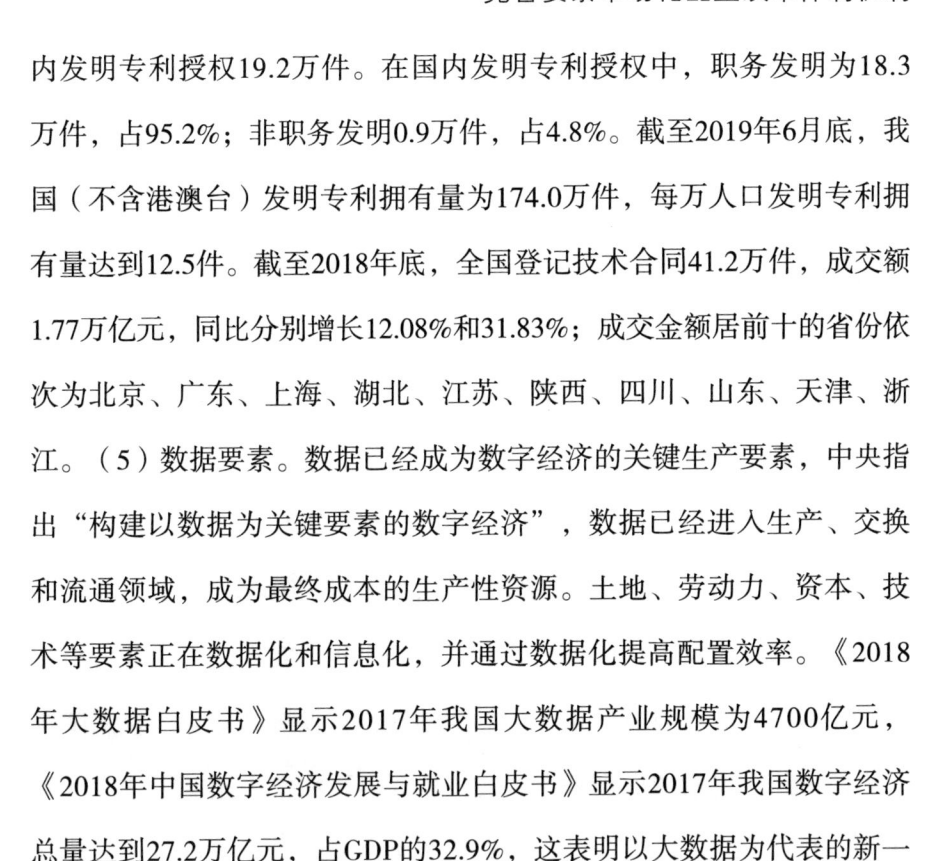

内发明专利授权19.2万件。在国内发明专利授权中，职务发明为18.3万件，占95.2%；非职务发明0.9万件，占4.8%。截至2019年6月底，我国（不含港澳台）发明专利拥有量为174.0万件，每万人口发明专利拥有量达到12.5件。截至2018年底，全国登记技术合同41.2万件，成交额1.77万亿元，同比分别增长12.08%和31.83%；成交金额居前十的省份依次为北京、广东、上海、湖北、江苏、陕西、四川、山东、天津、浙江。（5）数据要素。数据已经成为数字经济的关键生产要素，中央指出"构建以数据为关键要素的数字经济"，数据已经进入生产、交换和流通领域，成为最终成本的生产性资源。土地、劳动力、资本、技术等要素正在数据化和信息化，并通过数据化提高配置效率。《2018年大数据白皮书》显示2017年我国大数据产业规模为4700亿元，《2018年中国数字经济发展与就业白皮书》显示2017年我国数字经济总量达到27.2万亿元，占GDP的32.9%，这表明以大数据为代表的新一代信息技术对于数字经济的贡献功不可没。

生产要素呈现出与我国经济发展阶段相适应的特征。（1）要素的所有权与使用权等各项权利的分离性，例如土地要素除所有权以外的使用权、承包权等权利都能作为特殊商品进入生产、流通和交换，要素所有者将依靠或使用要素来获得收益。（2）技术已经成为主导性要素，各要素的协同性更强，单一要素不可能形成生产力，若干要素有机结合、协同作用才能形成现实生产力。我国经济正在发生着深刻转型，在结构性减速和结构调整大背景下，走过去的老路将难以为继，物质资源必然越用越少，而科技和人才却会越用越多，科技创新正在成为新的增长动力，转入创新驱动发展轨道，积极建设科技创新强国和数据网络强国，把科技创新潜力更好释放出来，把大数据和实体经济深度融合才是正确道路。当然，生态、文化等也对生产起着越来越大的影响，形成对生产的制约，逐步发展为重要的生产要素。（3）数据要素发展带来政府和市场边界重新划分，例如以往市场失灵部分，由政府提供公共服务，现在借助大数据平台就能够提供公共服务，政府可以购买并提供给公众，数据要素带动公共服务的生产形式发生变化，政府与市场的边界也有变化，政府监管可以变为线上治理、精准治理和民主治理。（4）各要素市场都在形成或将要形成。一般来说，土地、劳动力、资本是具有稀缺性的传统要素，对社会生产能力扩大提升的制约性比较明显；技术、数据随着科技发展和知识产权制度建立而作为独立要素纳入进来，这类"软要素"将大大拓宽生产广度和深度，并释放生产潜力，其投入对传统生产要素进行渗透改造并使其不断释放新的活力。生产要素不断重新组合，形成各种要素价格，引导要素在城乡之间、区域之间、行业之间以及国际之间的流动和配置，促进产业技术升级、创造社会财富和优化经济结构。

（三）改革开放使要素优化配置，形成独特的国际竞争优势

1.改革降低体制成本和开放带来竞争主体多元化

正如诺斯所说，制度激发的技术创新热情才是推动生产力进步的根本动力，改革开放从制度上促进了生产要素优化组合。一是改革

实现了资源优化配置。利用短缺现象形成倒逼机制，启动商品市场价格改革，再造微观经济组织，逐步建立起市场机制，理顺价格信号，"做对"微观激励，激发包括地方政府在内的各方经济活力，实现资源优化配置。二是通过开放制度改革降低了体制成本。开放模式在我国要素配置中起到独特作用，产生"以开放促改革、促发展"效应，通过破除国家对工业和其他较高收益产业的行政垄断，欢迎外资落地，鼓励民营企业发展，解除国际贸易的国家专营，启动汇率改革，持续改革进出口体制，根本改善外贸服务，所有这些改革硬仗，把先前几乎无穷高的体制成本大幅降低，降低接受一切先进技术管理知识的学习成本，潜在生产成本优势得到激发。三是对外开放通过发挥比较优势将我国充裕的劳动力、土地等要素与国外资本、技术等的要素充分结合形成出口优势。利用国际贸易和国际投资与国际上的先进生产力结合，形成以加工贸易为特征的出口导向模式，商品生产能力大大增强，积极参与全球市场竞争，工业制成品供给形成了独特的竞争优势，贸易竞争指数（TC）和显性比较优势指数（RCA）都有较强竞争力（如表2-1所示），我国迅速成长为制造业大国。这种对外开放遵循分工和效率原则带来我国快速城镇化，加入WTO带动技术进步和结构优化，带动大量农业劳动力转向工业和服务业，释放比较优势，分享工业化和城镇化的发展成果。四是对外开放鼓励外资企业进入，增加了我国市场竞争主体多元化，也倒逼内资企业改革重组，完善了我国部分行业退出机制，带动《中华人民共和国反不正当竞争法》《中华人民共和国反垄断法》《中华人民共和国并购法》（以下分别简称

《反不正当竞争法》《反垄断法》《并购法》)等法律法规实施,提高市场规范,成为我国体制机制改革的重要内容,加快要素流动和配置市场化。

表2-1 中国工业制成品出口竞争力变化

年份	国际市场占有率(出口,%)	贸易竞争指数	显示性比较优势指数
1980	0.8	−0.1837	0.936
1990	1.9	0.030	1.073
2000	4.7	0.113	1.185
2010	14.8	0.205	1.304
2016	17.9	0.319	1.356

资料来源:根据历年《中国统计年鉴》,WTO *International Trade Statistics*,商务部网站数据计算。

2.跨国公司的资本逐利型配置要素模式带来全球供需不平衡

跨国公司作为国际资本追逐利润驱动进行全球要素配置的主要载体,利用公司的内部化划拨价格,母公司和子公司之间可能低于成本价交易,通过资源在全球优化配置来实现利润最大化,我国也变为其要素优化配置基地。发达国家和新兴经济体国家都利用各自禀赋迅速发展,共享全球化红利,极大地提升了全球生产能力。但2008年金融危机后,这种要素配置带来的各国收入分配差距过大,全球性产能过剩导致贸易摩擦加剧,国际规则开始变化调整,目前正等待着世界第四次技术革命来临所带来的全球新旧动能转换创造出新的需求。我国曾经大幅下降的体制成本重新上升,行政审批、不当行政管制等增大了体制成本，各种费用以快于经济增长率的速度增长，成本负担大，削弱了我国在全球的比较竞争优势，拖累了靠成本优势发力的经济增长。因此，重新优化配置生产要素并改进其模式，抑制并扭转体制成本急升势头，是中国经济持续增长必不可缺的前提条件。

（四）要素市场化改革需要遵循要素市场配置的基本规律

1.主导性要素引导各要素积聚形成先进生产力

主导性生产要素（土地-劳动-资本-技术）演进轨迹对经济发展阶段产生了重要影响，在不同经济形态的社会有不同的主导性要素，各种要素必须相互作用才能形成生产力。"谁掌握了这种生产要素的供给，谁就拥有权力"。例如，在奴隶社会，谁拥有奴隶多，谁就有最高权力；在封建时代，土地最重要，地主最掌权；资本主义时代，资本最重要，资本家是供给者；技术经济时代，知识和技术成为企业成功关键，权力转移到科技人员、高级经理和管理人员的专家组合中。各经济阶段也因此依次变迁为劳动密集型、劳动和资源密集型、资本密集型、知识技术密集型社会。因此，在迈向技术创新强国战略、新旧动能继续转化、全球新的技术革命和产业革命来临之际，毫无疑问，技术要素已经成为主导性要素并引导着所有要素聚合形成先进生产力。

2.要素市场化配置是促进生产力快速发展的最优选择

所谓要素市场化配置，就是市场在要素配置中起决定性作用。市场经济是资源配置最有效率的体制，也是发展生产力和实现现代化的最优途径，市场经济之所以能使资源配置以最低成本获得最大效益，是因为市场经济体制下，有关资源配置和生产的决策是以价格为基础的，而由价值决定的价格，是生产者、消费者、工人和生产要素所有者之间在市场交换中发现和形成的（林兆木，2013）。市场决定资源配置的本质要求，是在经济活动中遵循和贯彻价值规律，让价值规律、竞争和供求规律等市场经济规律在资源配置中起决定性作用。必须积极稳妥从广度和深度上推进要素的市场化配置改革，大幅度减少政府对要素的直接配置，推动要素配置依据市场价格、市场竞争、市场规则来实现效益最大化和效率最大化。因此，要素市场化配置改革要解决的是要素市场价格、市场主体、要素市场机制这三个问题。

一是价格机制。生产者投入生产要素生产商品或服务，形成消费者消费，因而生产者获利。收益等于收入减掉要素成本、税收和其他费用，利润函数为：

$$R = P_1Q - P_2Q - M - T$$

其中，R表示收益，P_1表示商品或服务价格，P_2表示生产中的投入要素平均价格，Q表示商品量，T表示税收，M表示其他费用。当P_1、M、T不变时，P_2就对收益的作用较大。如果是完全竞争，为获取正常收益，生产者会选择最优性价比，即P_2最低的投入生产组合，以生产结构去匹配要素禀赋就更加具有自主创造能力。

常见的问题是，如果其价格高于市场价格，原因在于政府控制企业进入数量使企业获得超额利润，形成垄断价格；如果其价格低于市场价格，而生产者依然能够获得正常利润，原因是政府进行了补贴。这些情形既不能形成竞争性的市场价格也不能引导要素资源的优化配置。

二是竞争机制和市场主体。要素市场主体要形成多元化的竞争性的市场主体，以国有企业为例，国有企业因其特殊性而充分享有社会要素资源的分配，其自身限制的软约束使其无法脱离对政府的依赖，成为形式上的市场主体。而民营企业虽脱胎于市场，却难有平等的市场主体地位，难以平等使用生产要素。

三是市场机制。市场机制包括市场准入退出机制、要素交易平台、交易机制及监管规则等，这些因素阻碍要素流动，背后的深层次根源是体制机制的矛盾障碍，因此需要改革阻碍要素流动的一系列体制机制问题，如土地制度、产权制度、户籍制度、资本制度、知识产权制度等，这些制度决定着要素市场的价格机制、竞争机制和市场规则能否建立。因此，通过对各要素的市场化配置改革，生产什么、生产多少、如何生产、如何分配均由市场决定，市场机制和价格信号是经济决策的重要依据，要素配置由市场竞争和市场供求决定，政府的作用是将有利于市场作用的规则上升为法律法规成为市场规则，从而维护市场秩序、促进竞争、限制和消除垄断。

我国要素市场成长发育很快，各重点要素市场发展并不平衡。图2-2从三个侧面显示了2008—2016年我国要素市场化的进程，例如，金融业的要素市场化发展相对快速而稳健，整体推进有序；人力资源发展虽然较快，但起伏较大，2012年以后发展比较快速平稳；技术市场发展缓慢，已不能适应相关要素市场发展的要求，这也从宏观层面揭示了我国芯片等高新技术落后的原因。图2-2虽然只描述了三个指标，但它是我国要素市场发展的一个缩影。总体来说，改革开放以来我国要素市场发展很快，但也存在着许多不容忽视的问题，总结经验和教训，确定今后改革与发展的思路，对我国经济保持健康、可持续发展

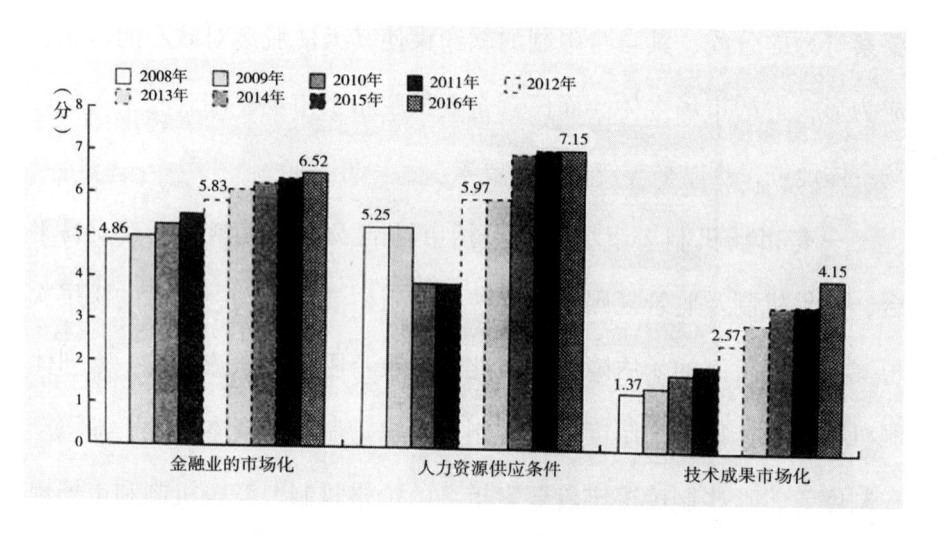

图2-2 要素市场发育程度：分项指数变化趋势（2008—2016年）

资料来源：王小鲁、樊纲《中国分省份市场化指数报告》（2018）。

3.选择适合中国经济发展的要素市场化配置模式

中国经济成功实践蕴涵着深刻的经济学思维和逻辑，从本质上讲，市场经济模式其实就是市场和政府的组合。市场经济模式各具特色：一是"自由主义"市场经济的美国模式，二是以瑞典为代表的欧洲福利型市场经济模式，三是以日韩为代表的政府指导型东亚市场经

济模式。改革开放后，中国实际上走的是"市场与政府作用相结合"的东亚模式。亚当·斯密在《国富论》中看到了"无形之手"的作用是市场经济和供给侧的结合；凯恩斯提出政府作用的"有形之手"使经济思想从供给侧转向需求侧。这表明两只手的作用都不可或缺，如何处理两者关系是一个重大理论问题。党的十八届三中全会提出，要"使市场在资源配置中起决定性作用和更好发挥政府作用"，实现市场机制与政府作用的有机结合。2015年，中央强调，"在社会主义基本制度与市场经济的结合上下功夫，把两方面优势都发挥好，既要'有效市场'，也要'有为政府'"。从逻辑上说，任何一个成熟的经济模式或市场经济模式，都是市场经济与政府作用的有机结合，只是组合的成分不同而已，都是多样化市场经济模式的一种。从全球实践来说，并不存在完全的市场经济模式，在资本主义的早期，在总供给远小于总需求的特定背景下，十分接近完全市场经济模式。关于社会主义经济体制改革的目标，党的十九大报告明确指出，经济体制改革要以完善产权制度和要素市场化配置为重点。因此，社会主义主义市场经济体制包含以下内容：加快完善产权制度，实现产权有效激励；加快完善要素市场化配置，实现要素自由流动；加快完善主要由市场决定价格的机制，实现价格反应灵活；加快完善公平竞争市场环境，实现统一开放有序竞争；加快健全各类企业的市场主体地位，实现企业优胜劣汰；创新和完善宏观调控，更好发挥政府作用。

要素市场化配置改革

4.要素市场化配置改革要接受实践检验

要素市场化改革依然是渐进式改革，各地改革试点先行，注重体制机制创新，坚持问题导向，大胆探索。广东南海的集体经营性建设用地入市探索了农村土地公有制与市场经济有效结合的方式，增加农民财产性收入，促进土地资源节约利用，着力提高配置效率，盘活城乡闲置或没有有效利用的资源。浙江海宁开展要素市场化配置综合配套改革试点，建立"亩产效益"标尺，在土地、能源、资金、人才、环境容量等要素配置中的体制性障碍上取得实质性突破。而现代都市圈建设更是提出了加快建设统一开放市场，加快人力资源市场一体化、技术市场一体化、金融服务一体化、统一市场准入标准以及推进公共服务共建共享等目标。国资国企改革"综改试验"已在上海、深圳、沈阳三地正式启动，如中国石化润滑油有限公司聚焦市场化，实现职位"能上能下"、员工"能进能出"、收入"能高能低"，大大激发了企业内部活力。粤港澳大湾区在各要素向先进生产力聚集、要素自由流动上已远远走在全国前列，"9+2"中的9个城市和港澳都有清晰定位，深圳被定位为大湾区建设的增长引擎、国际金融枢纽、全球科技产业创新中心，作为社会主义示范先行区的目标是2025年研发投入强度、产业创新能力世界一流；广州是科创中心，珠海是科技创新高地，惠州是科技成果转化高地，东莞、佛山等是各类制造业中心，大湾区内有香港和深圳两个证券市场，具备纽约湾区、旧金山湾区、东京湾区的所有优势，正在形成"科技+金融"双轮驱动，借助资本力量提升科技创新和成果转化能力，积极打造区域内的劳动力和金融要素自由流动和区域内生产要素优化配置。

二、现行要素配置体制阻碍了市场在要素配置中起决定性作用

我国要素市场化改革滞后，市场化程度低，原因主要源于政府直接干预市场，导致要素价格扭曲、结构失衡、配置效率下降，并造成制造业成本上升，消费成本也不断上升，产业竞争力和国家竞争力同时下降。

（一）要素配置的体制障碍导致了各要素市场化发展滞后

1.土地制度：市场在土地配置中没有起到主导性作用

土地作为重要的基础性资源，在工业化和城镇化进程中扮演着重要角色，与政府财政、房价波动、农村发展紧密关联。在城乡二元经济下，土地分割为农村和城市两大市场，土地市场的城乡双轨运行与社会主义市场经济体制不相适应的问题日益显现。一是城市土地市场化水平相对较高，但它是政府主导下的市场化。国家低价征收土地，高价卖出，炒高了地价。"招拍挂"成为城市土地出让的主要方式，"招拍挂"占出让总面积和总价款的比例由2004年的29.2%、55.2%上升至2015年的92.3%和96.0%（如图2-3所示），2018年土地使用权出让

收入接近7万亿元。二是农村土地市场化程度很低，不能市场化运营。近几年，国家进行了农村土地经营权改革试点，截至2018年，33个试点地区集体经营性建设用地入市面积9万余亩，总价款约257亿元。

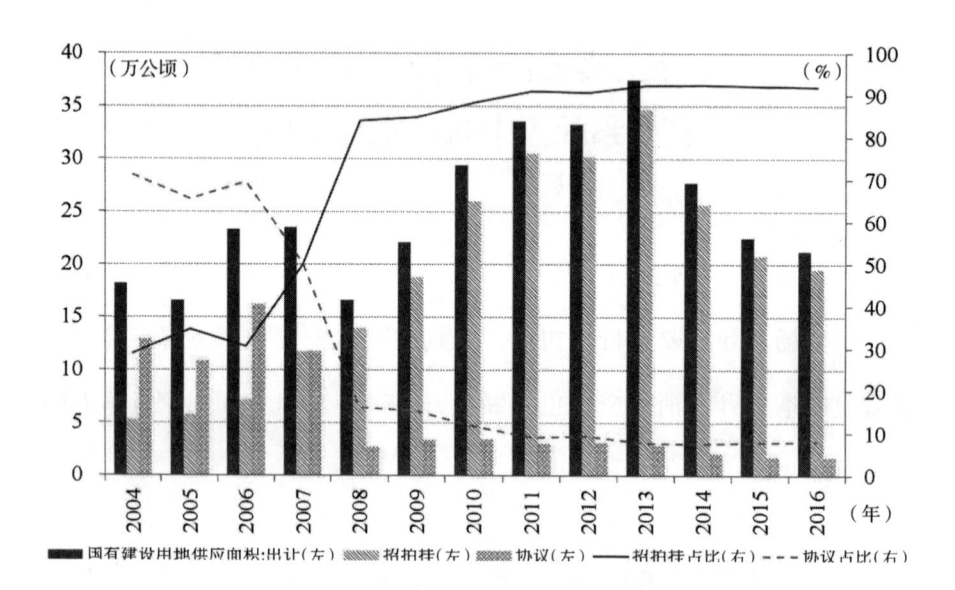

图2-3　2004—2016年"招拍挂"占出让国有建设用地的比重
资料来源：农业农村部。

农村土地市场化配置改革面临的紧迫问题。一是土地征收补偿标准与集体经营性建设用地入市地价存在价格差异。土地征收补偿是政府定价，新《土地管理法》出台后，集体经营性建设用地已实现与国有建设用地同等入市，属于市场价格。以安徽省金寨县为例，首宗入市的全军乡熊家河村地块每亩成交单价20.05万元，溢价率达12%，与同区域国有商业用地价格大体相当；而金寨县征地统一年产值及补偿标准是每亩3.74万元，相差5倍多，因此要注意保护被征地农民的利

第二章
完善要素市场化配置改革体制机制

益。二是集体存量建设用地入市与增量建设用地征收存在利益冲突，如果新增的工矿、仓储、商服用地已属于经营性建设用地，符合规划和用途要求由集体直接入市，而政府以不属于存量而是新增土地并提出征收，即会发生冲突。三是宅基地入市需要继续探索。中国社科院农村所发布的《中国农村发展报告（2018）》显示，全国"空心村"闲置宅基地的综合整治潜力约1.14亿亩。今后宅基地的抵押融资、担保融资等需要深化研究，宅基地的抵押问题有待解决。

城市土地市场化配置改革面临的紧迫问题。一是土地供应双轨制度造成的违规圈地等问题仍未解决。由于无偿划拨和招拍挂并存，不同类型的土地管理制度细则缺失，划拨中经常出现违规圈地、乱占滥用、擅自改变划拨土地用途等损害公平竞争市场环境的问题。还有一些地方政府以协议低价出让工业用地，扰乱市场秩序。二是工业和住宅用地指标不足与工业用地闲置并存。城市用地缺口大，但城镇工业用地的市场资源配置效率不高，工业园区"圈多建少""圈而不建"等闲置问题十分突出。根据国土资源部对国家土地督察情况的公告，2017年，督察新发现闲置住宅用地3148宗，23.8万亩；2016—2017年在山东、河南发现闲置和低效用地87.06万亩。三是工业用地占比较高但利用效率偏低。2017年，全国105个主要监测城市工业地价为803元/平方米，工业地价与住宅地价差距巨大，建设用地产出效率偏低。

2.户籍制度：劳动力要素不能自由流动和公共成本分担机制未建立

户籍制度仍然是劳动力流动的主要体制性障碍。一是户籍制度约束劳动力流动，限制了经济发展，加剧了城乡差别。国家发展改革委发布的《2019年新型城镇化建设重点任务》规定，城区常住人口100万~300万人的Ⅱ型大城市要全面取消落户限制。但农民工主要集中在300万人以上的大城市，所以多数农民工的问题仍未解决。户籍制度使农民工的生活处于漂泊之中，如果不能安定下来，将成为社会动荡的潜在因素。二是城市公共服务供给不足。在现行体制下，公共服务是与户籍捆绑在一起的，没有户籍就不能享受市民的购房、教育、医疗等公共服务，而美国、日本、加拿大等发达国家的公共服务等福利制度在全国都是统一的，有利于劳动力流动。劳动力转移初期，户籍制度略微放松就促使大量农村劳动力作出转移决策，户籍制度的转移效应大于工资效应；而在后期，沉淀在农村的劳动力的转移意愿降低，户籍制度放松的工资效应大于转移效应。调研发现，汕头等城市对劳动者实行终身培训规划，通过对人力资本投资，提高劳动者素质，满足城市就业需求。只有启动户籍改革，才可能提升城镇化对农村劳动力的吸引力和转移意愿。目前各省份不愿意放开户籍的原因是农村转移劳动力的公共成本分担机制缺失，据了解，大城市每人公共成本为15万元，中等城市为10万元。三是农村不能平等使用生产要素，由于农村要素配置效率低，土地、劳动力、资本等要素更多流向城市，而不愿意流向农村。

农村劳动力转移势头放慢可能会影响全要素生产率和城镇化进程。本课题组采用动态面板数据回归模型进行实证分析显示，在一定约束条件下，向城镇地区配置更多劳动力要素是有经济效率的区位选择的。衡量经济发展效率可用"人均GDP增长率"或者"全要素生产率的自然对数"予以衡量，模型测算结果是，如用"人均GDP增长率"衡量经济发展效率，城镇就业比重的最优值为66.04%；如用"全要素生产率的自然对数"衡量经济发展效率，城镇就业比重的最优值为74.61%。2018年，我国城镇就业比重为55.96%（如图2-4所示），距离前述两个最优值分别还有10%和近20%的空间，这说明当前及今后10~20年间，向城镇地区配置更多劳动力要素将有助于提高经济发展效率。在提高全要素生产率目标下，农村转移劳动力促进城镇化发展具有更大空间。目前存在两个问题，第一，农村劳动力转移势头放慢。据国家统计局《2018年农民工监测调查报告》，2018年农民工为28836万人，比上年增加184万人，仅增长0.6%，创历史新低。劳动年龄人口总量从2012年起开始下降，近5年50岁以上农民工比重逐年提高，2018年为22.4%，比上年提高1.1%。目前城镇化出现放缓趋势，但农业转移人口市民化的压力仍然很大，截至2018年底，仍有2.26亿来自农村的城镇常住人口未能落户城市，其中65%在地级以上城市。第二，城市对劳动力需求旺盛，供求不平衡。2015年我国农业部门28.3%的劳动力仅创造9.0%的国内生产总值，生产效率很低，而城市对劳动力需求旺盛，供求不平衡导致工资水平快速上升。

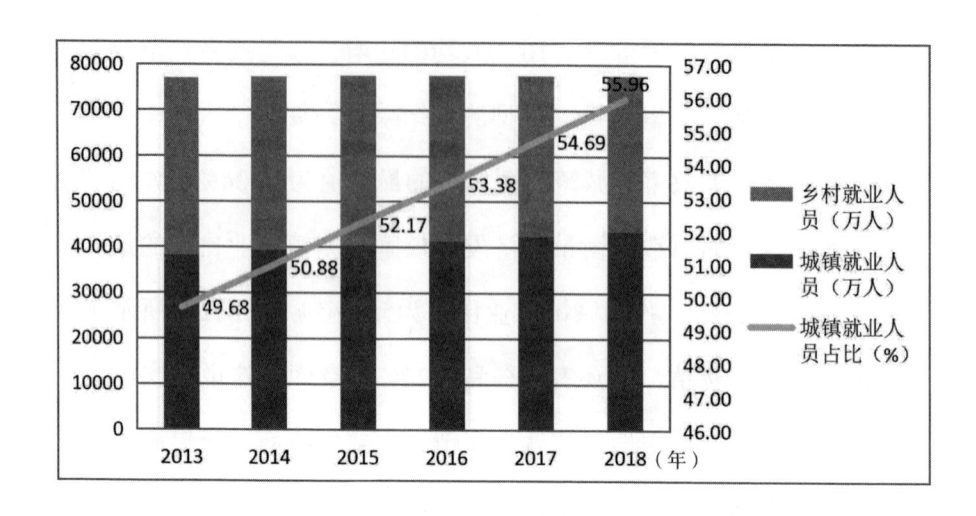

图2-4 2013—2018年我国城乡就业人员数量
及城镇就业人员占比的变化

资料来源：国家统计局，本课题组绘制。

3.资本管理制度：金融供给结构性失衡与资本市场未能有效引导要素配置

以银行为主的间接融资结构的金融体系凸显出银行的垄断地位（如图2-5所示）。银行存贷利差过大使得银行利润远高于实体经济的利润，出现存款利率被压低，形成存款者补贴贷款者的倒挂情形。银行业2018年利润1.8万亿元，高于整个实体经济所有部门的利润。银行业也是垄断行业，它垄断的不是自然资源而是社会资源，因此银行获得的是垄断利润即超额利润。垄断性的超额利润来源有两个，一是市场垄断，价格定在均衡价格之上，即使减少产量垄断者也不会造成损失，只会造成社会福利损失，它把消费者剩余转为生产者剩余，变成垄断者利润，例如我国电信部门高收费、"三桶油"的补贴等都属此类情形。二是资源要素价格低,国家把经济价值巨大的资源无偿或低偿授予可垄断行业的国有企业,象征性地收取很少的资源税和资源使用费。据估算,大中型国有企业占有的土地租金加上煤炭、石油的资源租金,加上城市土地、其他矿产、电信频道、人文景观资源等每年可达万亿元以上。据了解,国企从未向国家缴过租金。以金融业为例,国家对金融业增值税征收税率明显过低,制造业增值税税率为13%,金融业税率却只有6%。目前国企超额利润全部留归企业所有,但没有尽到应有的社会职责。有些国有企业无偿或以很低成本获取矿产资源,而不考虑生产活动的环境污染和生态破坏,只承担直接开发成本,不承担环境治理和生态补偿等间接成本。可见,国家与国有企业的利益分配关系和格局亟须调整。

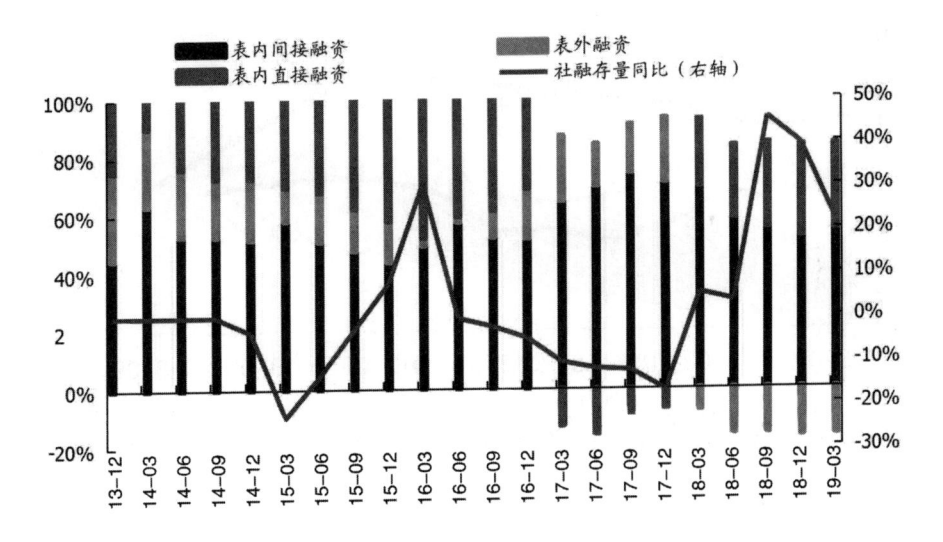

图2-5 直接融资和间接融资比例及社会融资增速

资料来源:Wind。

要素市场化配置改革

银行遵循"安全性、盈利性、流动性"即"三性"原则，其贷款主要流向国有大中型企业和地方融资平台，因为这些企业盈利性好、抗风险能力强、有抵押。而中小微企业则因抗风险能力弱、缺乏抵押物等难以得到银行贷款，只能去不规范的地下融资市场进行高息融资。各家银行围绕大中型企业争相提供贷款，展开恶性竞争，但是，当经济下行风险来临时又抽贷断贷竞相逃跑，导致大中型企业也面临着资金链断裂的风险，这种局面至今没有改变。中小微企业融资难和融资贵问题是个世界性难题，在我国也没有得到很好的解决，在经济风险来临时银行对小微企业本已很少的贷款的下降速度又远远快于大型和中型企业（如图2-6所示）。

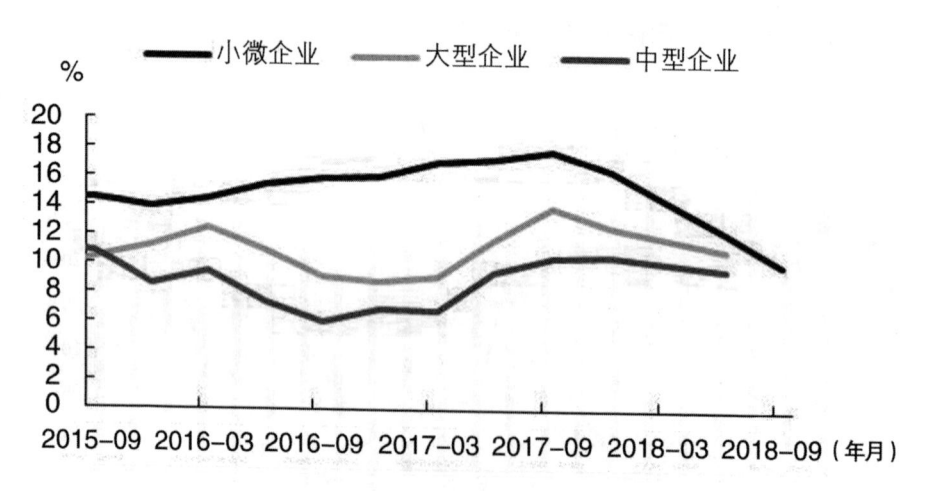

图2-6 小微企业人民币贷款余额同比增速下滑更快

资料来源：Wind。

我国资本市场未能发挥有效的要素资源配置的功能。国家通过利率将资金价格传导到资本市场，资本市场具有调节产业结构的功能，

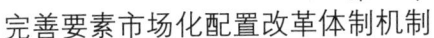

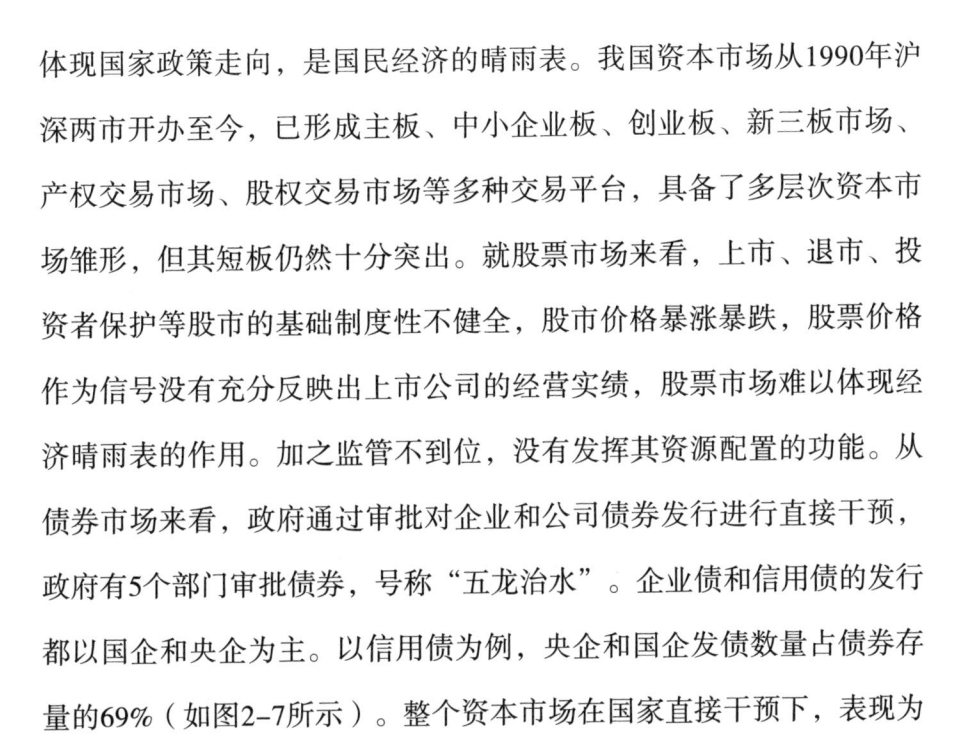

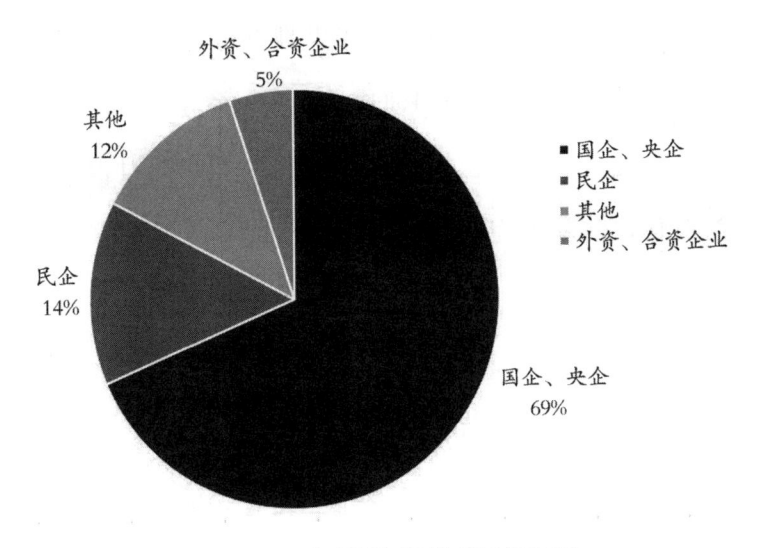

第二章 完善要素市场化配置改革体制机制

体现国家政策走向，是国民经济的晴雨表。我国资本市场从1990年沪深两市开办至今，已形成主板、中小企业板、创业板、新三板市场、产权交易市场、股权交易市场等多种交易平台，具备了多层次资本市场雏形，但其短板仍然十分突出。就股票市场来看，上市、退市、投资者保护等股市的基础制度性不健全，股市价格暴涨暴跌，股票价格作为信号没有充分反映出上市公司的经营实绩，股票市场难以体现经济晴雨表的作用。加之监管不到位，没有发挥其资源配置的功能。从债券市场来看，政府通过审批对企业和公司债券发行进行直接干预，政府有5个部门审批债券，号称"五龙治水"。企业债和信用债的发行都以国企和央企为主。以信用债为例，央企和国企发债数量占债券存量的69%（如图2-7所示）。整个资本市场在国家直接干预下，表现为长不大、管不好、发育慢。

图2-7 存量信用债发债数量

资料来源：Wind，招商证券。

4.技术创新体制：知识产权保护难和技术转化难阻碍了技术创新

知识产权保护不到位导致市场通过价格机制进行科技资源配置的功能无法发挥。对知识产权侵权行为的甄别和处罚的专业性强且较为复杂，维权普遍存在举证难、赔偿低、周期长等问题，进一步增加了知识产权执法难度。现实情况是科技成果公开交易意愿不高，更多选择私下磋商、地下转化，导致技术交易不在技术市场进行。科技人员人力资本和智力资本属性体现不充分，获得相应收入的举措在落实上难以达成共识，科研人员收入低，技术成果的使用权、处置权和收益权也不够明确。知识产权保护不到位严重挫伤了民间技术创新的积极性，企业创新动力也不足，不愿意进行技术市场化。

技术转化机制不健全导致科技成果难以跨越从实验室产品到产业化之间的"死亡之谷"。从科研成果到实现商业化，需经历一系列中间试验（中试）、工业性试验到生产应用和推广等过程，很多科研成果在商业化之前就因为各种原因枯竭，这一过程被称为"死亡之谷"。从创新链条来看，我国创新活动存在"两头强、中间弱"的特点，即前端技术研发、后端产业投资相对较强，而中间地带——技术成果的产业化比较薄弱。我国50%以上科研院所和高校缺乏中试设备和中试资金，不具备中试条件，导致科技成果不能"即时转化"，企业对科技成果"接不住、用不了"，无形中增加了科技成果产业化的风险。导致出现上述问题的原因如下：一是研发投入相对小，与美国等发达国家相比，我国企业研发投入仍有很大的提升空间。2015年我国研发支出1.42万亿元，仅为美国的45%。2017年研发投入强度2.1%，虽然差距缩窄，但仍低于美国的2.8%。二是研发投入结构中的基础研究和应用研究占比低，与发达国家相比存在明显差距，我国R&D支出中基础研究的占比长期徘徊在5%左右，与世界主要科技型国家10%~15%以上的水平有明显差距（如图2-8所示）。三是科技转化存在结构性矛盾，国际通用评价指标侧重于价值导向，重点评估商业化潜力和转化应用的经济效益。最具代表性的是欧洲知识转移测度，其科技转化重在价值导向，评估科技成果的商业化潜力和转化运用的经济效益，多数国家获得政府资助的科研项目多属于基础研究范畴，主要定位于知识创造、前探索，很多成果不具备直接转化条件，而我国的经费多用于试验开发阶段，经费投入结构有显著差异。在技术创新方面急功近利，片面追求技术先进性而忽视技术适用性，导致对外技术依存度过高、技术开发能力较弱和创新能力提升缓慢。尽管企业的研发经费占全社会比重超过70%，但企业的创新主体地位并未真正确立。四是市场转化中介专业化服务不够，科技中介机构只提供对接平台，服务功能单一，协议定价多、做市交易少，技术商品流通转移不畅，偏离了建立市场、鼓励议价竞价的初衷，无法通过价格机制实现对科技资源的优化配置。五是技术转移转化从业人员素质有待提升，全国有数万名技术市场从业人员，但绝大部分都是转行而来，专业化、复合型技术经纪人才严重不足，无法提供高质量服务。此外，技术交易网络没有形成，科技成果信息共享机制不成熟，交易过程中的信息不对称现象十分严重。

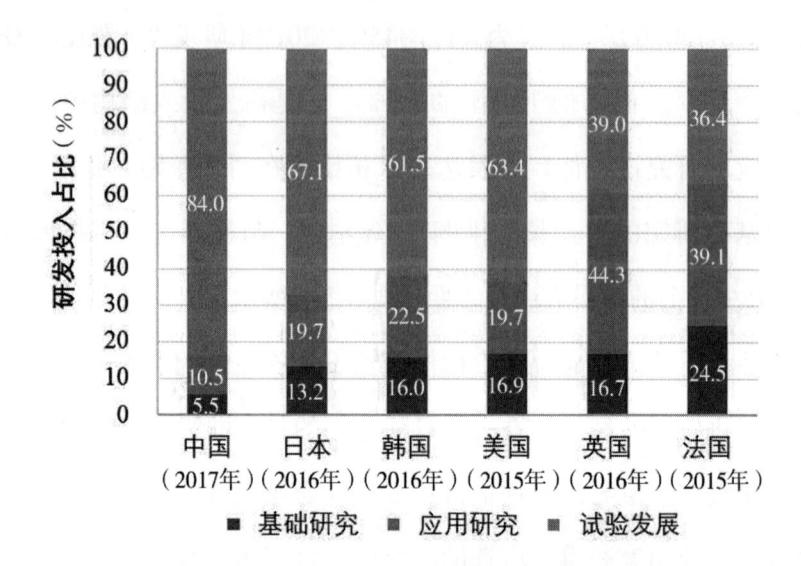

图2-8 部分国家研发投入分布比较

数据来源：《中国科技统计年鉴2018》。

5.数据管理体制：数据保护和数据产权制约数据要素市场发展

我国大数据与实体经济的融合正不断加速，但不均衡现象突出。行业分布不均衡，大数据与金融、政务、电信等行业的融合效果较好，其他行业则有待于深化。在应用大数据的企业中，营销分析、客户分析和内部运营管理是应用最广的，61.7%的企业将大数据应用于营销分析，50.2%的企业将其应用于内部运营管理，而在产品设计、产品生产、企业供应链管理等核心业务方面的应用还有待于提升。多数产学研力量主要分布在北京、广东、浙江等沿海地区，中西部虽然大数据运用的市场需求大，但发展水平较低。

数据发展不均衡的原因是：一是数据垄断，在不同层级、不同板块、不同行业都存在数据垄断，信息孤岛、数据烟囱依旧林立，企业间数据共享较少，以内部实用为主，呈现自给自足"小农经济"的状况。二是数据产权不够明晰，政府公共数据、企业数据、个人数据的产权明确，但收集和交易中涉及公民个人信息的数据，其产权不明确，国际上也没形成共识。数据产权不明导致数据不愿开放共享，数据控制权与处置权边界不清晰，导致数据持有主体不愿、不敢推进数据开放和共享。三是跨境数据保护过严可能影响我国竞争力，海量数据流动创造了大量经济和贸易活动，随着世界经济正向数字化转型，大力发展数字经济成为全球共识，数字贸易更侧重于数字化交付内容及服务的跨境流动，核心在于"数据流动"。如果数据不对外开放和对外交易，在数据转化为经济新动能过程中，很可能降低我国的竞争力。根据美国商务部数据，2016年其数字化服务贸易顺差占其服务贸易顺差的64%。研究表明，如果全面实施数据本地化政策，我国GDP可能下降1.1%、出口规模下降1.7%。四是数据市场体系建设比较滞后，市场机制在数据要素资源配置中的决定性作用还没有充分发挥，数据要素市场交易机制不完善，大数据交易所、数据公司等数据市场中介不能有效发挥作用。

6. 开放规则：要素的国际配置瓶颈

我国要素的国际配置效应在降低。一是承接技术转让路径越走越窄。高技术出口的80%由外资企业的加工贸易提供，出口附加值偏低，被锁定在全球价值链的中低端环节，高技术行业未能掌握核心技术和价值链的关键环节（如图2-9所示）。二是传统要素国际配置对我国经济增长的贡献度下降。劳动力、能源、土地等生产要素价格持续攀升导致我国以要素成本为核心的传统比较优势逐渐弱化，出口增速放缓，净出口对GDP的贡献大幅下降，2006年净出口对GDP的贡献达28.89%的高位，2017年已降至3.47%，经济由"三驾马车"拉动开始转为主要由投资和消费"双轮驱动"。外商投资在我国资本形成中的作用也大为下降，FDI占全社会固定资产投资比重1995年高达15.65%，2010年降至2.84%，2016年仅为1.22%，而同期制造业实际使用外资占实际使用外资总额的比重由超过70%下滑到2016年的29.3%。这说明开放部门在我国经济中的角色正在发生改变。三是有相当一部分国企的垄断利润被外资拿走。以工、农、中、建、交五大国有商业银行及股份制商业银行改制上市为例，这些银行的外资参股都达到20%，参股的外资都享有我国金融业的低税收和垄断超额利润的红利，参股的外资在撤出时都从中国的银行赚走上千亿元的利润，而且A外资走了，B外资又接着进来，外资占有五大银行的股比没有改变。2019年我国又进一步加大了银行对外资开放的力度，允许外资控制我国银行51%以上的股份，如果外资真正控制了我国全国性的几大银行，不但要充分享受超额垄断利润，还可能会严重影响我国政府对经济的宏观调控，因为目前大型商业银行是国家宏观调控的重要手段，对实体经济也有着重大的影响，一旦被外资控制将产生什么样的影响？苏联解体后，美国以金融为"核弹"对俄罗斯经济发动的致命攻击，使俄罗斯经济全面崩溃，卢布急剧大幅贬值，俄罗斯人民的财产被洗劫一空的教训值得认真汲取。我们务必且必须从国家安全和社会经济发展等方面对外资控股我国银行及其他大型国企的利弊做进一步研究和评估。

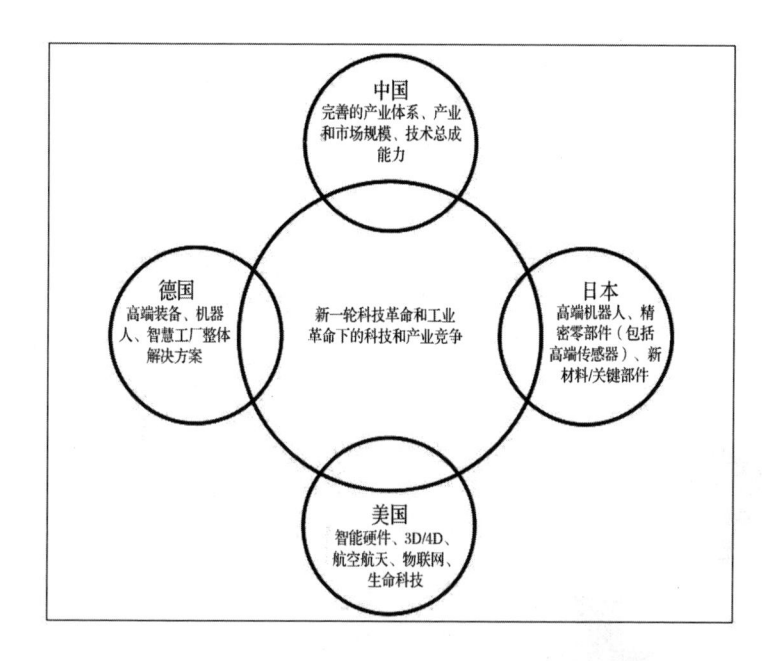

图2-9 主要大国的技术能力和产业优势

中国：完善的产业体系、产业和市场规模、技术总成能力

德国：高端装备、机器人、智慧工厂整体解决方案

日本：高端机器人、精密零部件（包括高端传感器）、新材料/关键部件

美国：智能硬件、3D/4D、航空航天、物联网、生命科技

中心：新一轮科技革命和工业革命下的科技和产业竞争

我国国际竞争新优势亟须重塑和升级。出口导向型开放模式难以维系，我国几亿劳动力与全球先进生产要素（资本、技术、管理、品牌和知识）相结合，维持了30多年要素驱动型高速增长，但以经济效率驱动为特征的内生增长动力却没有形成，目前人口要素红利基本消耗殆尽。资本或垄断要素（科技创新、知识、管理和品牌）格局下的全球总需求吸纳不了总供给，全球经济失衡带来全球产能过剩和贸易摩擦频发，在2008年经济危机后寻找经济新动能的努力还没有带来全球供求平衡发展，因此我国亟须构建对外开放新格局来重塑国际竞争

新优势（如图2-10所示）。

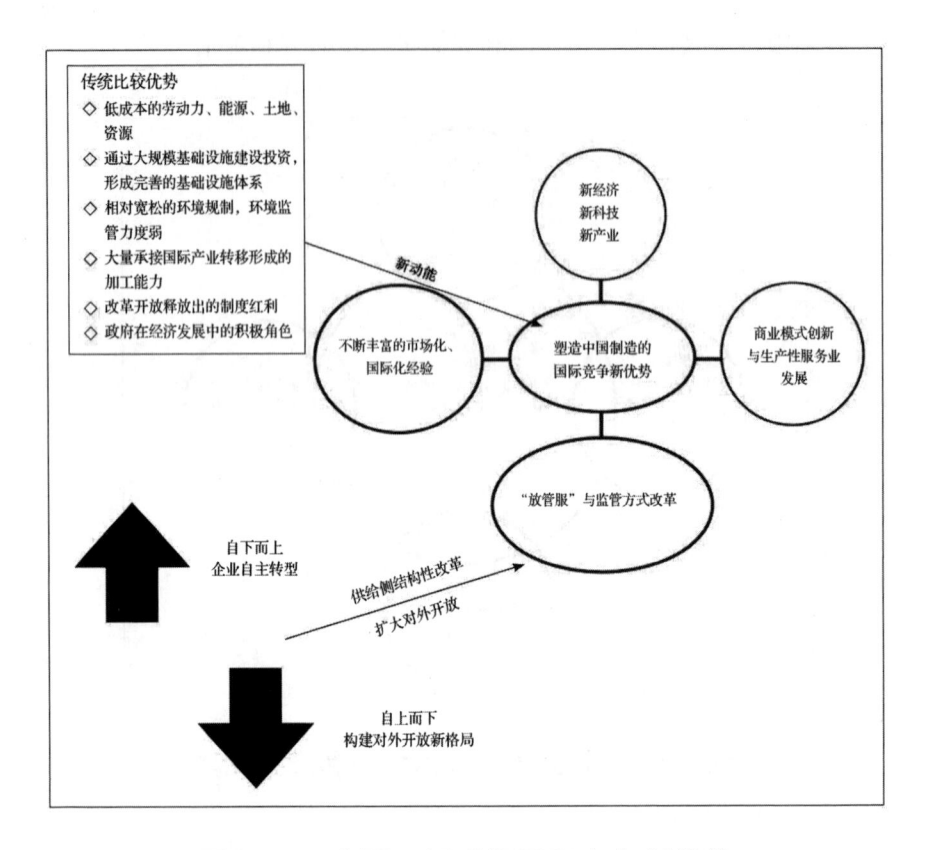

图2-10 中国亟须重塑国际竞争新优势

（二）要素价格普遍扭曲导致价格市场化形成机制尚难形成

1.土地垄断供应导致价格"双轨制"，造成同地不同权不同价

城市用地存在划拨和"招拍挂"两个价格，如图2-11所示，价格差距非常大；农村土地长期被排除在城市化土地资源配置之外，最近才刚被允许进入市场。国有产权土地和集体产权土地的价差，阻碍了土地和资本在城乡之间的最优配置，导致农村建设用地闲置和要素配

置效率低下。长期以来，城乡土地管理制度分割，造成农村建设用地在供给和流转中"同地，不同权，不同价"。

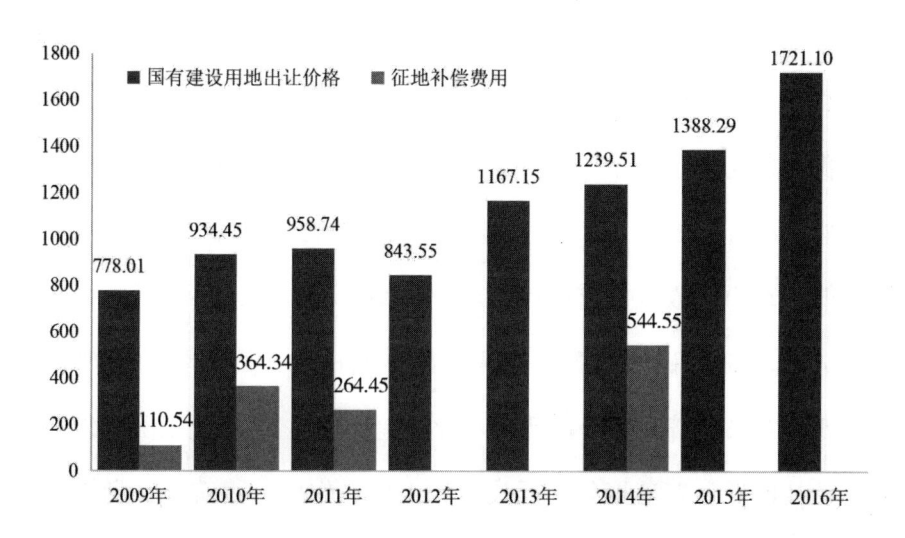

图2-11 我国土地征收补偿费用和国有建设用地出让价格比较
（单位：元/平方米）

数据来源：《国土资源统计年鉴》，Wind。

2.城乡、行业市场分割和政府管制带来的劳动力价格扭曲

劳动力要素价格扭曲。一是同等技能劳动力在不同行业收入差距大。石油、金融等垄断性行业的利润较高，其员工收入普遍较高；制造业等竞争性行业，税负较高，利润较低，其员工收入也普遍较低（如图2-12所示）。在美国、法国、日本等发达国家，同等技能的人才在不同行业的工资收入差距很小，表2-2显示各国不同技能的劳动力工资方差，方差越小意味着各行业工资差异越小，显示我国同等技能劳动力的行业工资差异远远高于发达国家。二是科研单位的高技能人才收入低。科研企事业单位和金融机构都聚集了大批高学历和高技能

的优秀人才，但金融业收入高，科研单位收入低，二者相比差距很大。科研成果没有市场化分享机制，例如老科学家倾其毕生精力研究出的对国家有重大贡献的科研成果所获奖金却没有一些金融企业高管一年的薪酬高。三是我国高技能和低技能劳动力的薪酬差距没有拉开。据测算，我国高技能劳动力平均工资是低技能劳动力的1.73倍，中等技能是低技能劳动力的1.21倍，而美国分别是2.47和1.41（如表2-3所示）。高技能劳动力的收入没有按照市场化机制分配，使许多科研优秀人才往往先在体制内积累资源，然后跳出体制进行人力资本的变现和套利。四是农民工普遍拥挤在低收入行业。我国2亿多农民工因文化水平和劳动技能低，普遍聚集在低技能的工厂、作坊、建筑队、餐饮、快递等低收入行业，这个阶层长期固化，增大了社会各阶层的分化。

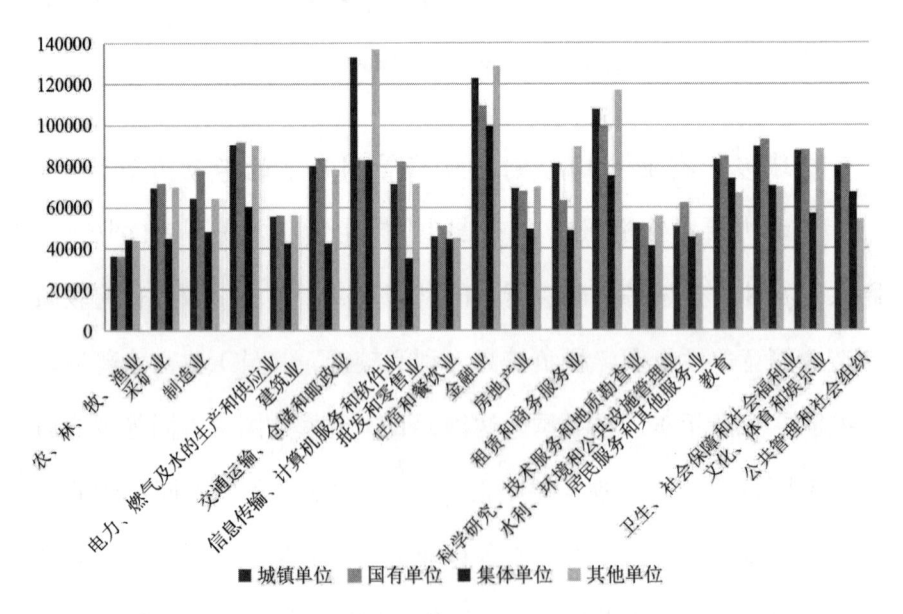

图2-12　我国不同所有制各行业2017年平均工资水平（单位：元）

数据来源：国家统计局。

表2-2 技能劳动力工资方差的行业差距

国别	高技能	中等技能	低技能
中国	1.57	2.25	2.96
美国	0.11	0.16	0.25
日本	0.47	0.69	0.94
法国	0.09	0.09	0.11

数据来源：WIOD-SEA。

表2-3 技能劳动力工资比值

高技能/低技能	1.73	2.47
中等技能/低技能	1.21	1.41

数据来源：WIOD-SEA。

3.资本价格扭曲主要由政府干预造成

存贷款基准利率仍为政府定价，不能引导资金的有效配置，存贷款基准利率过去是人民银行制定，LPR（贷款市场利率形成机制）2019年8月发布实施，并于当年8月20日第一次公布贷款市场利率。LPR机制的报价行现在有18家，在中期借贷便利（MLF）基础上加点生成。这种由18家银行在人民银行的再贷款利率基础上加点形成的贷款利率与原来相比，增加了市场化程度。银行资金占社会总融资额的80%，其存贷款基准利率影响着银行间的拆借资金市场，也影响着股票和债券市场的变化。长期以来，我国商业银行的贷款利率主要由人民银行（以下或称央行）决定，不能完全反映市场资金的供求关系，有时甚至出现严重扭曲，导致银行不能很好地服务于实体经济，出现中小微企业的融资难与融资贵等问题，也出现了经济增长率和贷款利率不协调的问题。人民币汇率也是政府干预下形成的，其构成为"前日收盘价+人民币一篮子指数+逆周期因子"，后两项则体现了政府对汇率的控制程度。

4.技术和数据要素的价格形成机制不完善

技术和数据价格以市场主体"协商定价"为主。产权制度不完善造成技术和数据要素在市场交易中的信息不对称和交易主体权责模糊，特别是"体制内"技术成果的产权界定不明晰，数据信息要素的产权界定规则尚未建立，导致技术和数据信息要素的市场交易低效率，市场价格难以形成。

5.要素价格扭曲原因主要来自垄断价格、补贴价格、传导价格

我国劳动力工资、土地价格和利率呈现"双轨"特征，市场化价格与政府制定基准价格并存，要素价格扭曲带来各行业间、地区间的收益不平衡，资源引导出现错配。我国要素价格扭曲有三种情形：一是价格低于市场价格，即补贴价格，国家因对重大产业保护扶持而补贴，例如增值税、出口退税、优惠利率等各类措施，达到降低价格、保护其获得正常收益，这种价格扭曲会导致投入扭曲要素的生产者并不具备实现正常收益的竞争力。二是价格高于市场价格，即垄断价格，政府利用市场准入来控制进入重要产业的企业数量以确保其市场垄断地位，维系其自主创造能力和垄断优势。三是传导性价格，即商品价格存在扭曲会引导给生产要素去迎合这些扭曲，商品供求价格变动从生产过程传导到生产要素并引导其实现再配置。

（三）要素配置结构扭曲导致经济失衡

1.要素流向和结构不均衡

生产要素的总流向和结构可通过资本要素结构进行分析。2018年社会融资存量，银行贷款占67%，债券（企业债和地方债）占17.2%，股票融资占3.5%。银行贷款结构基本代表了我国资本流向结构，根据人民银行数据，2018年我国人民币贷款严重向房地产业倾斜（如图2-13所示），房地产贷款存量占人民币贷款存量的28.7%，增量占41.1%。银行贷款追逐房地产业的主要原因是房地产特别是土地可获得超额垄断利润，同时房地产业税负较低，增值税税率仅为11%，银行向房地产企业发放的贷款还款有保证。加之房地产行业有超额利润可承

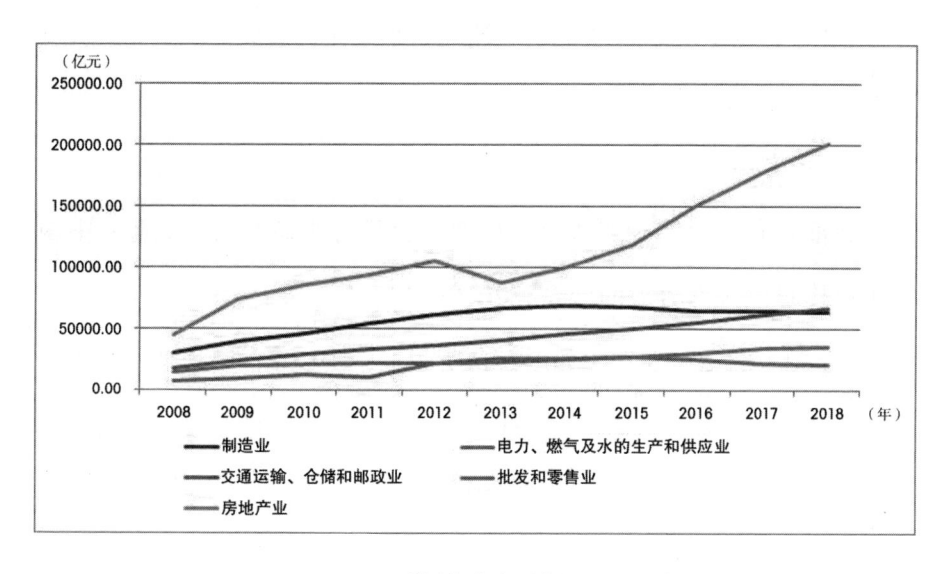

图2-13 贷款余额的行业分布

资料来源：Wind。

受高息，银行在向房地产企业贷款时还以理财服务名义增加贷款利率，以便能够获得较高收益，房地产企业因为有超额利润通常会同意这种利率安排。银行的趋利性导致其紧紧地抓住房地产不放。这种失衡的资本流动造成了要素配置结构性失衡，带来了经济结构失衡和经济增速下降。

2.制造业占银行贷款比重逐年下降

制造业税前资产利润率仅为6.58%，税后为3%左右，这么低的利润率很难经得住市场波动的冲击，稍有不慎就会亏损，因此银行等金融机构不愿意冒风险向其贷款，2018年五大国有商业银行对制造业贷款余额都保持在20%以下，要素资源流入制造业占比逐年减少，使其发展后劲不足，产业转型升级困难，距离国家2025年振兴目标越来越远。目前央行为商业银行确定的贷款年利率为4.35%，影子银行的资金利率是商业银行贷款基准利率的2~3倍（美国商业银行贷款年利率只有1.75%~2%），这些昂贵的资金流向中小企业，造成中小企业融资难和融资贵的困境。

3.国有企业占有过多资源

国企在信贷、土地等关键生产要素上享有明显的获得优势，中国金融机构贷款大部分流向国企，2010—2016年，金融机构投向大型国企的贷款比例占70%左右（如图2-14所示），2017年国有企业贷款占银行贷款余额的79%。债券市场同样如此，企业债券被国企过多挤占，企业债券发行数量本来就少，但2010年至2018年，国有企业发行量占发行总规模的86%，民营企业发债规模仅占9.5%；而存量信用债中的国企、央企合计占比69%，民企占14%。可见国有企业占据了银行贷款和债券融资的绝大部分渠道，同时融资利率（贷款和债券利率）明显优于同等信用评级的民营企业。

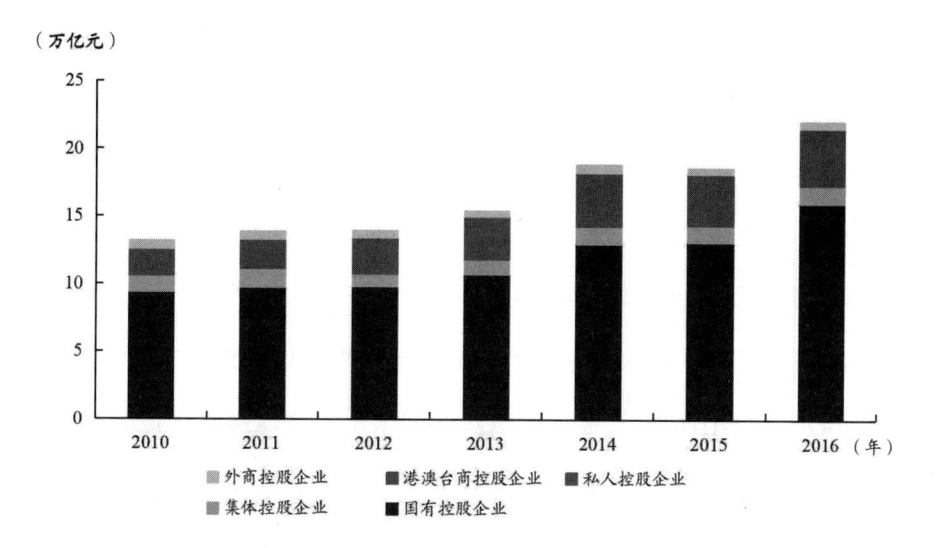

图2-14 中国金融机构贷款大部分流向国有企业

数据来源：Wind。

（四）要素配置效率下降导致技术进步和制度改革更为紧迫

1.全要素生产率变化取决于技术进步和要素重新配置的制度改革

全要素生产率是指各种要素投入下，通过提高各要素使用效率而产生的额外生产效率，可分解为资源重新配置效率和微观生产效率（蔡昉，2014）。一是资源重新配置效率，表现为人口流动和产业升级，制度性壁垒消除，农村劳动力转移导致城镇化加速，这是我国全要素生产率提升的重要途径。二是企业生产效率,它与微观主体的激励机制、管理方法和技术创新密切相关,创意和创新产生的全要素生产率的提升,其中最重要的是技术进步(蔡昉,2014)。2008年至今,农村人口从过剩变为短缺,人口红利开始消失,劳动力工资快速上升,制造业竞争力开始下降,劳动力要素对GDP的直接贡献下降,资本边际报酬加速递减,全要素生产率也在下降(如图2-15所示)。

经济增长可分解为劳动力、资本和全要素生产率,三者相加即为当期的GDP同比增速平均值。全要素生产率增速从2005—2010年的4.2%下降到2010—2016年的2%(如图2-16所示),能够解释GDP增速下降中的66.7%(2.2/3.3)。而世界银行经济学家Louis Kuijs(2010)估算也认为,全要素生产率对中国劳动生产率的贡献从1978—1994年的46.9%下降到2005—2009年的31.8%,再下降到2010—2015年的28%。人口红利逐渐消失,微观生产效率对提升全要素生产率来说就更为重要,而资源重新配置则取决于市场在资源配置中发挥决定性作用,取决于真正建立起"创造性毁灭"的机制,取决于国企与民企之间实现公平竞争,取决于资本市场更好发挥资本配置的功能,最终都取决于经济体制改革。

2.资本要素配置效率下降导致全国生产要素配置效率下降

资本配置效率及增速在我国经济增速中起到了重要作用,我国生产要素配置效率的下降主要由资本配置效率下降导致。2011年后,我国资本配置效率持续下降(如图2-17所示),次债危机后我国为保持经济稳定,大量的信贷资源流入相对低效的房地产和基础设施建设领

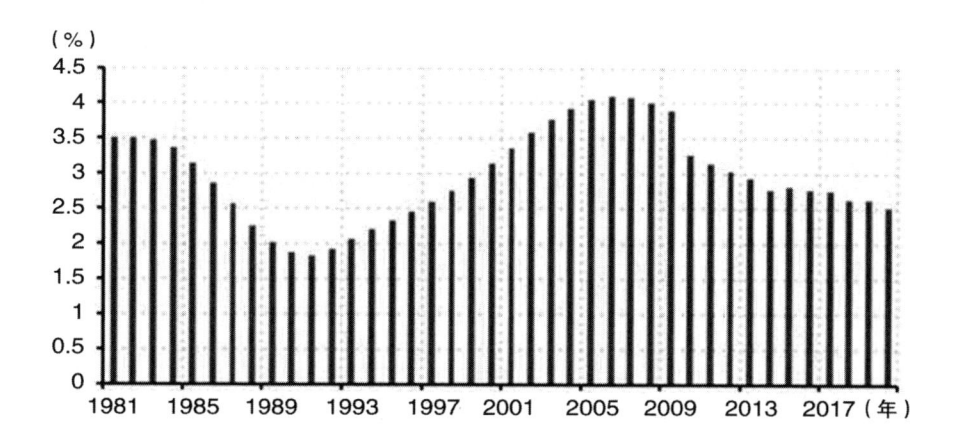

第二章
完善要素市场化配置改革体制机制

图2-15 中国全要素生产率

资料来源：彭博社。

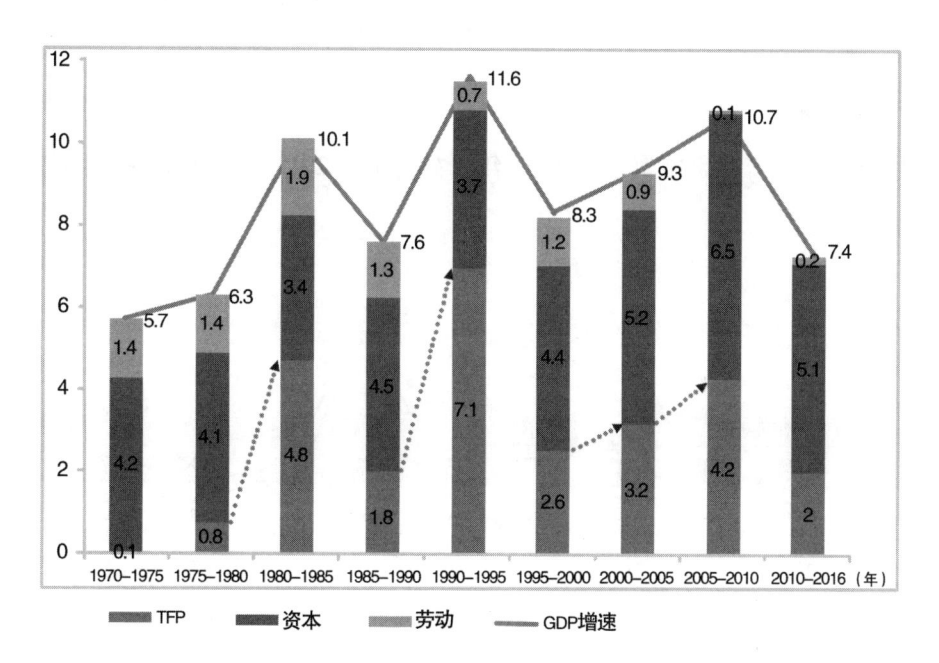

图2-16 1970—2016年中国GDP增速的分解

资料来源：Asian Productivity Organization。

要素市场化配置改革

域，导致资本生产要素的错误配置，同时很多相对效率较好的民营企业却贷款困难，这些因素导致了资本配置效率下降。2018年我国社会融资规模200.7万亿元，GDP规模90万亿元。GDP/社会融资规模比例在2014—2018年不断下降，分别为51.8%、49.9%、47.7%、47.5%、44.8%。GDP增速也发生同向变化，2014—2018年分别为7.4%、6.9%、6.7%、6.8%、6.5%。

再从GDP/M_2来看，2011—2018年呈下降趋势，2011年为53%，2018年已降到49.2%。与美国相比差距很大（如图2-18所示），美国2018年为150%，我国与之相差3倍，说明我国货币发行过量，创造价值减少。我国资金周转使用效率和要素配置效率都很低，经济发展质量较差。图2-18显示的是对全国要素配置效率的测算，与上述分析相互印证。全国要素配置效率2002年开始上升，2011年则开始呈下降趋

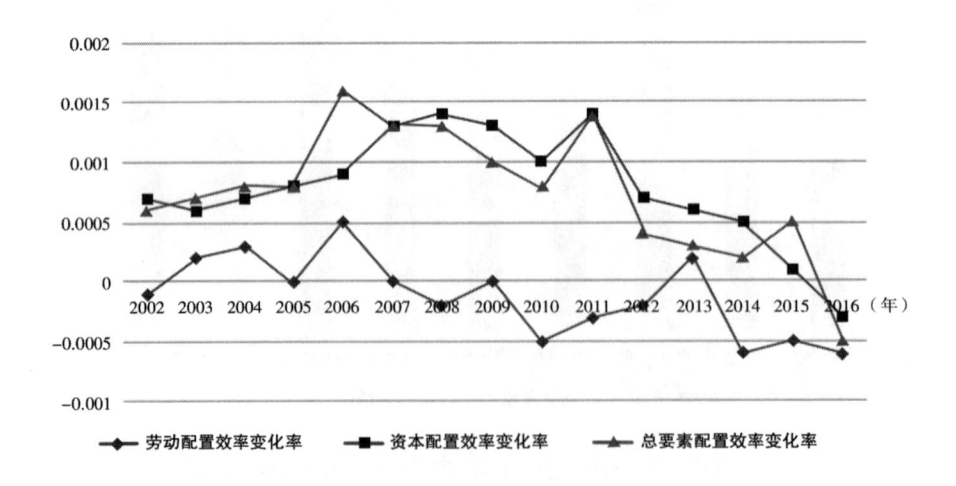

资料来源：由上海财经大学王建斌教授测算。

图2-17 全国要素配置效率变化图

势；要素配置变化率在2015年之前均为正，2015年后为负，这和近年我国经济增长放缓相对应。

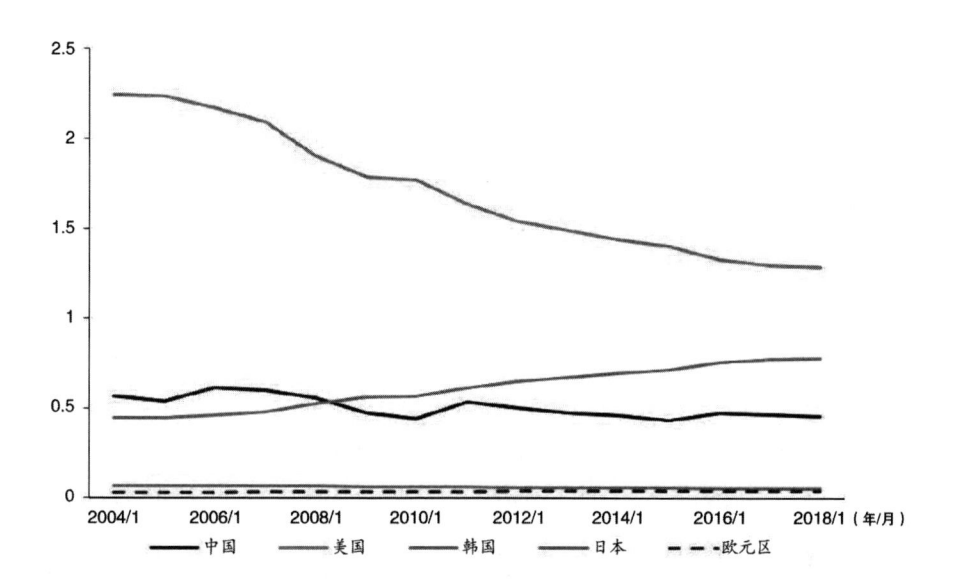

图2-18　GDP/M₂的比率

资料来源：中国人民银行，Wind。

3.各区域的要素配置效率不均衡

我国的生产要素资源一直向东部沿海地区聚集，而西部地区配置比例则越来越少，东西部经济发展不平衡逐渐加剧，差距不断拉大，形成马太效应。根据吴二娇对于"广东省深化要素市场体系改革研究"的测算（如表2-4所示），广东的要素效力最高，其金融配置和技术配置的效率都位居全国第一，但人力资源配置效力居全国第二。

表2-4 资金市场、人力资源、技术市场及要素市场体系综合效率评价

地区	要素体系综合效率	资金市场效率	人力资源市场效率	技术市场效率
北京	3.0667	0.5584	2.2765	0.2318
天津	1.0030	0.3011	0.4900	0.2119
辽宁	1.3119	0.4096	0.6722	0.2301
上海	1.1140	0.5738	0.2190	0.3212
江苏	2.9372	0.8852	1.1085	0.9434
浙江	2.3003	0.7306	1.0470	0.5227
福建	0.9977	0.2634	0.5463	0.1880
山东	2.1395	0.5666	0.8534	0.7196
湖北	1.0814	0.2702	0.5828	0.2284
广东	3.4394	0.9695	1.5775	0.8924
重庆	0.9512	0.2272	0.6215	0.1025
四川	0.6182	0.3896	0.1016	0.1270
河北	0.8391	0.2570	0.4282	0.1540
湖南	0.4673	0.2219	0.0431	0.2023

资料来源：吴二娇.广东省"十三五"深化要素市场体系改革研究[J].市场经济与价格，2015（7）.

（五）市场机制不健全导致竞争性要素市场体系尚不完善

1.要素市场化发育程度低，没有形成完全的市场竞争

市场化对应的是行政化，行政控制多则市场程度发育慢，资本要素和劳动力要素出现不同程度扭曲。我国劳动力要素市场的市场化程度相对较高，资本要素市场受政府干预较大，土地要素市场需要构

建，技术和数据要素市场正在建立或初建阶段。课题组在利用超越对数生产函数得到相关回归系数的基础上，对我国资本要素市场和劳动力要素市场扭曲程度进行测度。图2-19给出了2009—2017年全国层面两种要素市场扭曲水平的平均值，资本要素市场和劳动力要素市场均呈现扭曲态势，资本要素市场扭曲程度远远高于劳动力要素市场。这与樊纲计算要素市场发育程度相互印证。其计算的要素市场化指数（总分10分），2016年为5.94分，水平并不高。课题组以利率水平为基础的资本要素扭曲度测算，也说明目前我国贷款利率水平与均衡价格相去甚远，扭曲度很高，我国正在进行的贷款利率形成机制改革，从长期看能够降低贷款利率水平，减弱这种扭曲度。课题组测算的劳动力要素价格也存在扭曲，边际产出大于实际价格，但扭曲度逐渐减

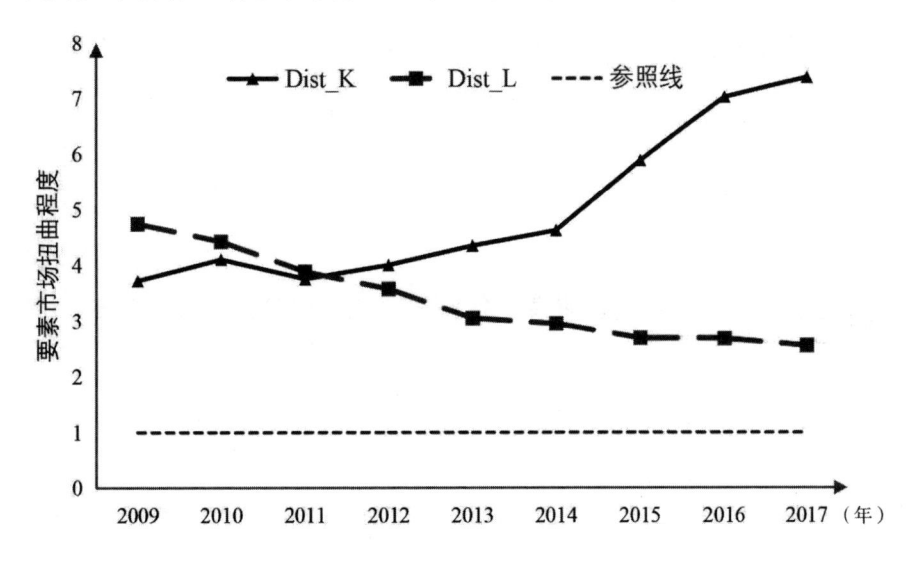

注：DiskK为资本要素扭曲度，DistL为劳动要素扭曲度。

图2-19 资本和劳动力市场扭曲程度的变化趋势

资料来源：本课题组测算得出。

弱，说明劳动力市场正在向更高的市场化程度迈进。

2.要素市场规则不完善，现代要素市场体系还未建立

现代化要素市场体系仍未建立。一是要素统一交易平台不完善。很多省份还没有公共交易资源中心，数据交易目前多处于政府信息平台建立阶段，数字信息基础设施建设不均衡，农村互联网相关基础设施建设滞后，城乡之间互联网普及率有较大差距。二是要素市场规则构建不完善。国内企业市场准入门槛过高，比如对外资实行负面清单准入制度，但对国内内资企业则没实行（如表2-5所示），过去外资超国民待遇盛行，如今实行负面清单市场准入制度，但内资企业依然面临某些行业市场准入门槛过高的情况，例如银行、证券、保险、土地和能矿等。劳动力市场也面临行业诸多限制，这些都不利于建立公平竞争的市场秩序。三是市场定价机制的竞争性不够，我国市场发展不对称，产品市场绝大部分已经放开，但要素市场在生产、交易、定价等环节还存在着政府垄断和管制，例如数据要素资产估值定价困难，与土地、劳动力、资本等生产要素不同，数据要素在形态上是非实物的、高度虚拟化和高度异质性。各要素存在区域分割和地方保护，定价机制中的竞争性不够，不同企业获得要素的成本不同，行政干预大，交易成本高，扭曲了成本和传导机制。四是市场交易和监管制度不完善，资本、土地、能矿、技术和数据信息等要素市场的交易和管理制度均不完善。比如数据要素市场体系建设比较滞后，数据市场交易机制尚未建立。监管治理体系不完善，数据泄密、违规使用、滥用等问题严重。数据监管治理规则仍不够完善，亟须从国家层面设立数

据管理机构予以统筹协调和监管。五是社会信用制度尚未建立，信息机制不透明，市场交易交换和分配缺乏信任基础。

表2-5　要素市场化配置改革的制度障碍

项目	市场分割	政府定价	行政垄断	负面清单准入	优胜劣汰退出	市场监管	信息透明	自由流动
资本	−	×	×	×	×	√	×	√
劳动力	×	×	×	×	√	√	√	×
土地资源	×	×	×	×	×	√	√	×
技术	×	−	×	−	√	×	×	×
数据	×	−	−	−	−	−	×	√

资料来源：本课题组绘制。

三、建立由市场起决定性作用的现代化要素市场体系

（一）要素市场化配置改革的总体思路及基本原则

1.改革思路

按照社会主义市场经济体制改革的总体要求，全面深化要素市场化改革。建立市场起决定性作用的要素市场配置体系，最大限度地减少政府对要素资源的直接配置，扩大要素市场化配置范围，培育发展新型要素形态，调整要素配置结构，提高要素配置效率，提升要素质量，促进市场要素向优质高效领域流动，加快产业转型升级步伐，坚

定不移地走科技强国之路。

要素市场化配置改革要保障在生产要素配置中,各生产要素向技术要素聚合。以技术要素为主导形成先进生产力,以技术创新和技术进步作为经济发展的主要推动力,为此要加快要素价格市场化改革,构建全要素市场体系,促进市场要素产权明晰、流转顺畅、竞争有序、价格灵敏、配置高效的全国统一的要素市场的形成,全面提升企业、行业和国家竞争力。同时还要完善政府的调节与监管职能,弥补市场调节失效的缺陷。

要素市场化配置改革要破除一切不利于要素流动的体制障碍,保证要素的充分流动。破除体制歧视,保障不同市场主体平等获得生产要素;解决政府对市场监管的越位、缺位、错位问题,建立由市场决定的市场价格、市场竞争和市场规则的要素配置体系。

要素市场化配置改革不能只是要素单一突破,要进行制度改革相互协调的系统性改革。例如,土地制度改革与户籍制度、社会保障制度改革、城乡金融体制改革相协调,人口流动与公共服务配置相协调等。理清要素市场改革难易程度,例如,金融制度改革难度最小,因为损失的是国家利益;土地市场改革难度较大,因为涉及与各项制度协调;户籍制度改革最难,因为涉及中央和各级地方政府以及广大城镇居民的既有利益格局的巨大调整。

2.基本原则

坚持市场主导与促进要素有序流动相结合。依据市场价格、市场竞争、市场规则来拓展要素市场化配置范围和畅通要素流动渠道,保

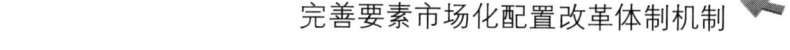

障市场主体能够平等获得生产要素。

坚持创新导向与问题导向相结合。要素市场化配置改革没有现成的经验和模式可循，必须敢于创新、勇于实践，针对要素配置中存在的市场分割、价格扭曲、供需错配、制度缺失等问题，结合改革的难易程度，用创新的理论和方法，有计划有步骤地推进要素市场化改革。

坚持重点突破与统筹推进相结合。重点突破技术和资本要素配置的体制障碍，形成"技术+金融"双轮驱动，统筹推进产权制度、土地制度、户籍制度、价格机制、财税体制、社保体制等制度改革，确保要素市场化配置改革效益和效率的最大化。

（二）破除制度障碍，推进各重点要素市场化配置改革

1.深化以"农村土地改革"为核心的土地要素市场化配置改革

深化农村土地制度改革。解决城市用地不足和农村土地闲置，提高土地配置效率。积极推进农村集体建设性用地和宅基地直接入市，建立入市方式、入市收益分配、入市土地交易规则等制度体系。保证农民分享土地收益权，宅基地转让所得收入应全部归农民个人所有。完善农村集体建设性用地入市收益分配制度，建立兼顾国家、集体、个人的土地增值收益分配机制，实现土地征收与集体建设用地入市增值收益大体平衡。完善农村土地征收制度，缩小征地范围，规范征地程序，维护被征地农民和农民集体权益。

深化城市土地制度改革。提高入市土地利用效率。城市土地市场

要素市场化配置改革

化改革应朝精细化方向发展，提升土地"亩产率"，盘活土地存量资源。推动不同产业用地类型的合理转换，创新工业用地方式及不同用地类型置换，探索组合产业用地混合入市的方式。

统一城乡建设用地市场。农村土地有效利用与城镇化、乡村振兴相协调，对村庄内零星、分散的集体建设用地先复垦，然后按计划调整到区域范围内的产业集中区入市。对土地整理取得的集体建设用地，原址符合土地利用规划、城镇建设规划和产业布局规划的可在原址使用。原址不符合规划的，在土地复垦后可以整合置换到规划建设用地区集中使用。推动城中村、城边村、村级工业园等可连片开发区域的土地依法合规整治入市。

统一集体土地与国有土地在资本市场的同地同权。守住耕地红线和生态红线，守住农民利益不受损失的底线，完善工商资本与村集体合作的模式，发展壮大村级集体经济，通过就业带动、保底分红、股份合作等多种形式的合作方式，让农民合理分享全产业链增值收益。改革农业发展银行、村镇银行运营模式，合规开展农村集体经营性建设用地使用权、房屋财产权、集体林权抵押融资，承包经营权、集体资产股权等担保融资。支持通过市场化方式设立城乡融合发展基金。农村土地制度改革是一项复杂的系统工程，国家应就重大原则和有社会共识的事项作出规定，不宜过细，增强法律的适应性和权威性，为以后的调整留下空间。

2.推动以户籍制度为核心的劳动力要素市场化配置改革

推动户籍制度和公共服务改革。进一步放宽户籍制度，在300万以

第二章
完善要素市场化配置改革体制机制

下人口的城市放开两年以后,尝试放开1000万以下人口的城市,推动除个别特大城市以外的大中小城市放开放宽落户限制,逐步解决2.26亿成为城镇常住人口但未落户的农业转移人口的户籍问题,为农民工创造能充分流动的市场环境。推动都市圈的户籍管理由"准入年限同城化累积互认"到"城市群内户口通迁、居住证互认"的改革,扫清阻碍一体化的行政壁垒和体制障碍,为都市圈同城化奠定基础。逐渐实行城市常住人口登记备案制,建立基本公共服务与常驻人口挂钩机制,推动公共资源按照常住人口规模配置。保障农村转移人口享受与当地市民同等的教育、医疗、子女入学等待遇,保证享有"五险一金"。条件成熟时,逐步实现户籍、居住证、身份证三证合一,逐步消除农村居民向城市流动的障碍。

推动劳动力和人才流动渠道畅通。破除阻碍劳动力、人才流动的体制机制弊端,使人人都有通过辛勤劳动实现自身发展的机会,形成公正、顺畅的社会纵向和横向流动,提高人力资源配置效率。促进劳动力在城乡间、行业间、地区间和不同体制间的流动。加快建设统一的社会保障体系,建立统一的劳动力市场,不同所有制的人员享受同等的社保待遇。各级政府都要精简人员,避免占有过多的社会资源,国家机关退休人员加入社会保障体系,彻底解决"双轨制"带来的退休金发放混乱、单位负担不平衡等问题。

推动人才培养机制改革和发展国内外高端人才引进机制。完善创新型人才教育体制机制,强化对科技型、技术型、技能型人才培养以提高人力资源适应经济结构调整的能力。企业特别是国有企业要加强

要素市场化配置改革

对员工的技能培养以适应技术升级换代要求。每个城市都要成立职工培训基金，加快建立劳动者终身职业技能培训制度，对低技能劳动力培训的费用由政府、企业及公益慈善机构捐款负担。推动发展国内外高端人才交流和引进机制，为国内外高层次人才在职业资格认定、子女教育、医疗保险上提供便利。

3.建设以基础制度为核心的资本要素市场化配置改革

建设多层次资本市场以发挥其要素配置的基础性功能。完善股市的注册制、退出制、强制信息披露制度、股权分红制度等基本制度，以切实提高资本市场要素配置能力和效率。对债市要改变"五龙"治水局面，完善企业发债条件、实行强制发债企业信息披露制度，提高其为实体经济服务的能力。提高直接融资占社会总融资比重，用5年时间使股市和债券融资增量达到同期银行新增贷款水平。

建设竞争性市场主体参与公平竞争的市场环境。允许更多投资和交易主体进入金融体系，放宽国内资本准入金融行业标准并允许对内资外资企业实行同样的市场准入标准以促使金融业公平竞争。重塑创新型的银企合作关系和优化银企合作机制，通过因地制宜推行立足于长期合作关系的新型主办银行等制度创新来促进以市场需求为导向的能提供金融综合配套服务的长期紧密的银企、银银合作关系，切实促进金融为实体经济服务。

建立中小企业贷款担保基金。建议分别由中央财政和地方财政各拿出2000亿元构成中小企业贷款担保基金，按照担保法为经过精心筛选的有较强生命力、产品有市场需求的中小企业提供4万亿元的贷款担保，帮助其渡过经济"寒冬"，培育和夯实我国要素生产的基础。

4.加快以技术转化为核心的技术要素市场化配置改革

加快完善知识产权制度。完善激励创新的知识产权归属制度以保护技术发明人及职务发明人的知识产权权益，允许科研人员拥有其科研成果的产权。严厉打击对知识产权的侵权行为以保护技术发明人的科研成果，修改知识产权保护法以便与发达国家的知识产权保护法律相衔接。

加快创新科技成果转化机制。建立以企业为主体、市场为导向、科研人员自主决定科研成果转化体制，以加快技术研发成果向现实生产力转化，建设技术转化市场体系，建立专事技术成果转化的平台机构，为高新技术走向市场搭建桥梁，帮助研发人员和企业跨越技术转化的"死亡之谷"。

加快强化技术评估。各大中城市都要建立技术评估机构，评估人员要具备较高素质并通过政府科技部门考核选用，加强技术监管以保障技术真实性并保证技术在市场交易中不被盗窃和侵权，搭建技术信息供求网络平台且及时发布供需信息以便于供需方直接见面。最大限度保护包括知识产权及技术交易当事人的合法权益和保障交易安全，制定《技术市场法》及《技术市场管理条例》以完善技术市场法律法规和政策体系。

加大政府对高新科技支持力度。各级政府应建立高新技术转化基金以支持高新技术转化，建议中央财政和各省份财政各拿出2000亿元组建4000亿元科技转化基金，作为社会对高新技术投资引导基金以引导社会、企业及个人按照市场规则投资高新科技项目，为高新技术提供科研种子资金和中试资金，形成万众创新的局面。政府对于技术创新企业要给予减税鼓励，对生产企业采购新技术、新产品的给予增值税先征后返，将部分创新产品补贴调整为对采购企业的税收激励或补贴，在政府采购中采用更有利于技术创新的标准以推动企业创新技术和创新产品。

加快技术要素和资本要素双轮驱动形成产业竞争力。银行对技术专利等知识产权评估进行贷款抵押，扩大科创板和创业板的融资功能，对中小微高新科技企业发行企业集合债，发挥私募股权基金和风险投资基金对处于种子转化期的高科技项目投资，以科技引领和金融支撑的双轮驱动加快传统产业升级和新兴产业发展。

5.创新培育以开放共享为核心的数据要素市场化配置

培育数据产业链。完善数据产权制度，对政府、企业、个人数据信息归属作出法律规定以确认数据所有权和保护个人隐私权，允许合法数据入市交易、租赁和促进数据信息业健康发展。对个人层面的数据资产管理应促进信息保护，重在隐私保护；企业层面的数据资产管理强调数据价值，注重技术安全；社会层面的数据资产管理重在数据应用，丰富产业链条；国家层面的数据资产管理聚焦运营流通，关注安全规范；国际层面的数据资产管理聚焦于标准共识，促进跨境流动。

培育政府数据开放共享模式。政府应无条件对其他部门提供信息，确保海关、公安、司法、金融等数据开放共享，构建信息保护框架以促进数据资源开放和自由流动，推动数据采集的标准化以及公共

第二章
完善要素市场化配置改革体制机制

资源开发利用和推动数据资源在全球范围内安全高效配置。

培育数据市场交易机制。发挥大数据交易所、数据经纪商等市场中介的作用以培育更多合格的市场主体，创新交易模式、数据资产估值办法和交易定价方式，推动数字信息技术基础设施建设，完善大数据流通交易规则以规范市场主体交易行为，推进流通风险评估以完善数据合规应用监督和审计，规范各类市场主体的数据资源利用行为。

（三）加快要素市场价格形成机制，引导要素优化配置

健全要素价格市场化形成和传导机制。在明确要素产权基础上，以市场供需而非政府指令为基础形成要素市场价格形成机制，打破行政性垄断和防止市场垄断，通过市场竞争形成价格并最大限度地发挥市场决定价格的作用。凡是能由市场形成价格的都要交给市场，政府不作行政干预。

确定城市用地基准价格。城市用地应在城市土地分级基础上确定土地基准价格，建立科学的土地使用权价格评估制度以公平、公正地核定不同时期的土地市场价格。农村建设用地和宅基地直接入市，土地补偿费用应考虑土地用途、区位特点、绝对地租和级差地租等因素，按照土地市场价格确定，农村征地费用按市场价格补偿。对于土地之上的能矿要素定价机制，放开竞争性环节的要素价格，放开垄断领域中具有竞争性生产要素的价格，例如将发电、电力设备生产、部分供电服务等环节作为竞争性环节交给市场定价。

改革资本要素政府定价机制。改变人民银行确定存贷款基准利率

做法，先放开贷款基准利率由商业银行自主确定，通过商业银行间的竞争降低贷款利率来缓解企业"融资贵"问题；适时放开存款基准利率以促使商业银行开展全方位竞争，建议用利率债为抵押的反映银行流动性的市场利率如7天质押式回购利率（DR007）或隔夜贷款回购利率作为存款基准利率。人民币汇率逐步实现汇率自由浮动，逆周期调节因子应在调节过大升贬值压力后及时退出，增加收盘价在汇率形成机制中的权重以增强市场主导作用，将日波动区间调整为年波动幅度10%~15%的年波动区间以增强汇率波动弹性，央行保留必要时调节外汇供给权力以防范汇率波动过大。

确定劳动力实行"基准价格+浮动市场价格"的定价机制。坚持最低工资标准制度和建立工资协商制度以保障工人基本权益，国企工资应向高科技人才倾斜，有贡献的科技人员工资可比高管人员工资高，提高教师工资尤其是农村教师工资水平，使教师得到应有尊严。

确定技术和数据形成有效的市场交易和市场价格。要以完善产权制度和活跃平台交易为主线，增加竞争性市场主体进入，促进其市场价格尽快形成。

（四）健全现代化要素市场体系建设，促进全要素生产率提高

培育拓展公共资源交易中心等交易平台。建立健全土地、劳动力、资本、科技、数据等各类要素交易平台，支持各类市场主体参与要素交易平台建设，针对不同公共资源特点，准确评估资源价值、严

格规范交易程序、确保交易过程公开公平公正。严格执行招标投标法、政府采购法，规范招标人、投标人、评价人、中介机构等相关方的行为，确保公共资源配置全过程公开透明。

培育技术创新和制度创新为引领，促进人员、资金、技术、数据等要素高效便捷流动以构建生产要素统筹协调向先进生产力聚集，发挥数据载体作用，实施创新驱动战略，提高全要素生产率，提高国家创新力和竞争力。

培育竞争性市场主体参与公平竞争的市场机制。建立负面清单准入机制和退出制度，促进竞争性交易和市场价格形成。运用互联网和大数据技术推进电子化交易和完善交易标准体系，记录各市场主体、服务、监管等信息，形成完整信息链条，实现实时动态交易和在线即时监测交易。推进社会信用体系建设，完善信用共享平台，建立失信黑名单制度，健全守信联合激励和失信联合惩戒机制。构建依法监管与信用激励约束、政府监管与社会监督相结合的新型监管体系。培育和完善市场决定的要素配置体系，培育要素市场化交易平台，完善市场规则、市场价格、市场竞争的市场机制，创新监管方式，保障规范交易。

（五）推动国有企业改革，促进市场主体建设

国企改革要坚持社会主义基本经济制度。围绕服务国家战略落实产业布局调整要求，国有资本向关系国家安全、经济命脉和国计民生的重要行业、战略性资源、核心竞争力的优势企业集中，国有企业要提供公

共产品和服务，创建国家实验室等技术创新基础设施。

国企改革要以管资本为切入点来重新调整国家和企业之间的收益关系。依法理顺政府与国有企业的出资关系，最大限度减少政府对市场活动的直接干预。完善国有资本授权经营体制，划清经营权和所有权界限，把国有资产的经营权和国有资产的管理权全部下放给国有企业。

国企改革要遵循市场经济规律和企业发展规律。自觉履行社会责任，发挥国有企业在实施创新驱动发展战略和制造业强国战略中的骨干和表率作用。完善国家对国有企业考核制度，国企要引入市场机制，提高公共服务效率，考核成本控制、产品质量、营运效率和保障能力，考核经营业绩指标和国有资产保值增值。

（六）发挥政府作用，维护要素市场公平竞争

履行宏观调控职能。要素市场化配置改革是对政府与市场关系的重新调整，要及时发现和适时调节生产要素配置结构失衡及整体要素配置效率下降等宏观经济问题，政府应成为市场公平竞争、各类经济主体合法权益的维护者。

制定促进公平竞争的要素市场规则。国有企业和民营企业实行同等待遇、进行公平竞争，国内企业和国外企业实行市场准入负面清单制度的同等待遇以利于公平竞争，修改《反垄断法》，对长期垄断市场并妨害其他企业进入市场的企业要进行拆分，清理和废除妨碍市场公平竞争的各项规定。

运用社会保障杠杆调节要素配置结构。国企属于全民资产，其

利润也应为全民所得。除国有企业股权划转国家社保基金以外，凡是盈利100亿元以上的大型国企都应对社会保障作出贡献，每年应拿出40%~50%的企业税后利润充实到社保基金。总体上，国家每年至少应将5000亿元以上的国企利润划转给社保基金，以弥补社保基金缺口。

运用税收杠杆引导资本要素流入实体经济。为实现制造业2025振兴目标，政府应减轻制造业的税收负担，将制造业企业增值税税率由13%降到8%，以增强企业抗击市场冲击能力；房地产业的增值税税率从11%提高到16%，以压缩其利润空间和控制房地产价格继续上涨；金融业增值税税率应从6%提高到16%，以加大其对国家税收贡献。

控制战略性要素资源。要守住社会主义市场经济的底线，国家应控制土地、能源、矿产、水等具有自然垄断性的战略资源，控制全国性商业银行、电网、石油、煤炭、通信、航天、航空等具有社会垄断性的战略资源，但对于新成立的地方性银行可以考虑由外资或国内民间资本控股。

要素市场化不是全面去政府化，也不是全面私有化，而是改变政府对生产要素和要素市场的管理方式，发展壮大社会主义市场经济；改变政府对国有企业的管理方式，让国有企业在市场竞争中发展壮大。

（七）促进城乡融合发展，实现要素城乡顺畅流转

促进传统要素向农村顺畅流动。乡村振兴是现代城市体系在乡村的延伸，全面推动人员、资金、土地等生产要素在城乡之间的市场化配置，把城市化下半程的土地红利更多地分给农民，真正保护和增进农

民利益，消除区域间、城乡间发展不平衡，实现经济的可持续发展。

促进都市圈带动周边城区稳定发展以实现要素市场不断扩展。城市群要做好以城带乡，从基础设施建设、金融服务等向农村和不发达地区倾斜，缩小城乡基础设施和公共服务差距，实现城乡产业融合发展。用好城市科技延长农业产业链条，发展农业新业态。以特色小镇、农业园区作为城乡要素融合重要载体，完善小城镇连接城乡的功能。

促进以市场化方式建立城乡融合发展基金引导社会资本。重点培育一批城乡融合典型案例形成示范效应，让这些空间载体能够更多地承载人口，实现产业集聚，成为城乡产业协同发展的先行区。

（八）创新对外开放模式，培育国际竞争新优势

实现由商品开放走向服务业全面开放。开启金融和科技为核心的要素配置新阶段，由吸引物质资本、技术和管理方法，转向聚集提升人力资本和高科技发展，提升我国在全球科学技术前沿的创新能力。实现对内资和外资一视同仁的深化市场准入改革，对国企、民企、外企实行同等监管，清理废除妨碍统一市场和公平竞争的各种规定和做法。

实现国内国际要素资源优化配置。有效地利用国内国际两个市场以提高我国利用国际金融市场在全球配置资源的能力，形成面向全球的贸易、投融资、生产、服务网络，加快培育国际经济合作和竞争新优势。

参考文献

蔡昉.全要素生产率怎么提高[J].商讯,2018(7).

陈锡文.农村集体土地入市要慎重[J].观察家,2016(2).

党国英.农民土地权益不能因进城落户而受损[J].农村工作通讯,2016(10).

郭树清.多方面推进金融供给侧结构性改革[J].中国金融家,2019(3).

林兆木.使市场在资源配置中起决定性作用//中共中央关于全面深化改革若干重大问题的决定:辅导读本[M].北京:人民出版社,2013.

马晓河.要防止中国城镇化提前进入停滞期[OL/EB].国宏高端智库公众号,2019-5-23.

穆虹.加快完善社会主义市场经济体制//党的十九大报告辅导读本[M].北京:人民出版社,2017.

王昌林.制造业高质量发展的主要任务[N].经济日报,2019-7-16.

王小鲁,樊纲,胡李鹏.中国分省份市场化指数报告[M].北京:中国社会科学出版社,2018.

徐匡迪.经济转型发展与科技创新驱动[J].全球化,2014(11).

肖金成.设立国有资本运营公司的几个关键问题[J].人民论坛·学术前沿,2016(1).

吴晓华.降低实体经济企业生产成本[M].北京:中国社会科学出版社,2018.

银温泉.推动东北地区国企改革不妨设立国企改革试验区[N].经济参考报,2019-7-8.

易纲.谈利率市场化、人民币汇率、债券市场机制建设[OL/EB].中债指数专家指导委员会第十五次会议,2019-5-18.

周小川.深化金融体制改革[J].中国金融,2015(11).

第三章　要素价格形成机制研究

由于产权制度缺陷、市场分割、市场失灵和政府不当管制或干预，我国市场决定要素价格的形成机制仍未完全建立，要素价格体系存在要素价格扭曲、要素价格"双轨制"、技术和数据信息要素的有效市场价格难以形成等突出问题。因此，应加快破除各类制度性障碍，分类推进要素价格市场化改革，构建要素自由流动、市场竞争形成、价格反应灵活的要素价格体系：以户籍制度改革纠正城乡工资不平等，放松"体制内"劳动者工资管制，进一步推动劳动力价格市场竞争形成；以土地供应"并轨"和推动"同地同权同价"为重点，打破政府土地垄断供应，完善土地价格体系；深化金融体制改革和培育合格市场竞争主体以消除资本市场分割，增强金融企业风险定价能力，放开替代性金融产品价格，实现更高水平的利率和汇率市场化；完善技术和数据信息产权制度，活跃平台交易，促进技术和数据信息要素形成有效市场价格。

改革开放以来，随着要素市场体系的逐步完善，市场化交易制度的基本确立，我国在劳动力、土地和资本市场中均开展了不同程度的价格市场化改革。但是，我国要素价格扭曲仍广泛存在、要素价格仍普遍实行"双轨制"，技术和数据信息要素的有效市场价格难以形成，市场决定要素价格形成的机制仍未完全建立。构建现代化经济体制的重要任务之一是"完善产权制度和要素市场化配置"，而"完善要素市场化配置"的关键就是确立市场决定要素价格形成的机制。

一、要素价格形成机制的理论分析框架

一般来说，生产要素包含劳动力、土地、资本、技术和数据信息，其内涵不断丰富。在理论上，马克思认为工资的本质为雇佣工人所创造出的补偿其自身劳动力价值的价值；地租是土地所有者基于其土地所有权获取的一部分剩余价值。在微观经济学中，劳动力、土地和资本的价格均由其边际产出决定。与之不同，技术要素和数据信息要素的价格体现了技术和数据信息的使用价值。

（一）要素的内涵和特征

1.要素的内涵

生产要素是进行物质资料生产所必须具备的基本因素或条件。根据马克思主义政治经济学对生产力和生产关系的分析，认为生产要素

第三章 要素价格形成机制研究

包括劳动者、劳动资料和劳动对象。其中，劳动者是指正在或能够在生产力系统运行中使用劳动力和发挥劳动功能的人，被认为是生产力诸要素中最为活跃和最富有创造性的要素。劳动资料包括生产工具和基础设施等。劳动对象包括自然物（如土地、资源等）和经劳动者加工过的劳动对象（如原料、材料等）。

在西方经济学中，生产要素的内涵经历了"二要素论""三要素论"到"多要素论"的发展过程。"二要素论"认为劳动力和土地都创造财富和价值，而劳动更是商品价值的基础。"三要素论"明确提出劳动力、土地（或自然力、以土地为代表的自然资源）和资本是最基本的生产要素。管理或企业家才能等对生产活动起重要作用的"组织要素"被列入生产要素中，从而将"三要素论"扩展到"多要素论"。如图3-1所示。

学派	生产要素的内涵
马克思主义政治经济学	劳动者 劳动资料：生产工具和基础设施等 劳动对象：自然物（如土地、资源等）和经劳动者加工过的劳动对象（如原料、材料等） → 劳动者、劳动资料、劳动对象、技术、数据信息
西方经济学	二要素论：劳动力、土地 → 三要素论：劳动力、土地、资本 → 多要素论：劳动力、土地、资本、组织 → 多要素论：劳动力、土地、资本、组织、技术、数据信息

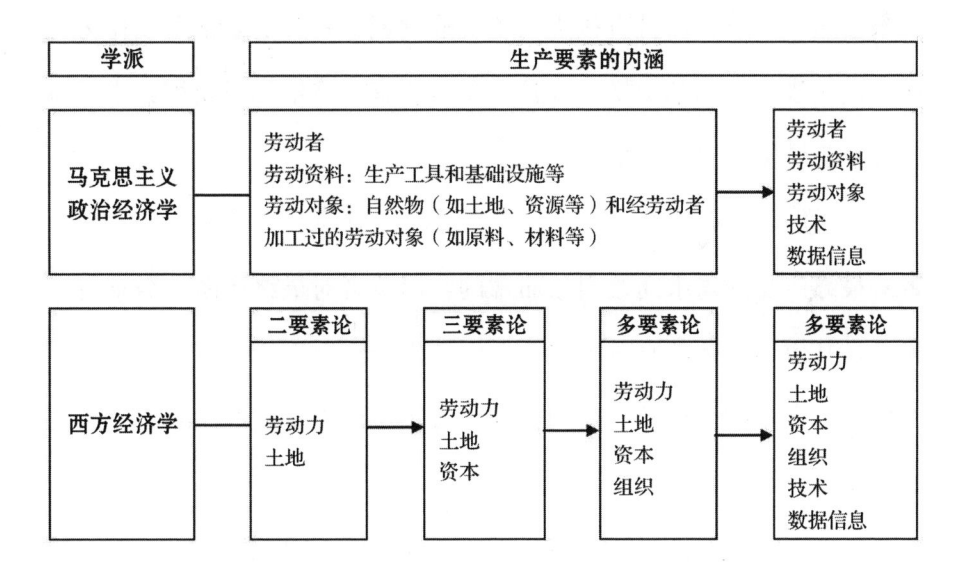

图3-1 生产要素内涵的动态发展

资料来源：于刃刚，戴宏伟.论生产要素的内涵、组合与收入分配——兼论按要素分配与按劳分配相结合[J].河北学刊，1999（5）.

随着社会经济的发展、科学技术的进步以及新经济的兴起（如知识经济、网络经济、平台经济等），技术和信息在推动经济发展中起着越来越重要的作用，技术和数据信息也被马克思主义政治经济学和西方经济学纳入生产要素。

2.要素的特征

生产要素的特征包括要素所有权的分离性，要素需求的引致性，以及生产过程中各要素的协同性、非均衡性和可替代性。

（1）要素所有权的分离性。在现代经济活动中，某一个体无法拥有生产所需的所有要素。不同的要素所有者根据特定的契约进行合作，从而实现生产。这一契约可能包括合作方式、管理模式、分配原则、各自的权利和义务等。由于要素所有权的分离，生产要素不仅仅局限在生产环节，而且直接进入了流通领域，各类要素都可以作为特殊的商品进行流通和交换。并且，要素所有者将依靠或使用其要素所有权来获得收入（或收入分配）。

（2）要素需求的引致性。生产活动中对要素的需求，是由消费者对最终产品的需求间接引致而来的。消费者对最终产品的需求将直接满足其效用，即"直接需求"；而在生产活动中投入要素则是为了实现最终产品的生产及获得相应的收入，是由消费者的需求最终决定的，即"引致需求（或派生需求）"。

（3）生产过程中各要素的协同性、非均衡性和可替代性。单一的或极少数的几类生产要素不可能形成生产力，只有若干种要素的有机结合、协同作用才能形成现实的生产力，并促进经济发展。但是，各类要素在生产活动中的作用和贡献是不一样的。在经济发展的不同阶段和不同行业中，都有核心要素起主导作用。各类要素在生产过程中能够（部分）相互替代，以确保生产活动正常进行，甚至促进生产方式的演化。

（二）要素价格的形成机理

1.马克思的要素价格理论

（1）工资理论。在劳动价值论和劳动力商品理论的基础上，工资表现为雇佣工人所创造出的补偿其自身劳动力价值的价值。劳动力商品价值由生产和再生产劳动力商品的社会必要劳动时间决定，包括三个部分：维持劳动者自身生存必需的生活资料价值，用以再生产其劳动力；劳动者繁衍后代所必需的生活资料价值，用以延续劳动力供给；劳动者接受教育和训练所支出的费用，用以培训适合再生产需要的劳动力。

工资由劳动力价值决定，但依劳动力商品的供求关系为转移，依雇佣者和雇佣工人之间的竞争情形为转移。首先，劳动力供求关系的改变，将引起工资水平围绕劳动力价值波动。其次，雇佣者和雇佣工人之间的竞争包括三个方面：一是雇佣者之间的竞争，这种竞争的加剧将提高工资水平；二是雇佣工人之间的竞争，这种竞争的加剧将降低工资水平；三是雇佣者和雇佣工人之间的竞争，工资水平将由双方的势力决定。

（2）地租理论。在生产价格论的基础上，地租是土地所有者基于其土地所有权而获取的一部分剩余价值,任何形式的地租,都是土地所有权得以实现的经济形式。

绝对地租产生的原因是土地所有权的存在,产生的条件是农业资本有机构成低于社会平均的资本有机构成。级差地租则是指由于耕种的土地优劣等级不同而形成的地租,只有当土地自然条件的差别与土地所有权结合在一起,级差地租才会形成。级差地租由农产品个别生产价格低于社会生产价格(由劣等地的生产率水平决定)的差额而形成的超额利润所构成。按照级差地租形成条件的不同,分为级差地租I和级差地租Ⅱ。级差地租I的形成条件包括不同地块土地肥力程度的差别和地理位置的差别;级差地租Ⅱ的形成条件为在同一地块上连续追加投资,以提高生产率水平且超过劣等地的生产率水平。

2.边际生产力理论

边际生产力理论强调了要素价格水平和投入的决定。要素价格由要素需求和要素供给的相互作用决定。对要素的需求,反映了该要素的边际生产率;要素的供给依赖于要素的特性和要素所有者的偏好。一般而言,商品供给与其价格呈正相关关系。要素供给的特殊性体现在:在劳动市场,替代效应和收入效应的此消彼长使得在工资达到一定水平后,劳动供给将减少。在土地市场,由于土地数量固定,其供给完全没有弹性。在资本市场,短期内,资本存量固定,其供给完全没有弹性;长期内,通过资本的创造和积累,其供给将随资本收益的增加而增加。

基于边际生产力理论,在既定的期间和技术水平下,要素的边际生产率随要素投入数量的增加而减少。对于在生产活动中追求利润最大化的生产者，要素的投入应使得要素的边际产出与边际成本（即价格）相等。例如，工资水平取决于劳动的边际产出，即工资＝劳动的边际生产率×产出价格。其他要素价格可类似写为：地租＝土地的边际生产率×产出价格；资本收益（利息）＝资本的边际生产率×产出价格。劳动、资本和土地等要素的价格由其边际生产率决定。

上述内容参考图3-2所示。

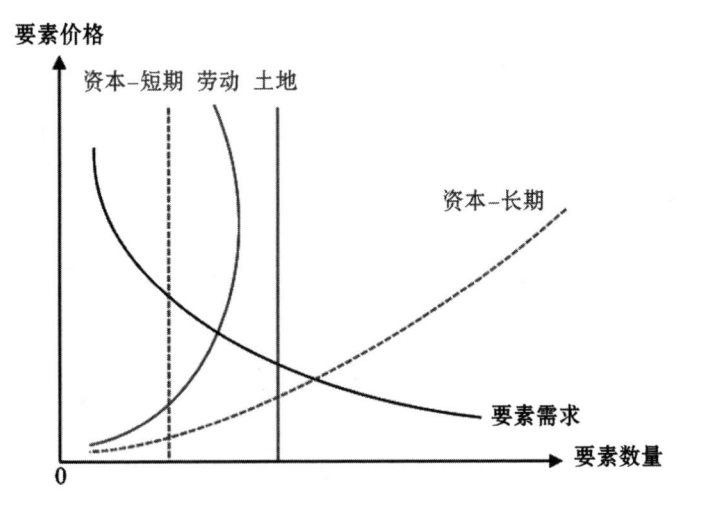

图3-2 要素需求和要素供给的相互作用决定要素价格

资料来源：作者整理绘制。

3.技术和数据信息要素的价格形成机制

技术和数据信息具有研发风险性、生产一次性、劳动创造性、成果垄断性、复制低成本、应用专用性、时效性及效益（或产出）差异性等特点，其价格体现了其使用价值。技术和数据信息的价格基于其应用于生产后所带来的实际经济效益或预期经济效益而确定。考虑引入新技术和新数据信息所带来的成本、收益和风险，将应用时效内的新增净收益按照一定的贴现因子和风险因子贴现到当期，即为技术要素和数据信息要素的内在价值在当前的体现。

实际中，技术和数据信息的价格因其特性受到以下因素的影响：（1）研发成本和费用，技术和数据信息所有者要求在转让过程中逐步回收研发费用。（2）市场垄断情况，技术和数据信息要素在局部市场或特定时期和阶段可形成买方垄断或卖方垄断的市场结构，从而产生垄断价格。（3）技术和数据信息的生命周期[1]。当成熟的技术和数据信息创造显著的经济效益时，转让价格较高。对于生命周期较长的技术和数据信息，可多次转让，均摊开发成本，从而降低转让价格。

二、我国要素价格改革进程及评价

要素价格改革蕴含于要素市场体系改革之中，价格改革与体制改革齐头并进，相辅相成。要素价格改革与我国整体的价格改革相适应，按照不同时期要素价格改革和体制改革的思路、目标、重点以及方式的侧重，改革大体经历了改革要素计划价格体制（1978—1991年）、建立要素价格市场化形成机制（1992—2012年）以及健全完善

---

[1] 陈向东.国际技术转移的理论与实践[M].北京:北京航空航天大学出版社,2008.

要素市场化价格体制（2013年至今）三个阶段。

（一）改革要素计划价格体制（1978—1991年）

新中国成立之后到改革开放之初，我国实施计划经济体制，要素市场尚未建立，要素流动困难、配置不合理、使用效率低。在改革开放之初，提升要素所有者的积极性，激发要素的生产潜力，不断提升要素配置的效率成为改革核心。

1.*劳动力价格政企"双轨制"*

政府开始允许劳动者自谋职业，并逐步实施劳动合同制。为保障劳动者权益，1984年，我国宣布承认国际劳工组织的《约定最低工资办法》。1985年的工资制度改革废除了此前大一统的等级工资制，形成了企业与机关事业单位工资"双轨制"。其中，企业工资与经济效益挂钩，内部分配自主；在机关事业单位则建立了以职务工资为主的结构工资，包括基础工资、职务工资、工龄津贴和奖励工资等4个部分。1988年，中共中央政治局会议讨论并原则通过《关于价格、工资改革的初步方案》，准备放开绝大多数商品价格，由市场调节；但劳务和少数重要商品的价格仍由国家管理。

2.*土地使用权确立商品属性，实行有偿使用*

我国逐步推进土地所有权与使用权分离，并在此基础上加快促进各种方式的土地交易。1979年，《中华人民共和国中外合资企业经营法》首次提出土地有偿使用；1980年，《国务院关于中外合营企业建设用地的暂行规定》（国发〔1980〕201号）进一步指出，"中外合营企业用地，不论新征用土地，还是利用原有企业的场地，都应计收场地使用费"。1988年，我国宪法修正案删去了不得"出租"土地的规定，增加了"土地的使用权可以依照法律的规定转让"的规定，承认土地使用权的商品属性。1990年，国务院第55号令对土地使用权的出让、转让、出租、抵押等以及划拨土地的使用权问题作了具体的规定，标志着国家有偿、有限期土地出让使用权政策实施。

3.利率管制开始放松，汇率实行"双轨制"

1988年和1990年，我国对利率管理进行了专门规范。同时，适度扩大金融机构存、贷款利率浮动幅度和下放利率浮动管理权限。

为鼓励企业出口积极性，我国汇率体制从单一汇率制转变为"双轨"汇率制，即官方汇率与贸易外汇内部结算价并存（1981—1984年）、官方汇率与外汇调剂价格并存（1985—1993年），经历了两个汇率"双轨制"时期。

（二）建立要素价格市场化形成机制（1992—2012年）

党的十四届三中全会提出，生产要素价格的市场化程度还比较低，价格形成和调节机制还不健全；深化价格改革的主要任务之一是加速生产要素价格市场化进程；培育市场体系的重点是发展金融市场、劳动力市场、房地产市场、技术市场和信息市场等。党的十六届三中全会进一步明确价格改革的方向，强调加快要素价格市场化，更大程度地发挥市场在资源配置中的基础性作用。党的十七大指出"加快完善形成统一、开放、竞争、有序的现代市场体系，发展各类生产要素市场，完善反映市场供求关系、资源稀缺程度、环境损害成本的生产要素和资源价格形成机制"。

1.建立适应企业、事业单位和行政机关各自特点的工资制度与正常的工资增长机制

按照"建立适应企业、事业单位和行政机关各自特点的工资制度与正常的工资增长机制"的要求，除自主决定工资水平和分配方式的企业外，国有企业和机关事业单位的工资制度各经历了两次改革。

对于国有企业，1993年和2010年分别出台《国有企业工资总额同经济效益挂钩规定》和《中央企业工资总额预算管理暂行办法》。

对于机关事业单位，1993年，国务院颁布《关于机关和事业单位工作人员工资制度改革问题的通知》和《机关工作人员工资制度改革方案》，进行包括实行职级工资制、建立正常的工资增长机制、实行地区津贴制度和改革奖金制度等在内的改革。事业单位专业技术人员根据不同行业的工作性质和特点，分别实行不同类型的工资制度。2006年，为加大收入分配调节力度，完善和规范国家公务员工资制度，《中华人民共和国公务员法》规定公务员实行国家统一的职务与级别相结合的工资制度。根据《公务员工资制度改革方案》和《公务员工资制度改革实施办法》，改革工资制度和清理规范津贴补贴，简化基本工资结构；增强工资的激励功能，建立健全正常增资办法，实行工资调整的制度化和规范化。

大力推动工资制度市场化的同时，我国进一步完善最低工资制度。1994年，颁布了《企业最低工资规定》。2004年，颁布并实施了

《最低工资规定》，确立了我国的最低工资保障制度。此后，各地依据经济发展水平动态调整最低工资标准。

2.建立健全土地出让制度，规范工业用地出让价格标准，开始推动城乡土地一体化

在土地所有权与使用权分离以及权属交易的基础上，我国进一步规范和管理土地市场，加快推进和健全公开土地出让制度。土地有偿出让的价格从主要通过"协议出让"的方式确定，逐步转变为以招标、拍卖、挂牌等方式为主来确定。2006年，国发〔2006〕31号文件（《国务院关于加强土地调控有关问题的通知》）要求，工业用地必须采用招标、拍卖、挂牌方式出让，出让价格不得低于最低限价标准；同年，国土资源部规范了工业用地出让价格标准。

在这一阶段，我国开始推动城乡土地一体化，为城乡土地大市场建设奠定了重要基础。2008年，《中共中央关于推进农村改革发展若干重大问题的决定》提出，要逐步建立城乡统一的建设用地市场。2012年，国土资源部相继出台土地市场配套政策，形成了较为完整的城乡土地政策制度框架。

3.利率和汇率市场化改革

随着我国资本市场的规范发展，利率管制不断放松。国务院《关于金融体制改革的决定》中提出，利率改革的长远目标是建立以市场资金供求为基础，以中央银行基准利率为调控核心，由市场资金供求决定各种利率水平的市场利率管理体系。自1996年开始，中央银行按照"先外币、后本币；先贷款、后存款；存款先大额长期、后小额短

期"的基本步骤，逐步放开了银行间同业拆借利率（1996年）、银行间债券回购利率（1997年）、贴现与转贴现利率（1998年）、外币贷款利率和300万美元以上的大额外币存款利率（2000年）、部分外币小额存款利率（2003年）、金融机构人民币贷款利率上限（2004年）和商业性个人住房贷款利率浮动范围（2006年）。2012年，央行进一步扩大利率浮动区间。

汇率市场经历了1994年的外汇管理体制改革和2005年的汇率形成机制改革。1994年，我国进行外汇管理体制改革，取消汇率"双轨制"，人民币官方汇率与市场汇率并轨，实行以外汇市场供求为基础的、单一的、有管理的浮动汇率制。2005年，实施了"以市场供求为基础、参考一篮子货币进行调节的、有管理的浮动汇率制度"。

（三）健全完善要素市场化价格体制（2013年至今）

党的十八届三中全会提出，"完善主要由市场决定价格的机制。凡是能由市场形成价格的都交给市场，政府不进行不当干预"。积极推进要素价格市场化改革，促进要素公平交易和自由流动。这一阶段的改革将着力破除限制资源要素自由流动的价格机制障碍，加快完善主要由市场决定价格的机制，促进要素自由流动、价格反应灵活、竞争公平有序、企业优胜劣汰的市场价格环境的基本形成。

1.建立城乡统一劳动力市场，革新企业内部工资决定机制

通过户籍制度改革加快化解城乡劳动力市场分割的矛盾，为劳动力要素流动提供制度保障。2014年，我国颁布了《国务院关于进一步

推进户籍制度改革的意见》，要求有效解决户口迁移中的重点问题，并切实保障农业转移人口及其他常住人口合法权益，扩大农业转移人口及其他常住人口基本公共服务覆盖面。2019年，国务院印发《关于建立健全城乡融合发展体制机制和政策体系的意见》，要求打破妨碍城乡要素自由流动和平等交换的体制机制壁垒，健全农业转移人口市民化机制，并建立城市人才入乡激励机制。

在工资制度上，为建立健全与劳动力市场基本适应、与企业经济效益和劳动生产率挂钩的工资决定和正常增长机制，针对国有企业出台《关于改革国有企业工资决定机制的意见》和《中央企业工资总额管理办法》。工资制度改革的侧重点逐渐过渡到企业内部的工资决定机制革新。

2.利率市场化改革进入新阶段，汇率改革不断深入

我国利率改革加速。2013年，取消金融机构贷款利率下限；逐步扩大存款利率的浮动区间。2015年，央行5次降准降息。随着商业银行和农村合作社等金融机构的存款利率浮动上限的取消，我国步入利率市场化改革的新阶段。

汇率改革不断深入。2015年，央行启动新一轮汇率改革，宣布进一步完善人民币汇率中间价报价，人民币汇率逐步与美元脱钩，外汇储备管理制度不断完善，外债和资本流动管理体系日益健全。

（四）要素价格改革评价

回顾改革历程（如表3-1所示），除技术和数据信息要素尚未涉及

价格改革外，我国劳动力、资本和土地要素价格改革在"建立要素价格市场化形成机制"时期（1992—2012年）进展最快。在这一阶段，工资制度完全确立，"体制外"工资实行自主定价，完全由市场机制决定；"体制内"基本工资制度和增长机制确立。土地的市场化交易方式完善，除工业用地价格实行最低限价，市场交易的土地价格由市场机制形成。利率管制有步骤地放松，汇率实现"并轨"，以市场供求为基础、参考一篮子货币进行调节的、有管理的浮动汇率制度确立。要素价格的基本形成机制确立后，市场化改革进入瓶颈，并滞后于产品市场的价格市场化改革进程。

表3-1 我国要素价格改革历程

要素价格	改革要素计划价格体制（1978—1991年）	建立要素价格市场化形成机制（1992—2012年）	健全完善要素市场化价格体制（2013年至今）
工资	·宣布承认国际劳工组织的《约定最低工资办法》 ·实行企业和机关、事业单位工资的"双轨制" ·劳务和少数重要商品价格由国家管理	·确立劳动力的商品属性 ·建立适应企业、事业单位和行政机关各自特点的工资制度与正常的工资增长机制 ·确立最低工资保障制度	·革新企业内部的工资形成机制 ·动态调整最低工资标准
土地价格	·确立土地使用权的商品属性，实行土地有偿使用 ·土地转让以协议出让为主	·建立健全土地出让制度，"招拍挂"成为土地出让的新形式 ·工业用地价格实行最低限价	—
利率	·规范利率管理 ·适度扩大金融机构存、贷款利率浮动幅度和下放利率浮动管理权限	·放松利率管制：先外币、后本币；先贷款、后存款；存款先大额长期、后小额短期	·取消商业银行和农村合作社等金融机构的存款利率浮动上限

（续表）

要素价格	改革要素计划价格体制（1978—1991年）	建立要素价格市场化形成机制（1992—2012年）	健全完善要素市场化价格体制（2013年至今）
汇率	·官方汇率与贸易外汇内部结算价"双轨制" ·官方汇率与外汇调剂价格"双轨制"	·取消汇率"双轨制"，实行以外汇市场供求为基础的、单一的、有管理的浮动汇率制 ·实行以市场供求为基础、参考一篮子货币进行调节的、有管理的浮动汇率制度	·进一步完善汇率中间价报价

资料来源：作者整理制表。

由于种种原因，我国要素价格形成机制的市场化、竞争性未得以彰显，要素价格扭曲普遍存在，尽管不同行业中的要素价格扭曲的程度存在差异[1]，平均而言，劳动力和资本的边际产出都要高于其价格；换言之，相对于要素的边际产品而言，要素价格、工资和利率均偏低[2][3]。图3-3显示了1978—2011年我国整体经济活动中劳动力要素和资本要素的价格扭曲程度[4]。劳动力价格的扭曲程度呈波动上升趋势，2010年后有小幅回落。尽管已建立正常的工资增长机制，但工资上涨的幅度仍小于劳动边际产出的增加。资本价格的扭曲程度波动下降，未来随着利率市场化改革的推进和边际收益递减规律导致我国资本边际产出下降，资本价格的扭曲预期将进一步缩小。平均而言，在

---

[1] [2] 陈平,殷明明.要素价格扭曲的测度及成因分析[J].金融学季刊,2011(3).
[3] 王宁,史晋川.中国要素价格扭曲程度的测度[J].数量经济技术经济研究,2015(9).
[4] 注：要素价格扭曲程度 = 要素边际产出/要素实际价格。该比值越大，说明要素实际价格较要素边际产出越低，反之亦然。

观测期内，我国整体经济活动中劳动力要素和资本要素的价格扭曲程度分别为2.50和4.31。

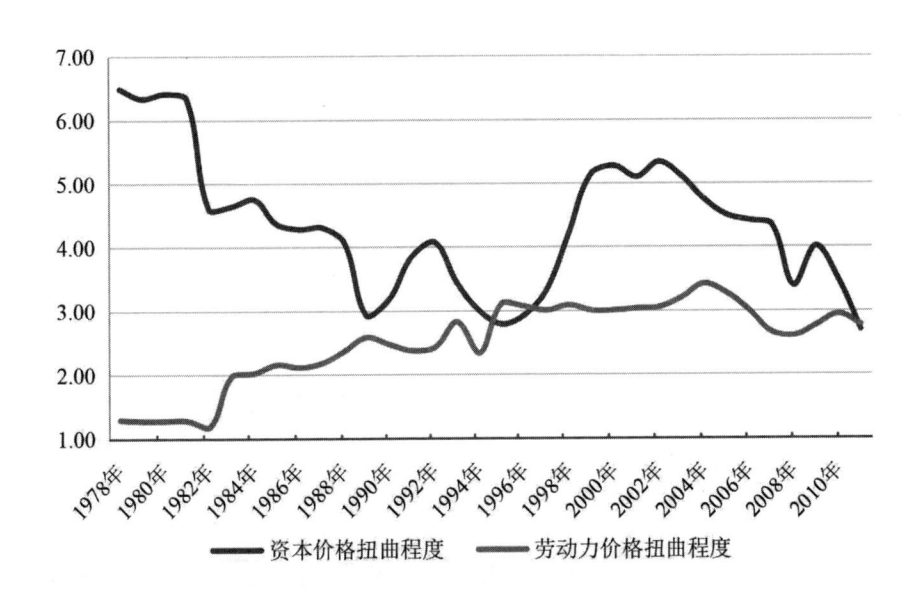

图3-3 我国整体经济活动中要素价格扭曲程度

资料来源：王宁，史晋川.中国要素价格扭曲程度的测度[J].数量经济技术经济研究,2015(9).

除了要素价格扭曲广泛存在以外，我国工资、土地价格和利率仍实行"双轨制"。价格"双轨制"不仅体现在市场化价格与政府管制价格（或基准价格）并存，也表现为城乡市场分割和所有制市场分割下的价格歧视。因此，我国要素价格改革亟须积极推进。

三、要素价格形成机制存在的问题及原因

受产权制度缺陷、市场分割、市场失灵以及政府不当管制或干预等因素影响,我国要素价格体系仍存在要素价格扭曲、要素价格"双轨制"、技术和数据信息要素的有效市场价格难以形成等突出问题。考虑到各要素市场的高度异质性,对各要素价格市场化改革进程中的主要障碍和矛盾分别进行剖析。

(一)城乡市场分割和政府不当管制造成劳动力价格扭曲

1. 户籍制度改革缓慢导致城乡劳动力市场分割和工资不平等

城乡二元差别的户籍制度在强化人口迁移控制的同时,以户籍性质为基础、城乡分割的户籍权利也在建构[1]。户籍逐渐与社会保障、公共服务、权益待遇相结合,户口作为获得社会性资源的凭证,在很大程度上影响和决定着社会结构、分层与流动机制[2]。目前,全国绝大部分地方(特别是大城市)的户籍制度仍然是从计划经济体制之下延续下来的旧制度,只有少数地方在近年来经过逐步放宽户籍管理之后,才在户籍制度形成的劳动力市场壁垒上打开缺口[3]。针对户籍制

---

[1] 康广地.户籍制度改革滞后原因及优化路径分析[J].改革与开放,2018(2).
[2] [3] 陆益龙.户口还起作用吗——户籍制度与社会分层和流动[J].中国社会科学,2008(1).

度分割状况的、具有关键意义的改革尚未进行，我国仍然没有形成稳定的、制度化的吸纳农村剩余劳动力的城市就业机制，城市劳动力市场还没有条件对农村实行全方位开放[1]。城乡劳动力市场分割的效应集中体现在对农村劳动力的歧视上，具体如下。

一是享有公共服务的歧视。例如，进城农民工的居住条件、工伤医疗、子女教育等得不到基本保障。二是获得就业机会的歧视。研究表明，户籍分割使农村劳动者在国有部门、管理岗和技术岗等优势领域遭遇普遍的进入歧视[2]。如果说这一类"高层"职业的进入门槛源于人力资本积累，农村劳动者进入非技术管理类的"低层次"职业则受户籍制度影响显著[3]。三是户籍工资歧视。城乡工资差异可分解为劳动力特征差异和户籍差异两部分，劳动力特征差异是劳动边际生产率和市场效率的反映，而户籍差异是在劳动力特征相同的情况下，由城乡户籍导致的"同工不同酬"的情况。城乡"同工不同酬"的情况不仅存在于进入劳动力市场的劳动者群体中，城市劳动者在同等条件下将获得更高的工资，由户籍差异引起的就业障碍而造成的工资差异占城乡工资差异的40%以上[4]。还存在于求职者群体中，表现为城镇求职者对其就业时的预期工资高于农村求职者[5]。

---

[1] 康广地.户籍制度改革滞后原因及优化路径分析[J].改革与开放,2018(2).
[2][4] 余向华,陈雪娟.中国劳动力市场的户籍分割效应及其变迁——工资差异与机会差异双重视角下的实证研究[J].经济研究,2012(12).
[3] 周世军,周勤.户籍制度、非农就业"双重门槛"与城乡户籍工资不平等——基于CHNS微观数据的实证研究[J].金融研究,2012(9).
[5] 田永坡.劳动力市场分割与保留工资决定[J].人口与经济,2010(5).

2.政府不当管制导致劳动力价格形成"双轨制"

我国劳动力市场在产生和发展过程中被分割成"劳动力市场"和"人才市场",这是由于在劳动人事管理体制上存在的部门分割所造成的。劳动保障部门和人事部门分别建立了"劳动力市场体系(体制外)"和"人才市场体系(体制内)",双方分别制定各自的市场规则和管理制度,互不适用。相应地,工资也形成市场化的"体制外"工资和受政府管制的"体制内"工资。我国"体制内"和"体制外"劳动力市场存在严重分割,特别是国有企业和民营企业、同一行业的事业单位和民营企业的劳动力市场分割十分明显,集中表现为部分行业"体制内"和"体制外"的工资水平存在巨大差异(如图3-4所示)。

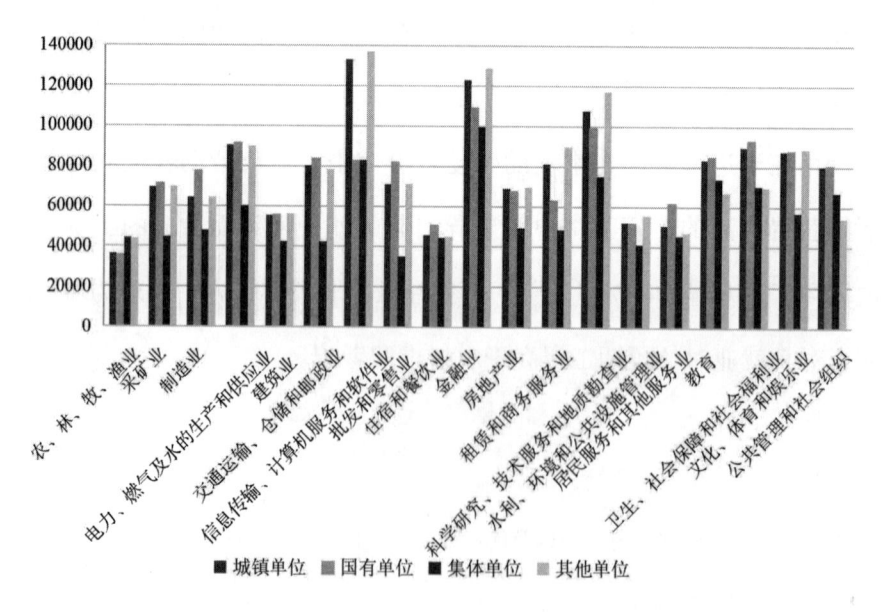

图3-4 我国不同所有制各行业2017年平均工资水平(单位:元)

数据来源:国家统计局。

以市场化程度较高的信息传输、计算机服务和软件业，金融业，以及租赁和商务服务业中的企业为例，"体制外"非公企业职工工资水平分别约为"体制内"公有企业职工工资水平的1.7倍、1.2倍和1.4倍。以市场化程度较高的科学研究、技术服务和地质勘查业为例，"体制外"非公企业职工工资水平约为"体制内"的机关和事业单位职工工资水平的1.2倍。

而对于需要政府制定并监督实施的最低工资，存在最低工资标准普遍偏低、执行状况不尽如人意等问题。目前，我国大部分地区的最低工资标准制定采用比重法和恩格尔系数法，侧重于生活保障，而不是劳动报酬。并且，最低工资标准制定和调整程序规定模糊，城乡劳动力流动不均衡使得最低工资制度难以落实，在一定程度上削弱了最低工资保障公平的效能。

（二）政府垄断供应与土地权能不健全造成土地价格扭曲

1.政府垄断供应和农地产权空置导致土地价格市场机能缺失

我国中央政府通过行政审批、指标管理，严格控制每年新增建设用地数量，地方政府利用土地储备制度垄断土地供应，一定程度上造成土地价格的扭曲。地方政府垄断土地供应包括对农地转用的行政性征收和对城市建设用地的独家供给。我国宪法规定，"城市市区的土地属于国家所有；农村和城市郊区的土地，除由法律规定属于国家所有的以外，属于农民集体所有；宅基地和自留地、自留山，也属于农民集体所有"。农村土地名义上归集体所有，但实际所有权虚置，农民对土地的使用权仅限于耕种权、部分收益权和极少量的处置权[1]。尤其是农地转用必须首先通过地方政府征地。地方政府征地成为农地转用的唯一合法形式,地方政府即可凭借其行政权力成为土地一级市场的垄断买方;同时,地方政府按"有偿原则"面向农村集体征地,行使其单方面定价权,使得按照"被征用土地的原用途"给予的征地补偿远低于被征土地的利用价值[2][3]。

现行的土地制度将市场价格机能排除在土地资源的配置之外[4]。一方面,政府垄断土地一级市场,包括对农地转用的行政性征收和对城市建设用地的独家供给。农地转用必须首先通过地方政府征地,地方政府即可凭借其行政权力成为土地一级市场的垄断买方。同时,地方政府作为城市建设用地的垄断卖方,决定土地供给量和供给价格。地方政府的权力租金,而不是土地产权的权利租金刺激农地转向工业城市用地。另一方面,农村土地产权结构不清晰,农村土地名义上归集体所有,但实际所有权虚置,农民对土地的使用权仅限于耕种权、部分收益权和极少量的处置权[5]。农村土地流转机制不健全,流转范围和程度均受到不同程度的限制,不利于农村土地资源的市场化配置。

2.城乡分割的土地管理制度造成供应和价格"双轨制"

改革开放以来,我国在结束城市土地无价、无偿、无期限使用制度的同时,对城市土地供应实行"双轨制"。党政机关、学校和医院

---

[1] 贾成义.城市土地产权:封闭住区走向开放的制度研究[J].经济体制改革,2017(7).
[2] 蔡继明,程世勇.地价双向垄断与土地资源配置扭曲[J].经济学动态,2010(11).
[3][4] 周其仁.农地产权与征地制度——中国城市化面临的重大选择[J].经济学(季刊),2004(10).
[5] 贾成义.城市土地产权:封闭住区走向开放的制度研究[J].经济体制改革,2017(7).

等事业单位用地实行行政划拨，对经营性用地探索实行有偿出让。早期，土地有偿出让的价格主要通过"协议出让"的方式确定。土地的"招拍挂"直到2001年以后才逐步成为主要的出让方式。但是，工业用地价格仍受到政府管制，不同等级的工业用地出让最低价标准由自然资源部（原国土资源部）颁布。

长期以来分割的城乡土地管理制度，造成城乡建设用地在供给、流转和价格形成上的"同地，不同权，不同价"。农村建设用地（集体所有）无法与城市建设用地（国家所有）一样平等地参与市场竞争，并进行市场定价。而地方政府作为城市建设用地的垄断卖方，通过控制土地供给、根据土地未来用途的预期收益、由竞争各方中的出价高者获得土地使用权，从而赚取高额的土地出让金。特别是对房地产用地和高档商务用地，地方政府普遍采取限量供应的策略。在现行土地制度下，征地补偿与土地出让价格之间存在巨大差异。图3-5显示了2009—2016年我国土地征收补偿费用和国有建设用地出让价格[1]，2009年，国有建设用地出让价格约为土地征收补偿费用的7倍；二者差距逐渐缩小，国有建设用地出让价格约为土地征收补偿费用的2~4倍。

---

[1] 注：土地征收补偿费用 = 土地征收和拆迁补偿/土地征收面积，存在一定程度的高估。国有建设用地出让价格 = 国有建设用地出让成交价款/国有建设用地出让面积。

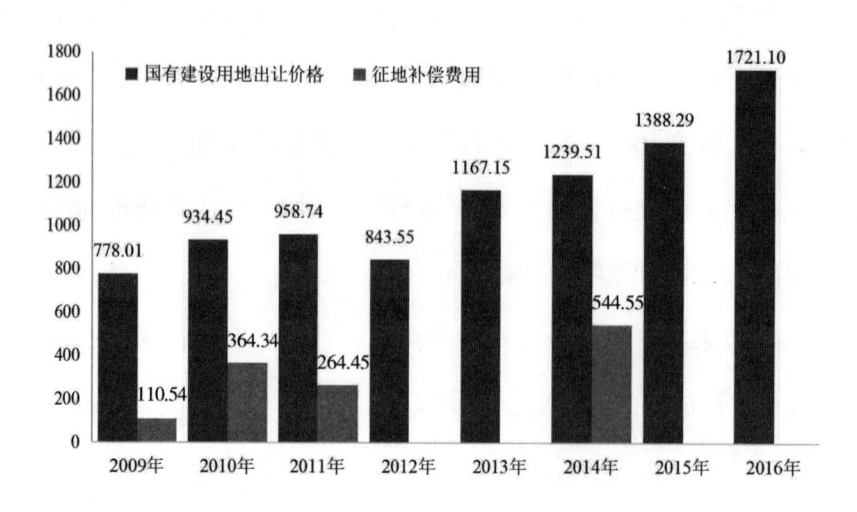

图3-5 我国土地征收补偿费用和国有建设用地出让价格比较

（单位：元/平方米）

数据来源：《国土资源统计年鉴》，Wind。

（三）政府干预依赖和金融体制改革滞后导致资本价格扭曲

1.政府干预依赖导致资本价格被长期压低

我国低利率的制度安排是长期以来政府干预资本价格的路径依赖。新中国成立初期，我国在资本、劳动力等生产要素和生产资料极其匮乏的条件下，面临着快速发展经济的重任，优先发展重工业成为当时的战略选择。重工业是资本密集型产业，为保证资本供给支持其发展，我国长期压低贷款利率。改革开放后至1995年，高利率的制度安排以应对通货膨胀为首要目标；此后，利率政策的主要目标为维持低利率以促进经济增长。图3-6显示了我国长期以来的实际人民币贷款基准利率和实际经济增长率[1]。实际利率的变化趋势与实际经济增长率相反，即实际利率水平走低时，经济增长回升。

尽管利率市场化改革取得了很大进展，已形成以中央银行基准利率为基础上下浮动的利率形成机制，但低利率的制度安排仍未改变。除20世纪90年代采取高利率以应对通货膨胀，我国名义基准利率水平呈明显的下降趋势（如图3-6所示）。研究发现，一国国内生产总值增长率在10%左右时，实际贷款利率应在7%左右的水平[2]。而我国实际国内生产总值增长率在10%左右时，实际贷款利率的平均水平不到3%，个别年份甚至为负（如图3-7所示）。

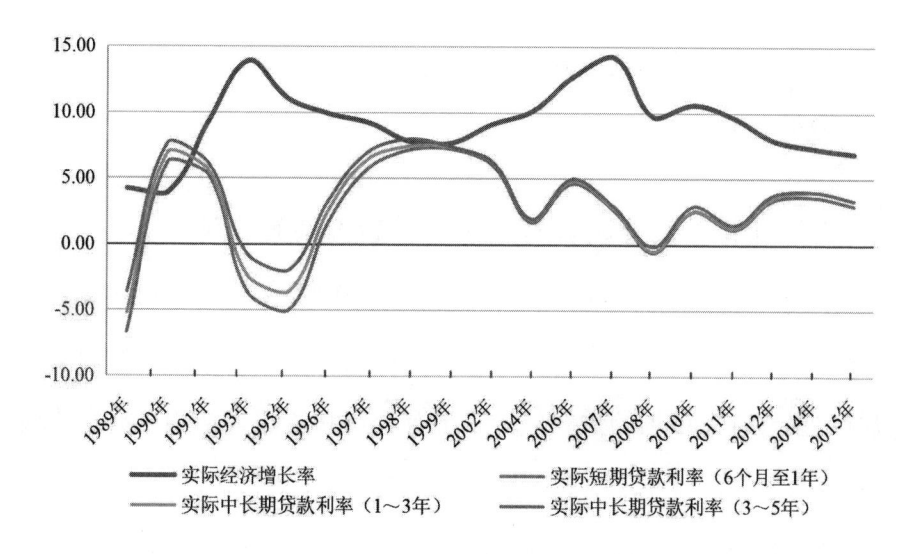

图3-6 我国实际人民币贷款基准利率和实际经济增长率比较（单位：%）

数据来源：国家统计局，Wind。

---

[1] 注：年度数据以每年最末调整的数据为准。实际人民币贷款基准利率＝名义人民币贷款基准利率－通货膨胀率（CPI）。
[2] 陈彦斌,陈小亮,陈伟泽.利率管制与总需求结构失衡[J].经济研究,2014(2).

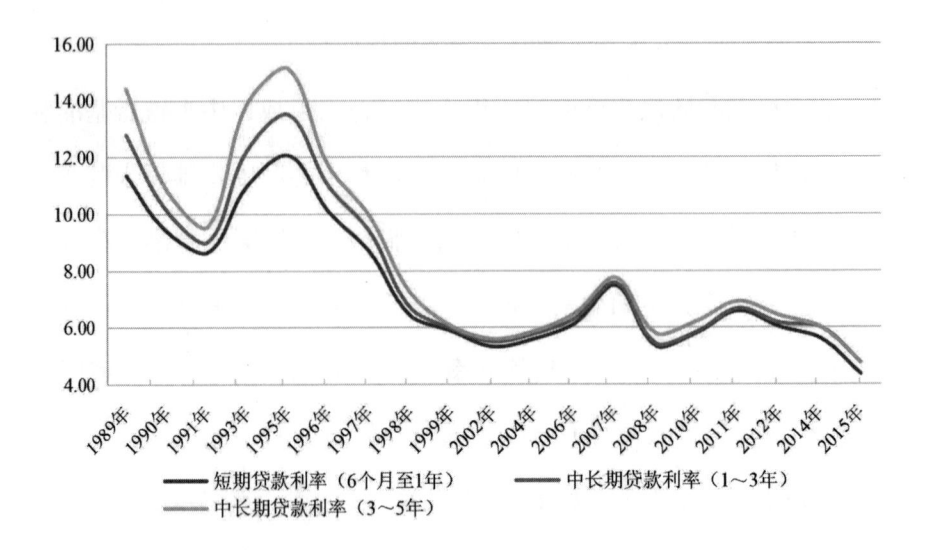

图3-7 我国名义人民币贷款基准利率走势（单位：%）

数据来源：Wind。

2.所有制分割造成资本要素供给和价格的歧视

资本市场中的所有制分割既体现在资本供给方（金融机构），也体现在资本需求方（生产企业）。长期以来，国有四大银行和交通银行占据着资本市场的重要位置，国有企业和非国有企业在资本的获取和享有的资本价格上有很大不同。在资本供给上，由于国有企业有强大的背景后盾、政府的政策支持甚至补贴，具有保障性强、稳定性好、风险性小的特点，金融机构，尤其是国有银行将优先为国有企业提供资本。相反，对非国有企业，国有银行往往表现出严重的信贷偏见和歧视。研究表明，国有企业以固定资产抵押和销售收入作为融资依据的份额约占54%~60%；民营企业以固定资产抵押和销售收入作为融资依据的份额约占70%～78%，高于国有企业的这一比重[1]。

资本供给的歧视直接导致了资本价格的歧视，国有企业使用资本的成本远低于非国有企业。一方面，国有企业自身的良好"信誉"使其能够以较低的利率获得资本；另一方面，政府对国有企业的支持可通过干预资本市场，使其以较低的利率获得资本的方式来实现。平均而言，民营企业的融资成本较国有企业的高6～7个百分点[2]。

（四）产权制度不完善阻碍技术和数据信息要素的价格形成

技术和数据信息的价格形成以市场主体"协商定价"为主。但产权制度不完善将造成技术和数据信息要素在市场交易中的信息不对称和交易主体权责模糊，进而导致市场交易低效率，市场价格难以形成，无法体现技术和数据信息在生产活动中的经济价值。

一方面，技术和数据信息要素市场中的信息不对称造成交易错配甚至要素配置无效率。技术和数据信息要素的信息不对称不仅仅表现为其本身的异质性和专用性等技术经济特征，因产权保护缺失而导致的技术和数据信息要素信息披露不完全，构成了技术和数据信息要素市场交易中的制度性障碍[3]，阻碍市场交易正常进行，难以确保价格的公平和有效。对于技术和数据信息要素所有者而言，产权保护的缺

---

[1][2] 刘小玄，周晓艳.金融资源与实体经济之间配置关系的检验——兼论经济结构失衡的原因[J].金融研究,2011(2).
[3] 洪银兴.完善产权制度和要素市场化配置机制研究[J].中国工业经济,2018(6).

失使其为了避免成果流失和"盗版"而不愿公开和交易技术和数据信息要素的完全信息。对于技术和数据信息要素需求者而言,产权保护的缺失使其产生了"盗版"或"侵权"的动机,以此减少技术和数据信息的投入成本;同时,需求者也因得不到技术和数据信息要素的完全信息而降低了交易意愿。

另一方面,技术和数据信息要素在市场交易中的主体权责模糊不利于有效市场交易的开展和市场价格的形成。特别是,"体制内"技术成果的产权界定不明晰,技术成果完成者和其他产权相关者、依托单位之间的产权关系不明,造成个人或依托单位进行成果转化均存在"侵权"的风险。对于新兴的数据信息要素,其产权界定、市场交易和治理规则均尚未建立,数据信息可同时由多个主体分享,如何确定其产权主体首先成为困难。数据搜集、数据加工处理和数据库建设能否成为确定产权主体的依据尚无定论。

四、进一步完善我国要素价格市场化、竞争性形成机制

(一) 总体要求

以习近平新时代中国特色社会主义思想为指引,全面贯彻党的十九大和十九届二中全会、十九届三中全会精神,按照党中央、国务院重点完善要素市场的决策部署,主动适应和引领社会主义市场经济发展,紧紧围绕使市场在要素资源配置中起决定性作用和更好发挥

政府作用，加快推进要素价格市场化改革。以完善要素价格体制为目标，以健全产权制度为基础，以促进要素自由流动和激发市场主体活力为突破口，以统一开放市场和公平有序竞争为核心，加快破除要素价格市场化的各类制度性障碍，分类推进要素价格市场化改革，构建要素自由流动、市场竞争形成、价格反应灵活的要素价格体系。

（二）基本原则

1.坚持政府引导和市场主导相结合

正确处理好政府和市场的关系，更加注重发挥市场在要素资源配置中的决定性作用，着力破除市场化、竞争性要素价格形成机制中的制度障碍，改变过去政府对要素价格过多干预的做法，建构保证市场公平竞争、供求机制正常发挥、要素价格主导资源配置的市场秩序和规则。

2.坚持问题导向和分类施策相结合

针对要素价格市场化、竞争性形成机制不完善，劳动力、土地、资本、技术和数据信息等要素价格扭曲、实行价格"双轨制"和有效市场价格难以形成等突出矛盾，以提高要素供给体系质量为主攻方向，构建有利于经济转型发展的价格机制和价格环境。根据各类要素价格形成机制中的不同障碍和矛盾，分类分领域推进要素价格改革。

3.坚持价格改革和市场建设相结合

要素市场体系发育相对滞后，劳动力、土地、资本、技术和数据信息等要素不能完全自由流动，有效的市场交易难以达成等矛盾突出，严重阻碍了要素市场化、竞争性价格机制的形成。以构建要素市场培育和发展的长效机制为基础，着力破除限制要素自由流动的价格机制障碍，加快完善主要由市场决定价格的机制。

4.坚持重点突破和统筹推进相结合

围绕建设要素市场化、竞争性价格体制，明确要素价格改革的重点，妥善处理短期和长期、供给和需求的关系，因地制宜，稳慎推进，以进促稳，务求实效。把要素价格改革放在经济社会发展大局中谋划，统筹推进户籍制度、产权制度、财税体制、社会保障制度、国有经济体制等其他方面的改革。

（三）具体举措

1.以户籍制度改革纠正城乡工资不平等，放松"体制内"劳动者工资管制，进一步推动劳动力价格市场形成

党的十九大提出，要"破除妨碍劳动力、人才社会性流动的体制机制弊端，使人人都有通过辛勤劳动实现自身发展的机会"。未来一段时期，要以户籍制度改革破除城乡劳动力自由流动的壁垒，纠正城乡工资不平等；同时，放松"体制内"劳动者的工资管制，进一步推动劳动力价格由市场形成。

深化户籍制度改革，破除城乡劳动力市场分割的制度壁垒，消除户籍工资歧视。一是消除城乡户籍对劳动者参与社会保障、享有权益待遇等方面的差异，还原户籍管理真正的户口登记职能，适应市场经济发展的要求。二是加快建立涵盖城乡劳动者，包含养老、医疗、

工伤、失业保险和住房公积金在内的，城乡均等化的社会保障制度，建立覆盖城乡的全国性公共就业服务体系，逐步消除制度性限制对劳动力市场分割的影响。三是积极营造开放、公平和规范的社会就业环境，消除对农村劳动力的歧视，实现城乡劳动者就业机会平等和"同工同酬"工资待遇平等。

完善由市场形成的工资机制，放松"体制内"劳动者的工资管制。公务员属于国家管理者，其工资由政府制定。除此之外，一是落实国有企业劳动者的工资制度，建立健全与劳动力市场基本适应、与国有企业经济效益和劳动生产率挂钩的工资决定和正常增长机制。二是加速推进国有企业职业经理人制度建设，实现职业经理人工资由市场形成，建立起国有企业经营管理人员的激励约束长效机制。三是放松事业单位劳动者的工资管制，按事业单位工资基金来源逐步扩大单位自主性、灵活性、市场化决定的工资份额；推进"自负盈亏，独立核算"的事业单位劳动者工资完全由市场形成。

工资制度迈向市场化的同时，为保障劳动者权益，要完善最低工资制度。一是合理制定最低工资标准。最低工资标准的确定应结合社会经济发展水平，考虑城镇居民生活费用支出、职工个人缴纳社会保险费、住房公积金、职工平均工资等因素，区分最低工资与最低生活保障，并建立最低工资标准的动态调整机制。二是强化落实最低工资制度。一方面监督企业落实最低工资制度，设立奖惩机制；另一方面积极发挥工会的作用，保障劳动者权益。

要素市场化配置改革

2. 以土地供应"并轨"和推动"同地同权同价"为重点，打破地方政府土地垄断供应，完善土地价格体系

党的十八届三中全会颁布的《中共中央关于全面深化改革若干重大问题的决定》提出，要"赋予农民更多财产权利，要求建立农村产权流转交易市场，推动农村产权流转交易公开、公正、规范运行"。未来的土地价格改革，要以建立城乡统一的建设用地市场，推动国有与集体土地"同地同权同价"为重点，打破地方政府土地垄断供应，完善土地价格体系。特别是，针对农村土地征收、集体经营性建设用地入市、宅基地制度改革这"三块地"，明晰产权归属、破除二元价格、规范交易流转，真正使土地合理再配置成为我国经济发展质量提升的核心驱动。

土地供应"并轨"，推动国有与集体土地"同地同权同价"，一是要逐步建立城乡统一的建设用地市场，实现"同地同权"。对依法取得的农村集体经营性建设用地，必须通过统一的土地市场、以公开规范的方式转让土地使用权，允许转让、出租、抵押等，纳入现行的土地市场统一管理。打破目前对城市规划"市内市外"土地按不同所有制准入的限制，在符合土地用途管理和城市规划的前提下，城市规划内的农村集体所有土地与国有土地享有平等权益。通过农村集体经营性建设用地平等"入市"，一方面削弱地方政府强制征地的能力；另一方面提供多元的土地供应渠道，打破地方政府在土地供应上的垄断。二是要积极推进土地价格市场化形成，完善土地价格体系。对于农地转用，土地转让自愿，转让方式和土地补偿价格体现自由协商和"同地同权同价"原则。土地补偿费用按土地的市场价格确定，既要考虑土地的现有用途，也要考虑土地的区位特点，让农民的补偿中既包含有绝对地租，也体现级差地租。土地补偿费用及时、足额地付给失地农民，体现土地财产权的公平补偿。对于城市用地，在城市土地分级的基础上，确定土地基准价格，建立科学的土地使用权价格评估制度，公平、公正地核定不同时期的土地市场价格。通过反映土地市场中价格的总体水平和变化趋势，为地方政府在土地征收时提供补偿依据，也可为土地流转时提供价格参考，有效推动"同地同价"。此外，土地基准价格制度也对增强土地价格政策的灵活性、加强土地市场管理的科学性、实现土地资源配置的有效性创造了条件。

3.深化金融体制改革和培育合格市场竞争主体，实现更高水平的利率和汇率市场化

党的十九大提出，要"健全货币政策和宏观审慎政策双支柱调控框架，深化利率和汇率市场化改革"。未来的资本价格改革，聚焦于资本价格的直接表现形式——利率。在短期，充分发挥低利率制度安排（基准利率制度）促进经济高质量发展的作用。当资本的市场溢价较高时，社会融资不足，基准利率可引导弥补市场融资；相反，当资本的市场溢价较低时，社会融资较高，基准利率可引导避免投资过热。

长期来看，深化利率市场化改革，一是要建立竞争和统一的资本市场。通过培育正当公平的市场竞争主体，选择财务硬约束、具备平等竞争能力的金融企业和融资企业，消除资本市场中的所有制分割。

要素市场化配置改革

预算软约束容易造成信贷投放不合理和金融对部分企业的过度支持，影响资本市场的正常出清。在供给侧，确立金融企业的财务硬约束标准，给予达标企业更大的自主权，促进这类企业在竞争中进行资本定价[1]。在需求侧，对包括国有企业在内的融资企业强化财务预算约束，完善对企业的信用评级和信息披露机制，提高国有企业对利率的敏感性，减轻乃至消除资本使用的成本扭曲[2]。二是要增强金融企业风险定价的能力，逐步放开其他替代性金融产品的价格。一方面，引导金融企业，特别是商业银行建立与市场波动相适宜的存贷款利率定价机制，并改变以往依赖大中型企业客户的同质化经营模式[3]。另一方面，配套推动金融产品与服务价格体系市场化。利率涉及众多相关金融产品和金融服务的价格，金融企业在确定存贷款利率时，还要考虑与存贷款有关联或有替代性的中间业务金融产品和服务的定价。因此，深化利率市场化改革需伴随着中间业务金融产品和服务定价的市场化[4]。

深化人民币汇率市场化改革。一是完善以市场供求为基础、参考一篮子货币进行调节、有管理的浮动汇率制度，增强市场主导作用，提高汇率弹性。二是建立健全统一开放、竞争有序的多层次外汇市场，明确外汇市场交易原则内涵，扩大市场参与主体，丰富外汇交易品种，优化外汇市场基础设施，为汇率市场化形成和有效传导奠定

[1][4] 周小川.关于推进利率市场化改革的若干思考[J].西部金融,2011(2).
[2] 中国人民银行营业管理部课题组.预算软约束、融资溢价与杠杠率——供给侧结构性改革的微观机理与经济效应研究[J].经济研究,2017(10).
[3] 杨伟中,余剑,李康.利率扭曲、市场分割与深化利率市场化改革[J].统计研究,2018(11).

基础[1]。

4.完善产权制度，活跃平台交易，促进技术和数据信息要素形成有效市场交易和市场价格

技术和数据信息要素的价格已通过市场化的方式形成，多为"协商确定"。为确保市场价格发挥有效配置要素的功能，未来的技术和数据信息要素价格改革将从市场的交易制度建设入手，以完善产权界定规则、明晰产权界定、强化产权保护和活跃平台交易，来减少市场交易中的信息不对称和垄断，促进形成有效市场交易和市场价格。

完善技术和数据信息要素的产权制度。一是尽快确立数据信息要素的产权界定规则，进行数据信息分类和产权设计。针对不同类别的数据信息，明确产权主体，明晰各产权主体之间的关系；构建产权结构，厘清各相关权能之间的关系。二是明晰"体制内"技术要素的产权关系，明晰技术成果完成者和其他产权相关者、特别是技术成果完成者所在单位之间的关系。三是强化产权保护制度。完善产权保护的法律法规体系，增强执法力量，加大执法力度，做到"以惩促保"。

活跃技术和数据信息要素的平台交易，一是借助现有技术交易中心等平台，健全完善技术和数据信息成果转移、交易和转化的市场服务体系。平台提供技术和数据信息成果供给方的发布展示、需求方的投资要求、供需双方的交易撮合、灵活多样的交易渠道，以及第三方的成果测评和市场估值等信息。通过技术和数据信息成果供需双方的信息集聚，提高要素市场化配置的效率。二是加强市场监管，预防和

---

[1] 潘功胜.外汇管理改革发展的实践与思考[J].中国金融,2019(2).

制止垄断行为，促进形成市场化、竞争性的价格。在交易平台准入方面，放松准入监管和严格资质审查并举；在市场反垄断方面，既要认识到技术和数据信息成果垄断性的自然属性，又要科学地识别和处理垄断定价的行为。

参考文献

蔡继明,程世勇.地价双向垄断与土地资源配置扭曲[J].经济学动态,2010(11).

陈平,殷明明.要素价格扭曲的测度及成因分析[J].金融学季刊,2011(3).

陈向东.国际技术转移的理论与实践[M].北京:北京航空航天大学出版社,2008.

陈彦斌,陈小亮,陈伟泽.利率管制与总需求结构失衡[J].经济研究,2014(2).

国家发展和改革委员会市场与价格研究所.市场决定的伟大历程:中国社会主义市场经济的执着探索与锐意创新[M].北京:人民出版社,2018.

洪银兴.完善产权制度和要素市场化配置机制研究[J].中国工业经济,2018(6).

贾成义.城市土地产权:封闭住区走向开放的制度研究[J].经济体制改革,2017(7).

康广地.户籍制度改革滞后原因及优化路径分析[J].改革与开放,2018(2).

刘小玄,周晓艳.金融资源与实体经济之间配置关系的检验——兼论经济结构失衡的原因[J].金融研究,2011(2).

陆益龙.户口还起作用吗——户籍制度与社会分层和流动[J].中国社会科学,2008(1).

潘功胜.外汇管理改革发展的实践与思考[J].中国金融,2019(2).

田永坡.劳动力市场分割与保留工资决定[J].人口与经济,2010(5).

王宁,史晋川.中国要素价格扭曲程度的测度[J].数量经济技术经济研究,2015(9).

杨伟中,余剑,李康.利率扭曲、市场分割与深化利率市场化改革[J].统计研究,2018(11).

于刃刚,戴宏伟.论生产要素的内涵、组合与收入分配——兼论按要素分配与按劳分配相结合[J].河北学刊,1999(5).

余向华,陈雪娟.中国劳动力市场的户籍分割效应及其变迁——工资差异与机会差异双重视角下的实证研究[J].经济研究,2012(12).

中国人民银行营业管理部课题组.预算软约束、融资溢价与杆杠率——供给侧结构性改革的微观机理与经济效应研究[J].经济研究,2017(10).

周其仁.农地产权与征地制度——中国城市化面临的重大选择[J].经济学(季刊),2004(10).

周世军,周勤.户籍制度、非农就业"双重门槛"与城乡户籍工资不平等——基于CHNS微观数据的实证研究[J].金融研究,2012(9).

周小川.关于推进利率市场化改革的若干思考[J].西部金融,2011(2).

第四章　土地要素市场化配置改革研究

党的十八届三中全会提出，要充分发挥市场在资源配置中的决定性作用。土地是基础性资源，推动土地市场化改革，才能更好提高土地的配置效率，进而提高社会整体效率。本报告从农村和城市两个维度，全面和系统地研究土地市场化配置改革，界定土地及其市场化的内涵，阐述和评估土地市场化配置改革的实践和成效，探究土地市场化配置改革面临的问题及原因，对下一步土地市场化配置改革提出思路和建议。

土地是财富之母，是人类赖以生存和发展的有限的不可再生的资源。在市场经济条件下，市场机制成为包括农村土地在内的经济运行和资源配置的基础性机制。这不仅是改革和完善农村土地制度的一个重要方面，也是优化土地资源配置，提高土地资源利用效率，促进工业化、城镇化的健康发展，改变城乡二元结构的体制保证。

一、土地及其市场化的内涵

（一）城镇土地及其市场化内涵

1.城镇土地的界定

我国《中华人民共和国宪法》规定，城市的土地属于国家所有[1]。国家按照所有权与使用权分离的原则，实行城镇国有土地使用权出让、转让制度，但地下资源、埋藏物和市政公用设施除外。城镇国有土地是指市、县城、建制镇、工矿区范围内属于全民所有的土地[2]。

2.城镇土地市场化配置的内涵

土地使用权出让是指国家以土地所有者的身份将土地使用权在一定年限内让与土地使用者，并由土地使用者向国家支付土地使用权出让金的行为。土地使用权出让的地块、用途、年限和其他条件，由市、县人民政府土地管理部门会同城市规划和建设管理部门、房产管理部门共同拟定方案，按照国务院规定的批准权限报经批准后，由土地管理部门实施。土地使用权出让可以采取协议、招标、拍卖的方式。

---

[1] 来源于《中华人民共和国宪法（2018修正）》第十条。这里的城市范围应该扩大解释，是城镇土地归国家所有。
[2] 来源于《中华人民共和国城镇国有土地使用权出让和转让暂行条例》。

（二）农用地及市场化内涵

1. 农用地的界定

我国《宪法》规定，农村和城市郊区的土地，除由法律规定属于国家所有的以外，属于集体所有；宅基地和自留地、自留山，也属于集体所有。《土地管理法》规定，国家编制土地利用总体规划，规定土地用途，将土地分为农用地、建设用地和未利用地。农用地是指直接用于农业生产的土地，包括耕地、林地、草地、农田水利用地、养殖水面等；建设用地是指建造建筑物、构筑物的土地，包括城乡住宅和公共设施用地、工矿用地、交通水利设施用地、旅游用地、军事设施用地等；未利用地是指农用地和建设用地以外的土地。

2. "三块地"改革的内涵

2015年2月起，国务院在北京市大兴区等33个试点县（市、区）行政区域暂时调整实施《土地管理法》《城市房地产管理法》等相关规定，推行农村"三块地"改革。"三块地"指的是农村土地征收、集体经营性建设用地入市、宅基地管理制度改革，分别涉及不同类型土地之间的转化，土地转用、征收与使用权出让费用，以及建设与住宅用地的审批手续。2015年11月，《深化农村改革综合性实施方案》对"三块地"改革进行了全面和系统的部署，明确了改革的基本思路和重点内容。如表4-1以及图4-1至图4-4所示。

要素市场化配置改革

表4-1 "三块地"改革的基本思路

三块地	改革的基本思路
农村土地征收制度改革	缩小土地征收范围，规范土地征收程序，完善对被征地农民合理、规范、多元保障机制，建立兼顾国家、集体、个人的土地增值收益分配机制，合理提高个人收益
集体经营性建设用地制度改革	允许土地利用总体规划和城乡规划确定为工矿仓储、商服等经营性用途的存量农村集体建设用地，与国有建设用地享有同等权利，在符合规划、用途管制和依法取得的前提下，可以出让、租赁、入股，完善入市交易规则、服务监管制度和土地增值收益的合理分配机制
宅基地制度改革	在保障农户依法取得的宅基地用益物权基础上，改革完善农村宅基地制度，探索农民住房保障新机制，对农民住房财产权作出明确界定，探索宅基地有偿使用制度和自愿有偿退出机制，探索农民住房财产权抵押、担保、转让的有效途径

资料来源：《深化农村改革综合性实施方案》。

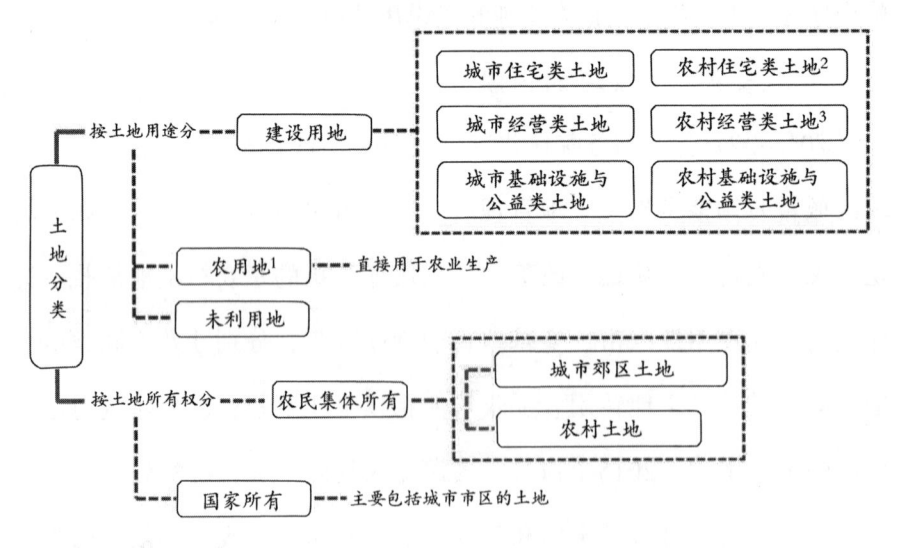

1："三块地"之一：农用地
2："三块地"之二：宅基地，即农村住宅类建设用地
3："三块地"之三：集体经营性建设用地，即农村经营类建设用地

图4-1 我国土地分类方式与"三块地"所属类别

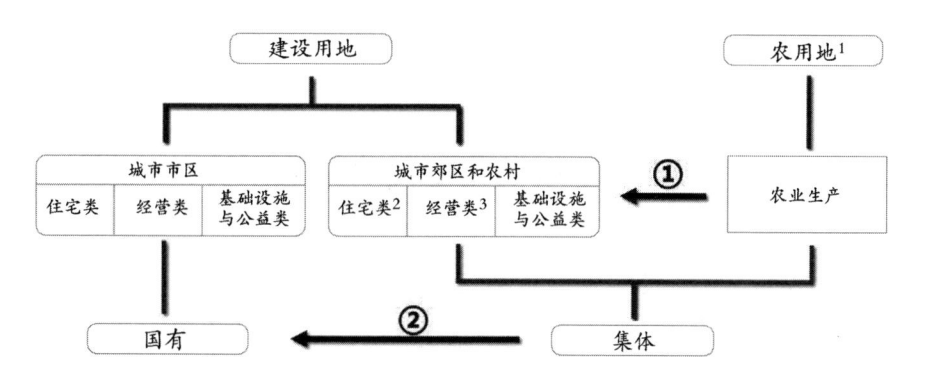

1、2、3：农村土地征收、农村宅基地管理制度改革以及集体经营性建设用地入市即"三块地改革"。
①：农用地转为建设用地审批
②：集体所有土地征收为国有土地

图4-2 我国"三块地"改革的重点内容

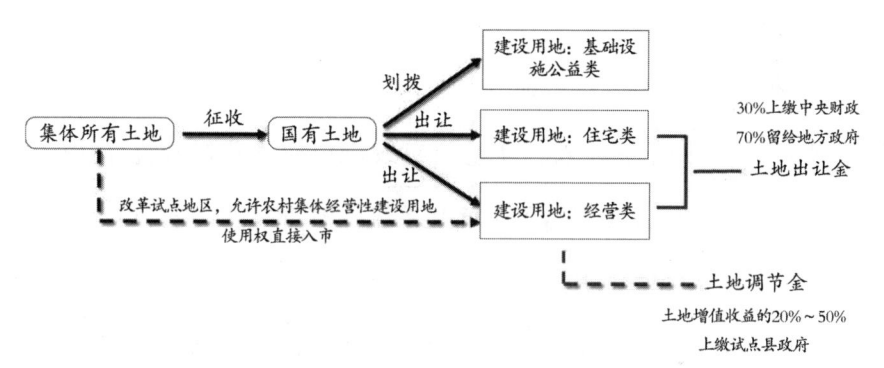

注：实线表示试点改革之前，虚线表示"三块地"试点改革之后。

图4-3 农村集体经营性建设用地入市改革的重点内容

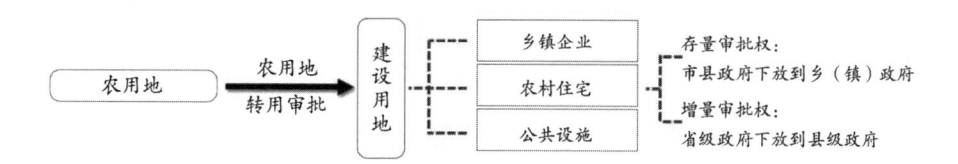

图4-4 宅基地审批改革的重点内容

二、土地市场化配置改革的评估

（一）农村土地市场化配置改革的实践与成效

1."三权分置"推动农村土地经营权有序流转

（1）农地"三权分置"制度形成。2014年1月19日，中央"一号文件"《关于全面深化农村改革加快推进农业现代化的若干意见》首次提出"在落实农村土地集体所有权的基础上，稳定农户承包权，放活土地经营权，允许承包土地的经营权向金融机构抵押融资"。2016年11月3日，《关于完善农村土地所有权承包权经营权分置办法的意见》，对"三权分置"作出了全面和系统的制度安排。2018年，"中央一号"文件《中共中央国务院关于实施乡村振兴战略的意见》强调"完善农村承包地'三权分置'制度，在依法保护集体土地所有权和农户承包权前提下，平等保护土地经营权"，提出"完善农民闲置宅基地和闲置农房政策，探索宅基地所有权、资格权、使用权'三权分置'，落实宅基地集体所有权，保障宅基地农户资格权和农民房屋财产权，适度放活宅基地和农民房屋使用权"。"三权分置"成为新时期我国农地产权制度变革的基本方向，是家庭联产承包责任制之后农村改革的又一重大制度创新。"三权分置"的核心是在坚持农地集体所有制的基础上，在农户承包经营权的基础上分解出承包权和经营

第四章
土地要素市场化配置改革研究

权,以此实现农民的多样化选择、土地的社会化配置和城乡要素的双向流动,并在农村经济效率提升和社会秩序平稳之间形成更优平衡。"三权分置"提出了承包权和经营权两个新的权利概念,并强调这两种权利可以通过土地流转形成新的组合形态。

就政府间和市场间的制度安排而言,"三权分置"与此前制度存在着继承和变革的双重关系。"三权分置"强调要落实集体所有权,原因在于:集体所有权是稳定承包权和放活经营权的前置条件,农地所有权通常由"村两委"等集体组织来行使,"村两委"既是经济组织,也是行政组织,它在某种程度上是行政层级在农村的延伸。土地所有权的执行不仅取决于特定农村社区中的村民个体和集体组织之间的关联关系,而且取决于地方政府与集体组织之间的关联关系。从"三权分置"的内涵来看,落实集体所有权意味着中央政府和地方政府经济一致性的增强,即中央政府通过深化财政制度改革和行政激励体制改革,减弱地方政府对土地配置的实际影响力,这相对于此前的政府间制度安排是一个变革。此外,"三权分置"强调要激活土地经营权,原因在于:从承包经营权中分解出承包权和经营权,可以适应土地承包者未必是实际经营者的特征事实,通过经营权流转实现土地的社会化配置,进而拓展农民的选择范围和收入渠道,提高土地要素的流动性和配置效率。这里的关键是在对土地上游市场(例如土地所有权)规范的同时,更为充分地激活土地下游市场,即经营权在不同主体之间的流动和交易,促使土地流转价格成为反映下游市场相对稀缺性的核心变量。下游市场放松还意味着城乡之间资本、劳动力等要素的双向流动增强，资本下乡、技术下乡能够得到土地制度的支持，各类微观主体在城乡间配置要素的自主性增强。如图4-5、图4-6及表4-2所示。

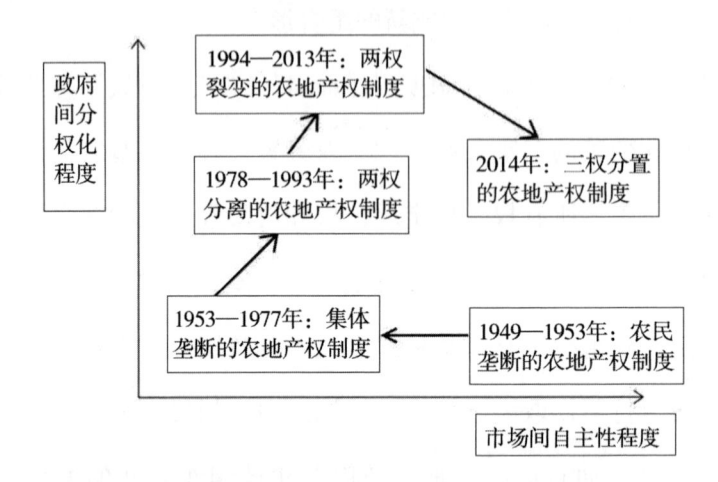

图4-5 我国农地产权制度的演变历程

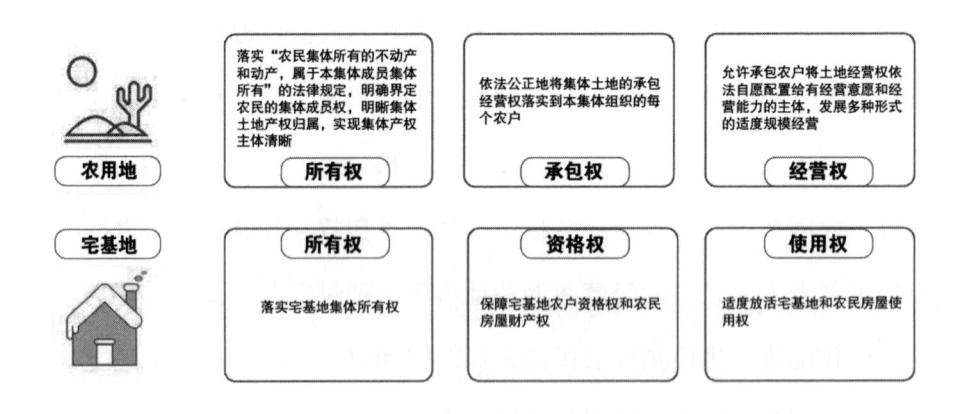

图4-6 农用地"三权分置"与宅基地"三权分置"

表4-2 2014年以来涉及"三权分置"的政策文件

时间	政策或文件	关键内容
2014年1月19日	《中共中央 国务院关于全面深化农村改革加快推进农业现代化的若干意见》	在落实农村土地集体所有权的基础上,稳定农户承包权、放活土地经营权,允许承包土地的经营权向金融机构抵押融资
2016年11月3日	《中共中央办公厅 国务院办公厅关于完善农村土地所有权承包权经营权分置办法的意见》	完善"三权分置"办法,不断探索农村土地集体所有制的有效实现形式,落实集体所有权,稳定农户承包权,放活土地经营权,充分发挥"三权"的各自功能和整体效用,形成层次分明、结构合理、平等保护的格局
2018年1月2日	《中共中央 国务院关于实施乡村振兴战略的意见》	完善农村承包地"三权分置"制度,在依法保护集体土地所有权和农户承包权前提下,平等保护土地经营权。完善农民闲置宅基地和闲置农房政策,探索宅基地所有权、资格权、使用权"三权分置",落实宅基地集体所有权,保障宅基地农户资格权和农民房屋财产权,适度放活宅基地和农民房屋使用权

资料来源:根据历次政策整理。

(2)推动农地经营权有序流转。从流转面积来看,2014—2017年,全国家庭承包耕地流转面积由4.03亿亩逐年增至5.12亿亩,流转面积占家庭承包经营耕地面积的比重由30.4%逐年升至37%;2018年上半年,流转面积达4.97亿亩,占家庭承包耕地面积的36.5%。从流转去向来看,2014—2016年3年流转的家庭承包耕地中,农业种养殖大户、专业合作社、农业企业、其他经营主体分别占58.5%、21.8%、9.6%、10.1%。从交易形式来看,2015—2017年3年转让、出租两种传统流转方式分别占51%、38%,股份合作等更现代化的模式在农村的推广和被接受程度还不高。"三权分置"落实集体所有权、稳定农户承包权、放活土地经营权,提高了土地要素的流动性和配置效率。如图4-7、图4-8、图4-9所示。

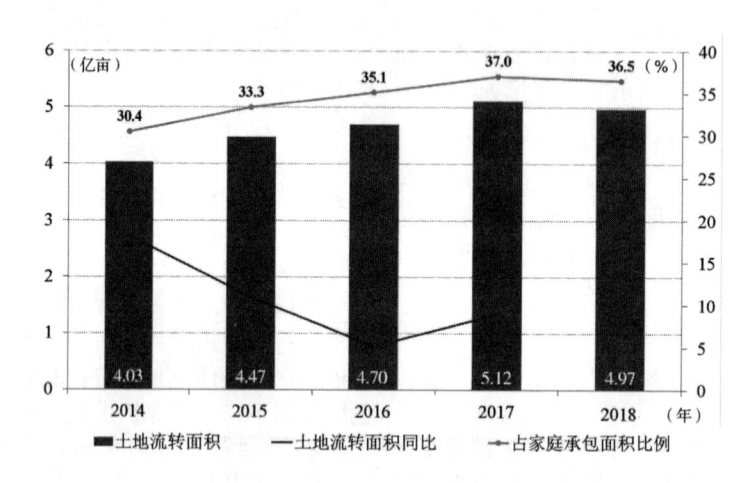

图4-7 2014—2018年流转面积占家庭承包经营耕地面积比重

数据来源:农业农村部。

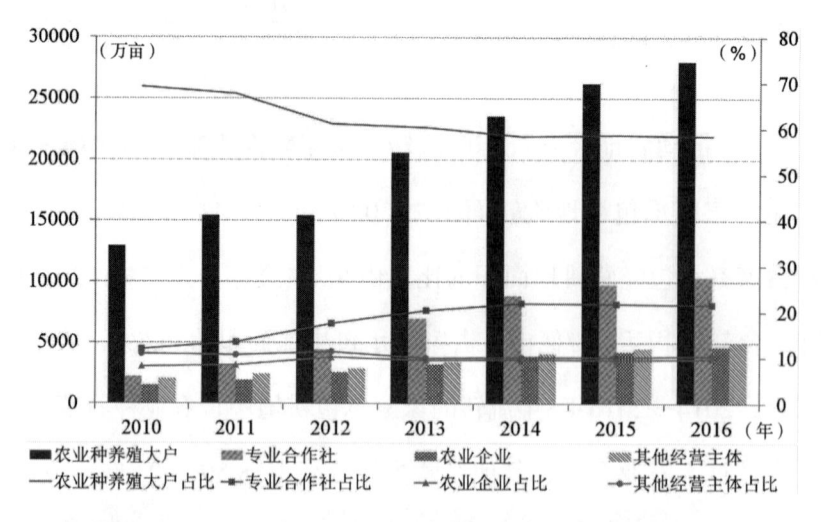

图4-8 2010—2016年家庭承包耕地流转去向

数据来源:农业农村部。

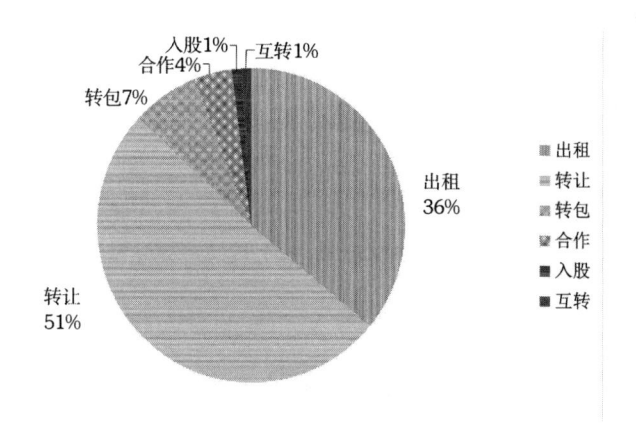

图4-9　2015—2017年农用地交易形式

数据来源：农业农村部。

2. 农村土地征收改革取得实质进展

截至2018年底，33个试点县（市、区）已按新办法实施征地1275宗、18万亩；围绕缩小征地范围、规范征地程序、完善合理规范多元保障机制、建立土地增值收益分配机制等任务，试点地区取得了实质性进展。参考专栏1中的内容。

专栏1　安徽省金寨县土地征收制度改革试点主要成效

自土地征收制度改革启动以来，安徽省金寨县围绕"程序规范、补偿合理、保障多元"的土地征收制度改革目标，从缩小征地范围、规范征地程序和完善对被征地农民保障机制等方面开展工作，初步解决了征地范围过大、程序不够规范、重大项目供地效率不高等问题，并创新建立了土地预征收制度。截至2018年11月底，全县采用新征收办法征收土地

72宗、0.98万亩,其中,8宗、4380亩土地采用预征收方式,开创了一条征地制度新路径,取得了积极的成效。

一、促进了项目落地

通过改革审批流程,创新征地程序,将过去的"审批繁"变为现在的"效能高"。试点前,基础设施建设项目和民生工程用地征地审批环节多,重复审批情况比较突出,一般来说,一个大型项目的行政审批环节就需要近一年的时间。试点以来,在严格界定征地范围和充分保障被征地农民权益基础上,针对国家、省重点工程和民生项目等三种特殊情况创新实施了土地预征收机制,在减少重复审批环节的同时,又明确了内部审批环节的时限,工作效能得到大幅提高。以金寨县高铁连接线项目为例,从开展征地风险评估到完成征地,共计耗时53天,较改革前的单独选址项目大大缩短了征地时间,保障了民生项目及时落地。

二、保障了社会稳定

通过征地过程中社会稳定风险评估机制的建立,进一步健全了征地信息沟通与协作机制,及时掌握和化解了征地中的苗头性、趋向性问题,防止矛盾激化;通过加强形势分析研判,对可能出现的恶性事件及时启动应急预案,将矛盾化解在萌芽之中;通过主动公开土地征收文件,并将实施方案、办事流程、选房顺序、征迁纪律、工作制度等事项全部上墙、上网,接受群众监督,实现了由被动化解到主动预防的"阳光征地""和谐征地";通过建立征地风险评估机制,有效地保护了被征地群众利益,维护了社会稳定,实现了由"保稳定"到"创稳定"的转变。试点期间，全县没有发生一起因征地拆迁而引起的群体集体性上访或投诉。

三、维护了农民利益

在征地安置方面，积极拓宽征地拆迁安置途径，以被征地农民"原有生活水平不降低，长远生计有保障"为目标，因地制宜地采取多种措施不断丰富征地拆迁安置模式。一是严格按照《安徽省征地统一年产值及补偿标准》，以40700元/亩足额支付被征地农民土地补偿费和安置补助费；二是按照"先补偿后搬迁、居住条件有改善"的原则加大拆迁回建房建设，确保被征地农民"住有所居"；三是严格按照市人民政府公布的标准，进行地上附着物和青苗补偿，诸如经济林、苗圃、设施农业等特殊情况，则委托有资质的社会中介机构按市场价评估确定，切实保障被征地户利益；四是加强社会保障工作，将被征地农民纳入养老社会保障体系，并给予政府补贴；五是通过货币分配或留地分配方式保障被征地集体和农民参与分享土地增值收益。

3.集体经营性建设用地入市打破一级市场垄断

自2015年全国33个试点地区实行"三块地"改革以来，允许农村集体经营性建设用地出让、租赁、入股，实行与国有土地同等入市、同价同权。从改革内容来看，试点地区主要围绕入市主体、入市范围和途径、服务监管和增值收益分配等4个核心问题，搭建了较为完整的政策框架，形成了不同的入市模式。从改革成效来看，截至2018年，

33个试点地区的集体经营性建设用地已入市地块11180宗,面积9万余亩,总价款约257亿元,收取调节金28.6亿元,办理集体经营性建设用地抵押贷款228宗、38.6亿元。符合规定的集体经营性建设用地,不用经过"征收为国有"环节,直接进入建设用地市场,这表明政府垄断土地供给一级市场的局面被打破。如表4-3所示,且参考专栏2中的内容。

表4-3 试点地区集体经营性建设用地入市改革的模式

改革内容	模式
入市主体	北京大兴:镇集体联营公司 上海松江:镇、村两级联合社 辽宁海城:村民委员会或村民小组委托村委会 广东南海:集体经济组织
入市途径和范围	广东南海:集中整治 重庆大足:结合"地票",异地调整 贵州湄潭:综合类集体建设用地分割登记入市模式
市场交易规则和服务监管制度	海南文昌:出台《农村集体经营性建设用地入市交易规则》,详细规定交易平台、主管部门、交易方式、违约责任等 四川泸县:具体规定交易平台、交易流程 浙江德清:引入"第三方机构服务"机制
土地增值收益分配	上海松江:商服用途的土地使用权出让、租赁,提取成交地价总额的50%作为调节金,工业用途的土地使用权暂不规定

资料来源:国家发展改革委国土开发与地区经济研究所。

第四章
土地要素市场化配置改革研究

专栏2　安徽省金寨县集体经营性建设用地入市改革的主要做法

一、严格规划管制，明确入市范围

金寨县属于大别山集中连片特困地区，遗留下来的乡镇企业用地不多，且主要为工矿用地。与此同时，却有大量的宅基地缺乏有效盘活途径。为此，坚持"符合规划、用途管制、依法取得"原则，通过严格实施规划管制，将集体经营性建设用地入市与农村宅基地制度改革相统筹，有效解决了入市资源存量与增量问题。

二、完善产权权能，保障同地同权

按照"同地同权，同价同责"要求，先后出台了《金寨县农村集体经营性建设用地入市管理暂行办法》《金寨县农村集体经营性建设用地使用权出让暂行规定》《金寨县农村集体经营性建设用地出让地价管理暂行规定》《金寨县集体经营性建设用地使用权抵押贷款管理暂行办法》《金寨县农村集体经营性建设用地使用权抵押登记暂行办法》《金寨县农村集体经营性建设用地使得权抵押贷款实施细则》等6个文件，从使用权的获取方式、申请使用对象、使用用途、地价评估、抵押融资和土地登记等方面完善集体经营性建设用地权能。

三、明晰入市主体，创新运行模式

针对农村集体资产管理权责不明、保护不力、流转不畅的现实矛盾问题，围绕"委托-代理"机制进行思考探索，在明确集体经济组织所有权基础上，成立农村集体资产管理公司，作为集体经营性建设用地入市的实施主体，有效分离入市实施主体和入市主体。结合农村集体"三资"新型经营实体试点工作，组建经营实体，在各行政村注册成立"金寨××创福发展有限公司"，公司股东为全体村民，公司设立董事会，村"两委"成员任董事，村支部书记兼任公司法定代表人（董事长）；公开选聘或由村主任兼任公司总经理；公司设立监事会，乡镇包村干部和村务监督委员会委员任监事，乡镇包村干部兼任监事长。

四、健全交易规则，维护市场秩序

在交易规则上，总体参照国有土地市场，更加注重农村土地民主决策。将集体经营性建设用地统一纳入县公共资源交易中心交易，在具体流程和规则设计上，基本参照国有建设用地交易。主要区别有四点：一是建立村集体经济组织入市民主决策机制，二是建立城乡统一的地价评估机制，三是鼓励和引导金融机构参与集体经营性建设用地入市交易，四是建立多方协同的监督服务机制。

五、实施收益调节，优化分配机制

按照土地用途和区域位置的不同，采用"按类别、有级差"的收取标准，测算了不同用地类型、不同入市途径下的县政府收取的土地增值调节金比例。一是入市土地位于乡镇集镇规划区的，商服类用地按土地增值收益的40%缴纳，工矿仓储类用地按土地增值收益的20%缴纳；二是入市土地位于乡镇集镇规划区外的，商服类用地按土地增值收益的35%缴纳，工矿仓储类用地按土地增值收益的18%缴纳。

> 降低各级政府的收益分配比例。入市土地增值收益调节金县级部分由县统一安排使用，主要用于脱贫攻坚、农村环境整治、农村基础设施建设等支出。同时对县级分配部分，又按30%比例拨付乡镇作为入市工作相关经费。即县政府获取县级土地增值收益调节金70%的收益，乡（镇）政府获取县级土地增值收益调节金30%的收益。

4.宅基地制度改革取得一定成效

宅基地制度改革在三项试点中涉及权利主体最多、历史遗留问题最为突出、利益关系最为复杂。自2013年开展土地确权开始，提出了保障宅基地使用权；2015年1月，宅基地改革正式进入试点阶段，确立了15个宅基地改革试点。截至2017年4月，15个宅基地制度改革试点地区退出宅基地7万余户，面积约3.2万亩；到2017年11月，宅基地制度改革拓展到全部33个试点县（市、区）；到2018年1月，正式提出了探索宅基地所有权、资格权、使用权"三权分置"。截至2018年底，共腾退出零星、闲置的宅基地约14万户、8.4万亩，办理农房抵押贷款5.8万宗、111亿元。经过5年的探索与实践，各试点地区在宅基地依法取得、有偿使用、自愿有偿退出、审批流程、抵押贷款等方面取得了较大成效。参考专栏3中的内容。

专栏3　安徽省金寨县农村宅基地制度改革试点主要成效

一、宅基地权利体系探索完善

在宅基地制度改革中，安徽省金寨县从保障现有用益物权、完善收益权和拓展抵押权三方面完善了现有宅基地权利体系。在保障现有用益物权方面，全域开展农村不动产确权登记工作，全面查清全县农村宅基地、集体建设用地等每宗土地的权属、位置、界限、面积、用途、地上房屋等建筑物、构筑物的基本情况，并建立农村地籍调查数据库。在拓展宅基地收益权能方面，通过出台《金寨县农村宅基地流转办法（试行）》，鼓励农村居民对其拥有的闲置宅基地以转让、出租等方式进行流转，受让人可突破村民组范围限制，放宽到全县范围的其他农村集体经济组织成员。在探索宅基地抵押贷款权能方面，给予新农村住房改造建设利率、期限、还款方式的优惠，充分保障了宅基地抵押权人的合法权益。

二、农户"户有所居"全面保障

改革试点期间，全县共有24573户（搬迁人口91657人）自愿有偿退出宅基地。在退出后的多种住房保障形式中，选择到县城购房的为2511户，占10.93%；到乡镇集镇购房的为1295户，占5.64%；到中心村建房的为19167户，占83.43%。数据表明，到规划村庄建房的方式满足了更多农村居民的选择需求。除此之外，为保障"五保户"等特殊困难群体的住房问题，借鉴住房保障体系，在规划村庄建设周转房，由集体统一建设、统一验收、统一管理，在产权归集体所有的前提下，免费提供给腾退宅基地的"五保户"居住。

三、节约集约用地充分体现

遵循尊重历史、照顾现实、分类解决的原则，建立了差别化的宅基地有偿使用制度。以《金寨县农村宅基地节约集约和有偿使用办法（试行）》为依据，明确了"一户一宅"的标准宅基地面积，对涉及不同时期宅基地面积标准不同的情况，采取分阶段差别化的认定方式。对申请新建宅基地的，按照每户4人及以下的，占用宅基地面积原则上控制在120平方米以内；每增加1个人口，增加20平方米，最高不超过160平方米。同时明确规定宅基地面积在标准范围内依然实行无偿使用。在此基础之上，对因历史原因形成的宅基地超标准占用、"一户多宅"以及非本集体经济组织成员通过继承房屋或其他方式占有和使用宅基地的四种情形，实行有偿使用。对节约集约利用宅基地、有偿使用提前主动交费的给予奖励，相反，逾期不交的则加收滞纳金。在这种差别化的有偿使用制度约束力下，增加了超标准占用宅基地的持有成本，推动了"一户多宅"农户的退出行为。全县共有15439户退出"一户多宅"的多宅部分，共腾退土地1.77万亩，增强了村民节约集约使用土地意识。

四、土地资源配置更加优化

建立宅基地有偿退出机制和退出激励机制，对自愿退出合法拥有的农村宅基地或符合宅基地申请条件却自愿放弃申请的，在多种安置措施中给予优惠。除此之外，为了完善退出机制，由乡镇人民政府负责对退出后的宅基地进行复垦、整治。改革试点期间，全县已完成宅基地复垦4.7万亩，除规划村庄建设自用地外，新增耕地4.2万余亩，已复垦的耕地已全部种上了农作物，粮食生产能力得到有效提升。

五、宅基地日常管理得到加强

为实现宅基地无序扩张向总量控制的转变，从编制村级土地利用规划、编制村庄布点规划、配套规划落地保障机制三个层面加强了村庄规划管理。全县已完成规划村庄建设446个，占总规划村庄数量的80%；正在建设村庄32个，占总规划村庄数量的5.5%。为强化宅基地的日常管理，全县224个村均建立了村民事务理事会，指导出台《金寨县村规民约》《金寨县村民理事会章程》《金寨县村民理事会工作制度》等3个文件，充分发挥了村民自治组织在宅基地制度改革中的作用。

（二）城市土地市场化配置改革的实践与进展

1."招拍挂"促进城市土地出让市场价格形成

"招拍挂"有利于国有建设用地价格的形成。2004年"71号令"[1]要求所有经营性的土地都要公开竞价出让，"招拍挂"成为出让国有建设用地主要方式。从成交面积来看，2004—2016年，出让国有建设用地由18.2万公顷增至2013年的37.5万公顷，再减至2016年的

---

[1] 2004年3月，国土资源部、监察部联合下发了《关于继续开展经营性土地使用权招标拍卖挂牌出让情况执法监察工作的通知》（国土资发〔2004〕71号，又称"71号令"），要求从2004年8月31日起，所有经营性的土地一律都要公开竞价出让。

21.2万公顷。其中，"招拍挂"出让由5.2万公顷增至2013年的34.6万公顷再减至19.5万公顷，占比由28.9%升至92%。协议出让由12.9万公顷增至2006年的16.2万公顷再减至1.7万公顷，占比由71.1%降至8%。从成交价款来看，2004—2016年，国有建设用地出让成交价款由0.64万亿元波动增至3.65万亿元，"招拍挂"成交由0.35万亿元波动增至3.51万亿元，占比由55.4%升至96.3%；协议成交由0.29万亿元降至0.13万亿元，占比由44.6%降至3.7%。"招拍挂"制度通过市场手段公开配置土地资源，有利于出让国有建设用地价格的明晰和形成。截至2018年，全国土地使用权出让收入6.51万亿元，同比增长25%。

土地资源的价值得以显化。实行土地"招拍挂"制度之后，由于房、地开发产生分离，完整意义上的土地一级市场建立起来。土地资源开始有了清晰的价格，市场规律和价值规律开始指导土地利用和开发行为，这不仅使土地资源的价值表现合理化，而且有效调节社会与土地资源供求关系的平衡，提高了不动产市场的运作效率。土地一级开发企业专门负责土地由生变熟的过程，二级开发企业则专注于住宅产品的生产，显著提高了运作的效率，改变了土地开发的收益格局。土地市场的增值收益归地方政府所有，房产市场二级开发收益归开发商所有，同时通过税收等手段，房产市场的增值收益又会重新回流到政府。

2.土地租赁、转让、抵押二级市场试点改革

2017年2月，原国土资源部在30个省份的34个市县（区）全面启动土地二级市场试点工作。截至2018年5月，试点地区转让土地3175宗、面积15083公顷，涉及价款458亿元。

一是土地二级市场的活跃程度提高，有效促进了土地要素顺畅流动，提高了存量土地资源配置效率，优化了土地资源要素配置效率。从试点的实施情况来看，各地均取得了较好的成效。江苏省南京市允许土地使用权分割转让，盘活存量土地14宗、91.14公顷；河南省许昌市组织了划拨土地出租全面清查和治理，政府土地收益金明显提高；天津市武清区将工业企业内部空闲地以及产能低、效益差的土地纳入"市场交易潜力库"，合理调控土地市场，提高了土地有效供给。

二是构建了现代产权制度理论体系。不同的试点地区在完善产权制度上，因地制宜地做了一些差别化的有益探索。在完善转让产权方面，宁波市、天津武清区等针对原土地使用权人无力开发、开发投资额未达25%又确需转让的情况，根据《中华人民共和国物权法》创新"预告登记转让制度"，允许未达到25%投资的土地按照"先投入后转入"的原则办理预告登记转让，既促进了存量土地再开发利用，又保障了受让人权利；在完善出租产权方面，南京市为显化国有土地资产、保障国有土地所有权人权益，提出以划拨方式取得的土地使用权及地块上建成的房屋出租的，应将租金中所含的土地收益上缴国家；在完善抵押产权方面，许昌市、东莞市、南宁市、天津市武清区等地按照债权平等原则，在主合同合法前提下，积极探索为自然人、企业等办理抵押登记。

三、土地市场化配置改革面临的问题

（一）农村土地市场化配置改革面临的问题

1.农地征收与集体建设用地入市存在价格差异

一是土地征收补偿标准与集体经营性建设用地入市地价存在冲突。《土地管理法》第四十七条规定"征收土地的，按照被征收土地的原用途给予补偿"，土地征收补偿是政府定价，集体经营性建设用地已实现与国有建设用地同等入市是市场价格。以安徽省金寨县为例，首宗入市的全军乡熊家河村的地块每亩成交单价为20.05万元，溢价率达12%，与同区域的国有商业用地价格大体相当；而金寨县征地统一年产值及补偿标准是每亩3.74万元。低价补偿与集体经营性建设用地入市价格的差距较大，两者必然存在利益冲突。

二是集体存量建设用地入市与增量建设用地征收之间存在利益空间和冲突。允许入市的集体经营性建设用地是指存量的集体建设用地，为保护耕地，集体不能新增建设用地直接入市，因此新增建设用地应由政府征收。如果新增的工矿、仓储、商服用地已属于经营性建设用地，符合规划和用途也要求由集体直接入市，而政府却以不属于存量而是新增则提出征收，即会发生冲突。

此外，随着集体经营性建设用地入市改革的深入，小产权房是直接面临和需要稳妥治理的问题；对于长期以来大量违法占用宅基地的既成事实，缺乏相关制度规定。

2.宅基地交易制约农业转移人口市民化进程

《土地管理法》规定，农村集体组织是我国农村宅基地的所有权主体，而农民没有对宅基地的处置权限，只有使用权。目前我国农村宅基地10%~20%闲置，部分地区闲置率甚至高达30%[1]。农民房屋买卖、抵押融资等受到极大限制，降低了土地资源配置的效率，阻碍了农民财产性收入的提高，堵塞了农民融资的渠道。在当前我国农村宅基地的保障功能已经弱化、资产功能正在增强的背景下，进城农民工如果不能通过正常的市场交易来处置农村闲置的宅基地和房产，无法实现土地资产化，也就无法获得向城镇迁移落户所必需的货币资本，客观上必然制约农业转移人口市民化进程。

3."三块地"改革未形成可推广的制度经验

自2015年开始的"三块地"改革，从面上来看，33个试点县（市、区）的改革推进不够平衡，一些试点地区的试点项目数量不够多；一些试点地区的村级土地利用规划编制、宅基地确权登记颁证等基础工作还比较薄弱。从试点来看，三项改革试点样本分布不够均衡，土地征收制度改革试点相对不足，33个试点县（市、区）实施的1275宗征地项目中，有918宗（占72%）集中在河北定州、上海松江、浙江义乌、福建晋江、山东禹城等5个试点地区。从内容来看，平衡国

---

[1] 刘桂峰.我国农村宅基地有偿退出问题研究——以南京市的实践为例[J].天津农业科学,2015(21).

家、集体、个人三者之间收益的有效办法还不够多。此外，2018年中央一号文件作出探索宅基地所有权、资格权、使用权"三权分置"的改革部署后，山东禹城、浙江义乌和德清、四川泸县等试点地区结合实际，探索了一些宅基地"三权分置"模式。但是，目前试点范围比较窄，试点时间比较短，尚未形成可复制、可推广的制度经验，且各有关方面对宅基地所有权、资格权、使用权的权利性质和边界认识还不一致，有待深入研究。

4.集体经营性建设用地入市不能用于住宅

集体经营性建设用地入市并不意味着集体土地上可以进行商品住宅开发，《土地管理法（修正案）》草案对集体经营性建设用地入市的用途表述是"工业、商业等经营性用途"，即集体经营性建设用地入市、征地限于工业用地，并不允许用于住宅用地。中长期来看，集体经营性建设用地入市是否可以用于商品住宅开发，有待于国家土地管理政策取向，需要综合考虑城镇房地产市场、农村外来人口居住需求、农村产业发展情况、乡镇和村庄规划、土地和房地产调控目标等多重因素。随着集体经营性建设用地入市改革的深入，城镇住宅用地来源以及小产权房何去何从是直接面临和需要破解的问题。

（二）城市土地市场化配置改革面临的问题

1.土地供应双轨制度不完善，监管不到位

我国土地使用实行行政划拨与有偿使用的双轨制并行，一是政府无偿划拨国有土地给使用单位，二是通过招标、拍卖、挂牌等市场化手段有偿出让国有土地。土地供应双轨制利于公益和市场。通过划拨供给土地，对于降低公益性项目成本、维护公共利益，发挥着重要的作用；通过"招拍挂"供应土地，即引入竞争机制，利于土地资源优化配置。新加坡、我国香港等地坚持土地供应双轨制，对公益事业用地和行政事业用地都采取无偿划拨的方式，而对商业用地则采用市场化方式供应。

然而，不同类型的土地利用管理制度细则缺失。针对非市场配置的划拨土地，管理混乱，党政机关、事业单位、基础设施建设工程在土地利用方面常常出现违规圈地、乱占滥用的现象。由于监管不到位和土地供应过程不透明，擅自改变划拨土地用途的案件时有发生，损害了公平竞争的市场环境。截至2012年，全国共有闲置土地95万亩，而用地紧张的东部地区占42.6%；其中，闲置2年以上的占57.3%，《闲置土地处置办法》已于2012年7月1日起施行。

2.区域建设用地节约集约利用差异显著

根据2018年自然资源部通报的《全国城市区域建设用地节约集约利用评价情况》，2016年底，全国564个参评城市的建设用地节约集约利用综合指数为30.97[1]。由于经济发展和管理水平等因素的差距，不同城市区域建设用地节约集约利用综合指数分化较为显著。134个城市分值大于36分，总体状况较佳，其中，86个位于东部地区（73个城市位于江苏、浙江、山东、广东等4个沿海发达省份），24个位于中

---

[1] 自然资源部.全国城市区域建设用地节约集约利用评价情况[R].2018-8-23.

部地区，19个位于西部地区，5个位于东北地区，人均建设用地面积平均为257平方米/人、人均城乡建设用地面积平均为208平方米/人，建设用地地均GDP平均为377万元/公顷。271个城市在25.0～36.0分之间，总体状况适中，其中，92个位于中部地区、83个位于东部地区、79个位于西部地区、17个位于东北地区，人均建设用地面积平均为298平方米/人、人均城乡建设用地面积平均为236平方米/人，建设用地地均GDP平均为175万元/公顷。159个城市在25分以下，总体状况有待提高，其中，51个位于西部地区、47个位于东北地区、31个位于中部地区、30个位于东部地区，人均建设用地面积平均为461平方米/人、人均城乡建设用地面积平均为348平方米/人，建设用地地均GDP平均为98万元/公顷。

3.工业用地占比较高与利用效率偏低存在冲突

工业用地价格低、比重高。地方为招商引资，工业地价普遍较低。2017年，全国105个主要监测城市的工业地价为803元/平方米，同比上涨3%。在工业用地低价机制下，工业用地占比较高。2010—2018年，工矿仓储用地占国有建设用地供应面积的比重虽由35.7%降至20.5%，但一直高于20%。

工业地价与住宅地价的差距扩大。2015—2017年，住宅、工业地价涨幅的差距分别为1.5%、1.6%、7.2%，加剧了工业地价的低估。用地部门倾向以土地生产要素而不是能源节约型和知识资本型技术来推动产业升级。

建设用地产出效率偏低。2009年上海建设用地产出效率为0.89亿美元/平方千米，远低于2006年伦敦（1.82亿美元/平方千米）、巴黎（2.31亿美元/平方千米）、纽约（7.72亿美元/平方千米）的水平。

此外，2016年全国城镇土地总面积为943.1亿平方米，城镇常住人口为7.93亿人，人均城镇建设用地面积为118.9平方米，高于《国家新型城镇化规划（2014—2020）》提出的"人均城市建设用地严格控制在100平方米以内"的要求。如图4-10、图4-11所示。

4.城乡统一土地市场存在集体和国有权属矛盾

"三权分置"与城镇建设用地"两权"难以衔接。《中共中央国务院关于建立健全城乡融合发展体制机制和政策体系的意见》提出，"允许村集体在农民自愿前提下，依法把有偿收回的闲置宅基地、废弃的集体公益性建设用地转变为集体经营性建设用地入市"。我国土地实行公有制，"农村和城市郊区的土地，除由法律规定属于国家所有的以外，属于集体所有；宅基地和自留地、自留山，也属于集体所有"，"城市的土地属于国家所有"。在宅基地可以转为集体经营性建设用地入市的条件下，其所有权仍归集体，而城镇建设用地所有权属于国家。"三权分置"尚不具备与城镇建设用地所有权、使用权"两权"衔接的条件。城乡统一土地市场存在集体和国有权属矛盾。农村土地和城市土地是两种不同的权属，按照现行的《土地管理法》，属于集体的土地只有通过土地征收才能成为属于国家的城市建设用地。集体经营性建设用地虽被允许直接入市，但权属不能直接变更为国家所有，城乡统一土地市场的建立存在着集体和国有权属的矛盾。

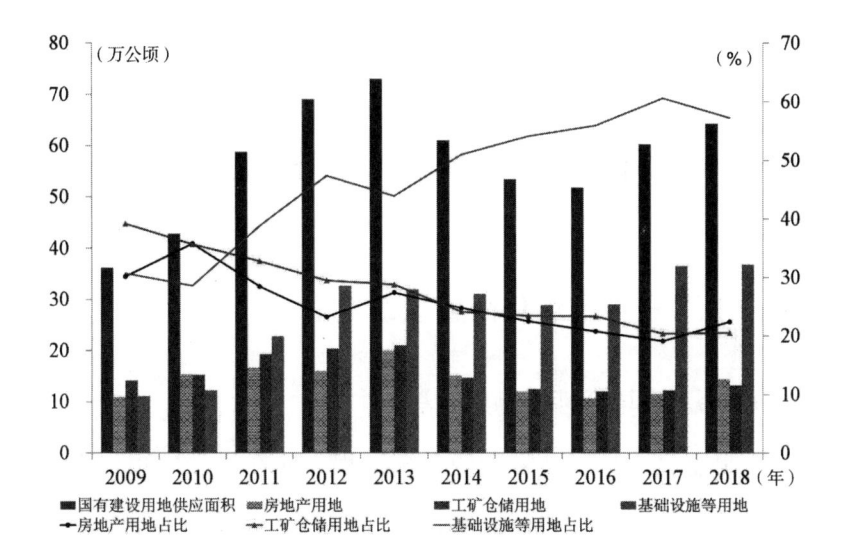

图4-10 2009—2018年国有建设用地供应面积结构

数据来源：Wind。

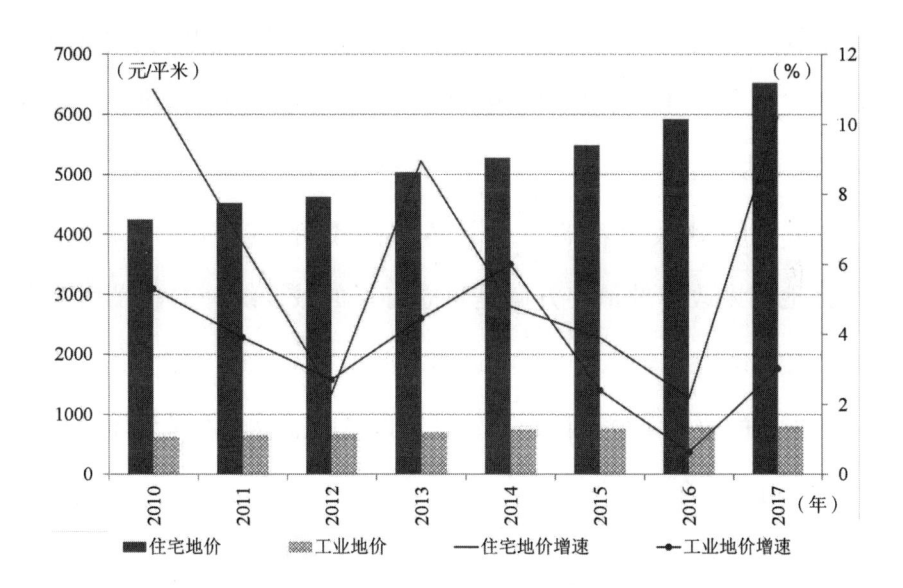

图4-11 2010—2017年住宅、工业用地价格及增速

数据来源：Wind。

四、下一步改革的思路和建议

（一）下一步市场化配置改革的思路

1. 统筹规划与分步实施相结合

土地制度改革是一项复杂的系统工程，应在科学的顶层设计、总体规划指导下循序渐进、分步实施。

2. 淡化所有权与强化使用权相结合

在宪法规定的土地所有制和法治化土地用途管制框架下，按照淡化所有权、强化使用权的思路，以增强市场机制在土地资源配置中的决定性作用为方向，打破政府垄断城市建设用地供应和推进农村集体建设用地市场化。

3. 建设用地政府征购与农村集体建设用地规范入市相结合

征地制度改革的最终方向是建立有形的城乡统一的建设用地市场，所有建设用地全部进入市场运作。但是在条件还不完全具备的情况下，当前的政策定位应该是"建设用地政府征收与农村集体建设用地规范入市相结合运行"。

（二）下一步市场化配置改革的建议

1.稳妥推进农村土地制度改革

统筹协调土地征收与集体经营性建设用地入市。土地征收采用市价补偿标准。考虑将集体经营性建设用地使用权与国有土地使用权的市场价格，作为对集体土地征收补偿的市场价计算标准。一是优先集体经营性建设用地使用权入市权利。2019年8月，《土地管理法》修正案正式通过，首次对土地征收的公共利益进行明确界定，"因军事外交，政府组织实施的基础设施建设、公共事业、扶贫搬迁和保障性安居工程，以及成片开发建设等六种情况确需要征地的可以依法实施征收"。因此，除了典型公共利益用途，对于开发经营性的公共利益或者界定有争议的公共利益，考虑优先允许集体经营性建设用地入市。二是限制集体经营性建设用地使用权入市权利。允许集体先将经营性建设用地使用权入市，但在一定时间内不能形成入市方案或者尚未行使入市权利，导致城市建设规划目标不能实现，政府有权以"城中村"改造的公共利益或者以开发经营性公共利益，对集体建设用地予以征收。

求同存异改革农村土地制度。我国各地农村自然和社会经济条件差异很大，土地制度改革应在共同的改革目标下，允许差异化探索、多元化发展。一是改革目标具有共同性。土地征收制度改革共性要求是：界定公共利益用地范围，逐步缩小土地征收规模；规范土地征收程序，完善征地民主协商机制；完善土地征收补偿标准，建立征地多元保障机制。集体经营性建设用地入市改革共性要求是：集体土地与国有土地同等入市、同权同价；集体经营性建设用地入市范围由规划确定；集体经营性建设用地入市途径结合实际确定；兼顾国家、集体、个人的入市收益分配机制。宅基地制度改革共性要求是：合理认定农村集体经济组织成员资格；改革宅基地一户一宅取得制度；推进宅基地有偿使用；探索宅基地抵押担保；探索宅基地"三权分置"。二是改革内容存在差异性。城镇成片开发用地是否纳入土地征收范围、征收安置是否采取留地安置和入股分红安置、集体经营性建设用地入市主体、不同农民集体经济组织之间入市收益平衡、宅基地流转方式和范围等在试点地区实际改革中已体现差异化。土地制度改革应就农村土地制度重大原则和社会共识程度较高的内容作出规定，避免对社会争议较大的事项勉强作出规定。

分类治理小产权房。小产权房的土地权属和房屋质量等情况非常复杂，考虑通过补、租、居、拆等4种方式分类治理小产权房。一是补款扶正。通过补缴土地出让金或者相关税费，将满足一定规划设计、质量等条件的小产权房扶正为商品住房。二是转为租赁。将一部分小产权房转化为集体土地上的公共租赁住房。三是保留居住。为村民或村级经营组织保留一部分小产权房，保障其基本居住的需求。四是逐步拆除。将存在安全隐患的小产权房，逐步拆除。此外，农村土地制度改革要坚持土地公有制不变，宅基地制度改革要谨慎推行，在优化农村宅基地资源配置的同时，给外出打工的农村劳动力留有退路。

2.深化工业用地的市场化改革

简化行政审批改进工业用地监管体系。一是协调工业用地市场化配置与投资管理。符合国家产业政策和用地控制标准的项目，企业通过"招拍挂"取得土地使用权后，将其投资事项由审核、批准改为备案管理。涉及的规划许可、建筑设计、环境影响评价等，统一纳入并联审批。二是强化工业用地有偿使用合同管理。土地供应合同纳入新增工业用地的市场准入条件、开工竣工、建设时间要求等，明确违约责任，实行多部门分工负责监管。坚持网上排查和实地核查相结合，促进工业项目依法依规用地。

健全工业与住宅用地比价合理价格体系。一是完善工业用地出让最低价标准实施政策。按照工业用地供应与流转价格水平相均衡、租金与地价水平相均衡的原则，依据历年工业用地供应总量、结构以及市场需求，结合企业承受能力，完善工业用地价格体系；统一明确不同区域工业用地租金和地价标准，适度提高工业用地价格。二是探索工业和住宅用地合理比价关系。以县（区）为单位，以市场交易价格为标准，建立工业与住宅用地合理比价机制。分类开展地价动态监测，探索通过价格、租金管制及补贴等措施，鼓励工业企业集聚发展和盘活存量划拨用地。

健全工业用地市场准入制度和评价体系。一是健全工业用地市场准入评价制度。在项目准入环节，综合评价产业导向、投资强度、开发强度、能源消耗等，分区域明确准入标准，并向社会公开。严格执行工业用地使用标准,对因安全生产、地形地貌、工业技术等特殊要求需突破标准的,开展工业项目节地评价论证,合理确定工业用地规模。二是完善激励机制,鼓励节约集约用地。从土地价款、土地使用税差别化征收、将节地技术和模式纳入供地文件和出让合同等方面完善激励机制和政策体系。加快推广标准厂房等节地技术和模式,降低工业项目占地规模。

3.完善土地市场化的政府调节

制定科学合理的供地计划。土地利用总体规划应确定规划目标、制定实现规划目标的土地利用战略和政策措施。土地供应计划应与总体规划相协调,具有充分的弹性,对市场作出灵敏的反应。实行国土资源垂直管理,促进城市供地计划、城市短期利益与城市长远发展相结合。

加强对市场的管理和规范。加强土地一级市场的规范,运用法律和经济手段,加大监管力度,着力整顿和规范土地市场。加强土地二级市场的管理,建立和完善土地二级市场机制,着力加强国有土地使用权确权、转让、租赁、抵押登记管理。

加强政策监管和查处力度。提高依法管地、依法用地意识,处理好经济发展与保护耕地、招商引资与依法供地的关系。强化采用招标、拍卖、挂牌出让土地的全过程监督,促进国有土地使用权出让制度的全面有效落实。加大查处违纪违法案件力度,对有令不行、有禁不止、以权谋私等违法违纪行为,加大查处力度。

参考文献

高帆. 中国农地"三权分置"的形成逻辑与实施政策[J]. 经济学家, 2018(4):86-95.

武亚东. 经营性国有土地和工业性国有土地使用权"招拍挂"政策的历程分析[J]. 时代金融, 2018(1):255-257.

黄征学, 吴九兴. 集体经营性建设用地入市：成效与影响[J]. 团结, 2019(1):35-41.

陆剑. 集体经营性建设用地入市改革试点的困境与出路[J]. 南京农业大学学报(社会科学版), 2019(2):112-122.

姚海琴, 陈涵. 集体经营性建设用地入市问题分析——以安徽省金寨县为例[J]. 山西农经, 2017(8):3-5.

肖顺武. 从管制到规制：集体经营性建设用地入市的理念转变与制度构造[J]. 现代法学, 2018(3):94-108.

李亚凤. 集体经营性建设用地入市对土地征收制度的影响及联动改革[D]. 杭州:浙江大学, 2015.

曹飞. 城市存量建设用地低效利用问题的解决途径——以工业用地为例[J]. 城市问题, 2017(11):72-77.

涂圣伟. 土地"一子落"融合"满盘活"[N]. 农民日报, 2019-5-8(3).

张辉. 土地市场化改革 城乡一体化突破[N]. 中国国土资源报, 2013-

3-26(5).

陈增帅,袁威.农地征收与城镇建设用地的矛盾及对策[J].国家行政学院学报,2016(5):112-116.

韩松.城镇化进程中入市集体经营性建设用地所有权归属及其与土地征收制度的协调[J].当代法学,2016(6):69-80.

刘守英.城乡中国的土地问题[J].北京大学学报(哲学社会科学版),2018(5):79-93.

高强.宅基地制度改革试点回顾与未来走向[J].农村经营管理,2019(3):40-41.

刘保奎.新时期解决小产权房问题的思路与途径[J].中国房地产,2019(4):31-35.

张莎莎,谢量雄.浅谈深化工业用地市场化配置改革[J].国土资源,2015(5):44-47.

张林山.土地资源市场化配置:问题、难点与下一步改革思路[J].中国经贸导刊,2015(9):42-45.

程子腾,高峰.供给侧结构性改革中的土地宏观调控战略框架设计研究[J].现代管理科学,2017(6):79-81.

刘树杰,宋立.面向2020年的我国经济发展战略研究[M].北京:中国计划出版社,2015.

马晓河.转型与发展——如何迈向高收入国家[M].北京:人民出版社,2017.

第五章　劳动力要素市场化配置改革研究

　　劳动力要素市场化配置改革增强了微观主体活力，是提高经济效率的决策，但市场机制要充分发挥作用仍存在劳动力工资制度和工资价格形成机制不健全、劳动力流动面临体制机制障碍和隐性壁垒等突出问题。建议全面推进全国统一的人力资源市场服务管理体系、法律制度体系的改革创新，加快完善基础设施和促进人力资源市场发展创新，弱化和消除阻碍劳动力流动的制度性因素和社会性因素，在全国范围内形成统一开放、竞争有序的人力资源市场。

　　劳动力要素市场化配置改革，是为实现劳动力资源的自由流动、显著增强市场配置劳动力资源的能力，以及充分发挥市场机制对劳动力资源配置的基础性作用，而制定和实施的一系列改革措施。深入推进并不断深化劳动力要素市场化配置改革，就是要在劳动力的流动、劳动力供给和需求双方的关系、劳动力价格的形成，以及工资的决定等方面，切实遵从市场的规律和原则。同时，政府更好地发挥劳动力资源的宏观管理、市场规则制定、市场运行调节和各类主体市场活动监督的作用。通过劳动力要素市场化配置改革，有助于激发各类劳动者参与经济活动的主动性和积极性，使人人都有通过辛勤劳动实现自身发展的机会，实现更高质量和更充分就业；还有助于增强各类用人主体参与市场竞争、开展技术创新以及整合国际资源等方面的能力和水平，激发企业家的主观能动性和创造活力，推动经济依靠创新提质增效。

本章共包括三个主要部分，第一部分是劳动力配置现状，论述劳动力市场及劳动力市场体系的内涵、劳动力配置的制度机制变迁和劳动力配置的特点。第二部分是评估，论述劳动力要素市场化配置改革的积极效果和存在的突出问题。第三部分是进一步推进劳动力要素市场化配置改革的建议。

一、劳动力配置现状

（一）劳动力市场及劳动力市场体系的内涵

劳动力是人的劳动能力，即人在劳动过程中所提供的体力和脑力的总和。我国是世界人口第一大国，也是世界上劳动力资源最丰富的国家。2018年末，中国大陆总人口13.95亿人，占世界总人口的18.28%；中国16~59岁（含不满60周岁）人口8.97亿人，占世界同年龄段总人口的19.20%；中国16~64岁（含不满65周岁）人口9.80亿人，占世界同年龄段总人口的19.67%。主要劳动力的人力资本水平[1]显著提升，尤其是新增劳动力的人力资本水平高。根据第四次、第五次、第六次人口普查数据，我国就业人口按接受教育人年计算的人力资本总量从1990年的44.1亿人年，增加为2000年的57.3亿人年和2010年的68.4亿人年；从业人口的人均受教育年限由1990年的6.8年增加为2000年的8.0年和2010年的9.1年。2010年，我国主要劳动年龄人口大概每年轻10岁，平均受教育年限就能提高1年[2]。2018年，劳动年龄人口平均受教育年限提高到10.5年[3]，已经达到甚至超过了英国和芬兰，与美国、澳大利亚、丹麦和韩国等其他发达国家的差距也在进一步缩小。

劳动力市场是劳动力的供给方（劳动者）与需求方（企业等用人单位）通过市场机制进行相互交易，实现劳动力合理配置的总称。其内涵主要是指劳动力供求主体的活动及相互关系，其外延包括政府职能部门、劳动力中介和相关服务机构等因素的活动以及管理、服务中的相互关系等。劳动力市场被国外学者普遍使用，是对"市场经济组元中唯一能动的活要素市场"的一般性表述，我国学者也经常采用此表述。

与劳动力市场相近的词语还有各类人才市场、人力资源市场及高校毕业生就业市场。上述三类市场都是我国特有的称谓，但是从它们的

---

[1] 使用受教育年限作为衡量标准。
[2] 根据第六次人口普查数据，40~44岁年龄组人口的人均受教育年限为9.04年，35~39岁年龄组为9.52年，30~34岁年龄组为10.11年，25~29岁年龄组为10.65年，20~24岁年龄组为11.14年。
[3] 李克强.劳动年龄人口平均受教育年限提高到10.5年[EB/OL]. 人民网, 2018-03-05, http://m.people.cn/n4/2018/0305/c204734-10629247.html.

本质属性和市场职能来看，与劳动力市场一致，都是以劳动力（脑力和体力或二者的结合）为特殊商品的生产要素市场，只是针对的劳动者层次不同。例如，人才是具有一定的专业知识或专门技能，进行创造性劳动，并对社会或国家作出重要贡献的人，是劳动力当中能力和素质较高的劳动者。人力资源是在一个国家或地区中，处于劳动年龄、未到劳动年龄和超过劳动年龄但具有劳动能力的人口之和。在经济学和统计意义上，人力资源与劳动力的内涵和统计口径相同。目前，我国政府文件统一使用"人力资源市场"的表述，故而本章共同使用"劳动力市场"和"人力资源市场"两种表述。

劳动力市场体系也即人力资源市场体系，是整合原来的人才市场和劳动力市场[1]，形成全国统一的人力资源市场，使人力资源服务和管理能够普遍覆盖全体劳动者，以及人力资源法律和政策能够统一规范劳动力供求双方主体的全部行为。

（二）劳动力配置的制度机制变迁

稀缺是生产要素的一个基本特征。在生产要素稀缺的前提下，要解决它们的配置和效率问题，最好的机制就是市场。劳动力是重要的生产要素之一。劳动力要素具有稀缺性。要提高劳动力要素的配置效率，实现在一定劳动力要素投入下获得最大的经济效益，就需要由市场机制发挥基础性作用。在计划经济时代，我国实行"统包统配"的

---

[1] 是窄口径的劳动力市场。从一般认识上来说，劳动力是工作人群中，在各个产业工作的那部分人，但不包括其中的雇佣者和管理层，多指体力劳动者。因此，劳动力市场就泛指体力劳动者求职的场所。目前，全国统称为人力资源市场。

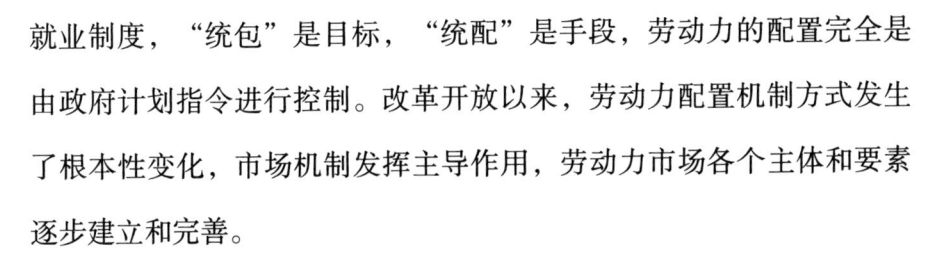

就业制度，"统包"是目标，"统配"是手段，劳动力的配置完全是由政府计划指令进行控制。改革开放以来，劳动力配置机制方式发生了根本性变化，市场机制发挥主导作用，劳动力市场各个主体和要素逐步建立和完善。

1.市场成为劳动力配置的主要力量

随着国企改革深化和劳动就业体制的全面改革，用人单位已经成为劳动力市场的自主需求主体，劳动者成为劳动力市场上的自主供给主体，人力资源的配置主要通过市场这只"无形的手"来实现，国家通过法律法规建设来规范劳动力市场上供求双方的行为，明确各自的权利和义务。企业可以根据自身生产需要而自行决定人员的招聘、解雇，可以在国家法律法规规定下自行制定职工福利待遇制度，可以采取劳务派遣等多种方式使用劳动力；各类求职人群包括农民工、大学毕业生等主要通过劳动力市场来寻找工作，与用人单位建立劳动合同关系。除了对弱势群体的就业援助，政府不再直接干预人力资源配置，只是作为立法者、监管者和公共就业服务提供者。市场成为人力资源配置的主要力量的一个表现是，非公有制经济成为吸纳劳动者就业的主要渠道，尤其是私营经济和个体经济的就业人数最多，而这些所有制经济成分的就业完全是市场机制的结果。

2.政府在劳动力配置中的职责更加明晰

在市场经济条件下，政府不再直接参与劳动力的配置，由供求双方根据市场机制进行双向选择。政府的职责，一方面是建立劳动力市场，为供求双方提供信息服务和中介服务等，润滑供求双方的市场交易链条，同时对社会上的弱势群体提供职业培训、就业援助等公共服务；另一方面是对劳动力市场的监管，保证供求双方以平等地位在劳动力市场上进行活动。尤其是2008年国务院机构改革后，组建了人力资源和社会保障部，不再保留人事部、劳动和社会保障部，推进人才市场和劳动力市场整合改革，同时坚持管办分离、政企分开、事企分开原则，推进分离改革，公共服务整体能力显著提高，市场公平经营秩序明显加强。"两部融合"解决了过去人事和劳动部门在管理人力资源业务时存在的管理交叉重叠、政策执行标准不统一等问题。从某种意义上说，从人力资源的角度实现了人人平等，是全国统一劳动力市场形成的基础条件。

3.全国统一的劳动力市场逐步形成

市场成为人力资源配置的主要力量，意味着劳动者可以在全国统一的劳动力市场内寻找合适的工作岗位，意味着用人单位可以在全国范围寻找最合适的人力资源，因此人力资源的区域和城乡流动日益频繁，自由流动成为全国统一劳动力市场形成的一个重要标志（国家发展改革委宏观经济研究院社会发展研究所，2018）。由于经济发达，长三角地区、珠三角地区和京津冀地区成为吸纳全国人力资源的主要区域，劳动者跨地区流动频繁。2010—2016年，全国共办理跨省转移城镇职工养老保险关系968.3万人次，转移资金1853.8亿元。2014年7月至2016年，全国共办理城乡制度衔接55万人次，转移资金23.4亿元。这也从一个侧面说明人力资源的区域流动规模庞大。劳动力的流向以从内地农村向沿海城市为主，长江三角洲的江、浙、沪三省份和珠江三角洲的广东省成为劳动力跨地区流动的主要目的地。

劳动力城乡间流动的规模更为庞大。2008年以来，我国农民工总量逐年增长，如图5-1所示，2018年为28836万人，比2008年增加6294万人，增长27.9%。在乡土内就地就近就业的本地农民工11570万人，比2008年3225万人，增长23.0%；到乡土外就业的外出农民工17266万人，比2008年增加3069万人，增长36.1%。在流动模式上，劳动力从农村到城市的流动呈现出"候鸟型"的短期流动，而非举家迁移的特点。

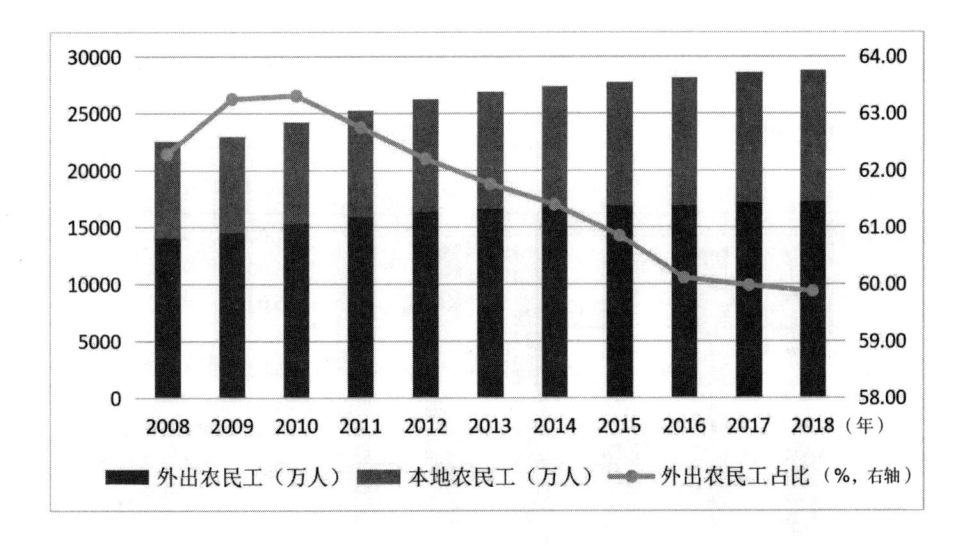

图5-1　2008—2018年我国农民工总量及结构变化

资料来源：国家统计局.农民工监测调查报告（2008—2018）[R/OL]. http://www.stats.gov.cn/tjsj/.

（三）劳动力配置的特点

1.城镇就业的比重超过乡村就业的比重

1978年，我国城乡就业总人数为40152万人，2018年增加到77586万人，增加了37434万人。1978年，城镇就业人员总量为9514万人，2018年增加到43419万人，增长了3.56倍。从城乡就业结构看，呈现出乡村就业人员比重逐年下降、城镇就业人员比重逐年上升的特点，并最终在2014年城镇就业人员比重（50.88%）首次超过乡村就业人员比重。如图5-2所示，2014年以来，城镇就业人员数量持续增加，城镇就业人员的比重也在提高，2018年已经升至55.96%。

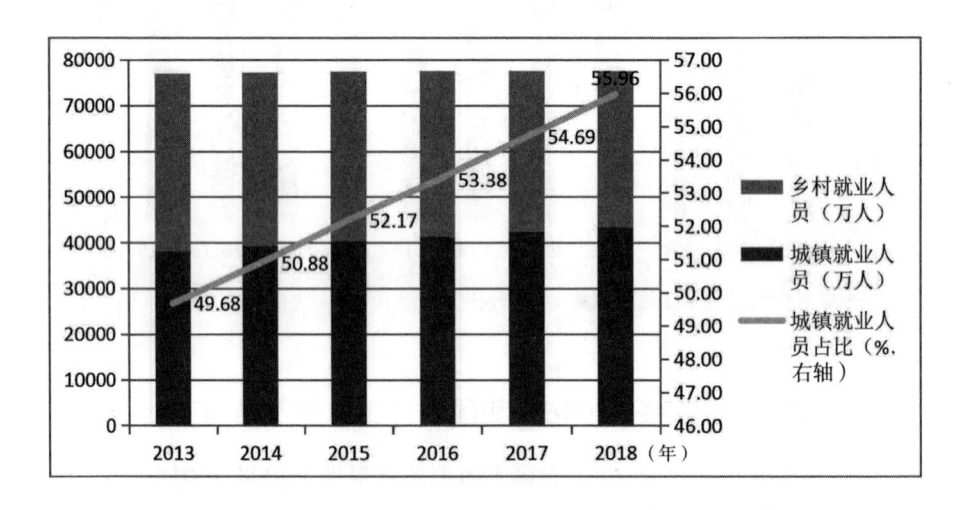

图5-2 2013—2018年我国城乡就业人员数量及城镇就业人员占比的变化

资料来源：国家统计局.中国统计年鉴2018. http://www.stats.gov.cn/tjsj/ndsj/2018/indexch.htm.//.2018年国民经济和社会发展统计公报[R/OL]．（2019-02-28）. http://www.stats.gov.cn/tjsj/zxfb/201902/t20190228_1651265.html.

2.第三产业就业比重逐步占多数

1978年，三大产业的就业比重分别为70.5%、17.3%和12.2%，第一产业就业人数占据绝大多数。到2017年，三大产业的就业比重分别为27.0%、28.1%和44.9%，第一产业就业比重下降43.5个百分点，第二产业和第三产业就业比重均显著上升，尤其是第三产业的就业比重增长了32.7个百分点。如图5-3所示，2013年以来，我国第二、第三产业就业数量占比显著提高，2014年超过了70%，到2017年，我国非农就业人数占比已经达到73.02%。

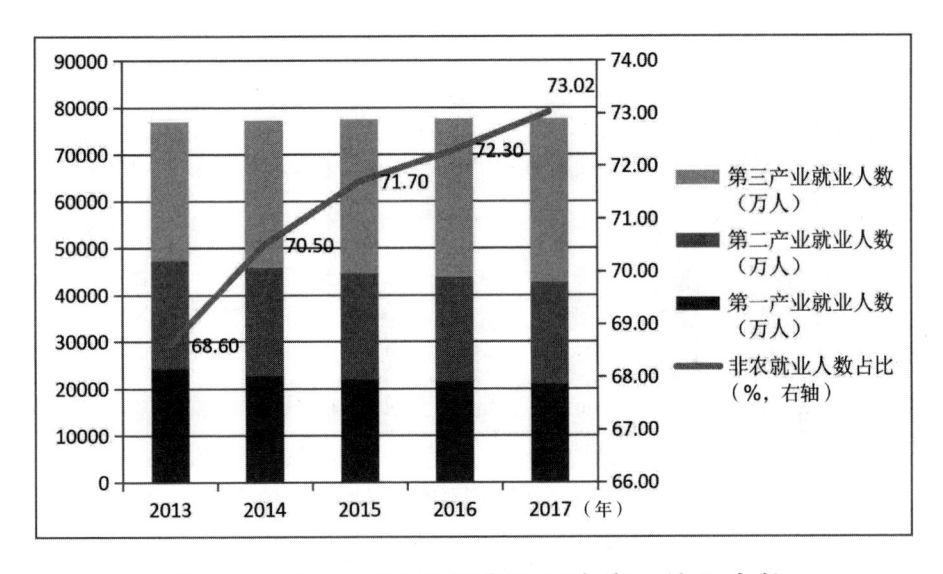

图5-3　2013—2017年我国三次产业就业人数及非农就业人数占比的变化

资料来源：国家统计局. 中国统计年鉴2018[R/OL]. http://www.stats.gov.cn/tjsj/ndsj/2018/indexch.htm.

3.非公有制经济就业人数逐步占主体

1978年，城镇国有单位和集体单位就业人数比重为99.8%，到2017年，城镇国有单位和集体单位总就业人数比重只有15.23%，其他所有制经济的就业人数和比重大幅增加，尤其是私营企业和个体就业人数最为显著。如图5-4所示，2017年，私营企业和个体就业人数达到22675万人，占当年城镇总就业人数的53.40%，比城镇国有单位和集体单位就业比重高38.16%。

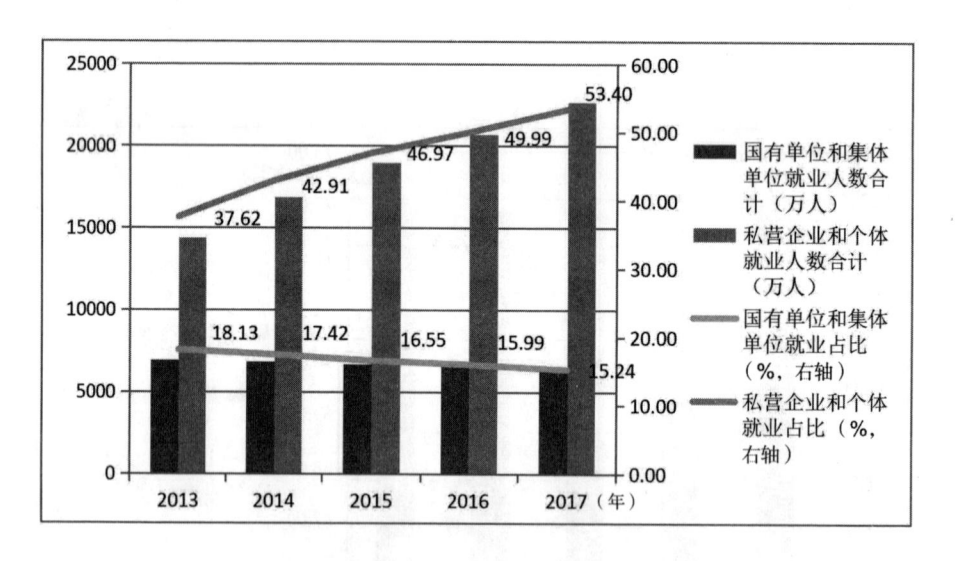

图5-4　2013—2017年我国城镇国有单位和集体单位、私营企业和个体的就业人数及其占比的变化

资料来源：国家统计局. 中国统计年鉴2018. http://www.stats.gov.cn/tjsj/ndsj/2018/indexch.htm.

4.财政供养人员的规模不大

财政供养人员，因范畴不同大致分为三类。第一类，仅指国家机关、党群机关和行政派出机关工作人员，可界定为公务员；第二类，指列入财政预算管理的机关、团体、事业单位工作人员；第三类，指依靠国家财政预算拨款、各类政府性收入、转移支付取得个人主要工作薪金收入的工作人员，包括国家机关、党群社团、军警部队、事业单位、基层组织正式工作人员和长期聘用人员。2013年，中央提出"约法三章"，各级机关事业单位按照要求控编、减编，控制财政供养人员规模，总体实现了财政供养人员的稳定。以国家公务员和机关工作人员招录为例，不考虑退休等自然和非自然减员因素，招录人数呈逐年递减趋势，2013年为20.4万人，2014年为20.24万人。[1]根据相关数据估算，目前我国财政供养人员规模在4000万人以内，并呈现逐年下降趋势，其中，公务员规模占比约为两成、参公管理人员和事业单位人员规模合计占比约为八成，省地市县人员规模约占总编制人员规模的九成以上。

5.科技人力资源规模和密度持续攀升

科技人力资源是指那些实际从事或有潜力从事系统性科学技术知识的产生、发展、传播和应用活动的人员，其外延超过了通常意义上的科技活动人员或研发人员，涉及自然科学、工程和技术、医学、农

---

[1] 中华人民共和国人力资源和社会保障部.人力资源和社会保障事业发展统计公报（2013年度、2014年度）[R].

业科学、社会科学和人文科学等。科技人力资源反映了一个国家或地区拥有的科技人力储备状况和供给能力。近十年来，我国科技人力资源规模[1]增长迅速，总量稳居世界第一。根据《中国科技人力资源发展研究报告》的数据显示，我国科技人力资源总量从2005年的4252万人，增长到2016年的9154万人，10年间增长了一倍多。2016年，具备"教育资格"的潜在科技人力资源[2]为8517万人，占比93%；不具备"教育资格"但符合"职业"定义的科技人力资源为637万人，占比7%。2016年，我国每万人口科技人力资源约为660人，相比2011年的162人，年均增幅达到5.8%。在符合"教育资格"定义的新增科技人力资源当中，普通高校培养的科技人力资源数量占比持续提升，尤其是本科层次的科技人力资源数量占比持续提升，但从科技人力资源整体来看，专科层次的科技人力资源仍是我国科技人力资源的主体，占55.8%。[3]

---

[1] 包括两部分人员，一是从事科技活动的人员（具备"职业"条件）；二是接受过自然科学相关专业（核心学科是理、工、农、医，外延学科是管理、经济、文、法、哲、历史和教育等）的高等教育的人员（具备"资格"条件）。上述两部分人员存在交集，只要满足其中一个条件，就属于科技人力资源的范畴。从事科技活动的人员（"职业"条件）分为四类，一是从事研发活动的人员（研发人员）；二是从事研发成果应用的人员；三是进行科技教育与培训的人员；四是从事科技服务的人员。
[2] 科技领域相关专业的高校毕业生是我国科技人力资源的主体。从"教育资格"角度测算科技人力资源总量，是通过将符合科技人力资源定义的相关学科高校大专学历及以上毕业生数量换算为科技人力资源数量的方法实现的。
[3] 中国科协调研宣传部，中国科协创新战略研究院. 中国科技人力资源发展研究报告——科技人力资源与创新驱动[M]. 北京：清华大学出版社，2018: 31-32.

第五章
劳动力要素市场化配置改革研究

二、劳动力配置效果评估

运用改革的手段优化劳动力资源配置，既是提高劳动效率、增加经济效益、增进社会福利的必然要求，也是新时期我国在劳动就业创业领域全面深化改革的一项必要举措。但是，市场机制要充分发挥作用仍然存在一些突出问题。

（一）积极效果

1.现有理论和研究文献均指出，劳动力要素配置状况影响效率

在理论上，市场经济条件下，劳动力要素配置的变化大多数表现为，劳动者通过自由流动，通过劳动力供求双方的自由选择，不断实现岗位和人员的优化配置。但是在实际情况中，由于信息的不对称以及其他一些体制机制的约束和劳动力转换的成本，往往很难配置到一个较好的状态。因此，通过制度优化，增强市场作用，提高配置效率，对于取得最大经济效益和社会福利都具有重要意义。

劳动力要素配置重构可以提高全要素生产率。Hsieh、Chang-Tai和Klenow（2009）的研究指出，假如资本和劳动力可以完全自由化流动并达到最佳配置状态，那么，美国制造业的全要素生产率可以提升

30%~43%，中国可以提升86%~115%，印度可以提升100%~128%。如果达不到最佳配置状态，但能达到美国的劳动力配置状态，那么中国的全要素生产率可以提升30%~50%，印度的全要素生产率可以提升40%~60%。由于资本的相对流动性更强，因此，效率提升潜力更多地来源于劳动力再配置。罗德明、李晔和史晋川（2012）的研究指出，在资源再配置的过程中，各种扭曲的要素市场政策会造成不同经济部门之间的资源错置，继而造成高昂的经济效率损失。基于随机动态一般均衡模型，在去除要素市场价差和补贴等扭曲市场政策得到的最优经济稳态下，该项研究发现，中国人均国内生产总值将增长115.61%，加总的全要素生产率将增长9.15%。

第一，劳动力要素在城乡间配置的优化，可以提高全要素生产率。对于后发国家来说，劳动力在农业和非农业之间的配置是经济发展中的重要现象。1954年，刘易斯提出的二元经济增长模式，就揭示了对于二元经济体，劳动力从农业向非农业转移是一个持续的优化过程。尽管我国城乡间劳动力流动得到了很大改善，但是城乡配置仍然不够优化，存在劳动力要素的城乡错配。有研究估算了当前我国劳动力在农业部门就业比重过大，给全要素生产率带来了不利影响，指出改革开放以来，我国劳动力在农业和非农业之间的错配对全要素生产率有明显的负效应，利用不同的指标进行测算，这种负效应在-18%~-2%，并呈现逐渐扩大的趋势（袁志刚、解栋栋，2011）。

第二，劳动力要素在区域间配置的优化，可以提高效率、促进经济转型升级。一些研究表明，我国劳动力资源与经济发展之间存

第五章
劳动力要素市场化配置改革研究

在显著的区域错配,中西部地区劳动力的平均素质较高但利用效率较低,东部地区则相反,劳动力的平均素质较低但利用效率较高,这既不利于劳动力资源充分利用,也会制约产业升级,更极大地阻碍了区域间的协调发展(梁泳梅、李钢和董敏杰,2011)。区域发展不平衡是计划配置的遗留问题,并在市场配置的条件下被放大。过度教育使经济落后地区的人力资本供给结构超前,但这些地区的产业转型升级迟缓,人力资本的需求结构滞后,这就造成劳动力区域配置效率低下(高波、陈健和邹琳华,2012;陈晓迅、夏海勇,2013)。

第三,劳动力要素在不同性质部门间配置的优化,可以激励创新,实现经济稳增长乃至跨越式发展。技术进步与要素禀赋结构和产品质量升级层次有关(Acemoglu,1998)。高技能劳动力增长会带来先进机器需求增大以及技术的进步,并促进技术密集型产业的发展,而产品质量升级和水平层次能力的增强,也会带来产业结构优化升级,并要求经济提供更多的高技能劳动力。在激烈竞争中,只有依靠创新才能获得超额利润的部门要实现创新收益,却受到政府部门干预所带来的行政风险的影响,降低了人力资本的创新效应(Murphy,Muellbauer,Cameron,2006;纪雯雯、赖德胜,2018)。由于政府部门分利参数的调整和行政垄断收益的存在,造成了相对报酬的扭曲,人力资本很可能更多地集中在垄断部门,降低了市场化程度高的以及创新性强的行业和部门的人力资本配置,引发整体人力资本的错位配置(Acemoglu,Autor,2011;李静、楠玉,2017)。垄断性行业、机关事业单位和非生产性行业吸引了大量高人力资本的劳动力,而同样需要高人力资本劳动力的一线企业却缺少供给（吕世斌、张世伟，2015）。中国经济增长前沿课题组（2014）使用"各行业大学本科以上学历的劳动力占总劳动力的比重除以该行业增加值占国内生产总值的比重"这一指标，表示各行业配置高素质劳动力资源的状况，该研究的结果显示，与美国和英国相比，中国在制造业配置的高素质就业人员比重明显偏低，而在教育、卫生、娱乐等服务业配置的劳动力素质明显偏高。

2.实证研究的结果表明，优化劳动力要素配置显著提高了效率

调整劳动力要素在城乡之间的配置，是我国劳动就业体制改革的一项重要内容。通过实施一系列有针对性的改革措施，广开就业门路，更多地吸纳城镇劳动力就业，鼓励和引导农村富余劳动力逐步向非农产业转移和城镇地区有序流动，成为我国运用市场手段解决就业问题的有益探索和宝贵经验。

本章以我国劳动力要素在城乡之间的配置状况为例，实证检验支持和鼓励城镇就业政策对经济发展效率的影响。支持和鼓励城镇就业政策是以稳定和扩大城镇地区就业规模、提高城镇地区就业质量为目标的各项公共政策。从实质上看，支持和鼓励城镇就业政策能够达到向城镇地区配置更多劳动力要素的结果。如果经检验，该项政策对经济发展效率具有显著的正向影响，那么就认为该项政策是有助于提高效率的决策。也就意味着，我国向城镇地区配置更多的劳动力要素是有效率的区位选择。反之，亦然。如果经检验，该项政策对经济发

第五章
劳动力要素市场化配置改革研究

展效率具有显著的负向影响,那么就认为该项政策是有损于效率的决策。也就意味着,我国向城镇地区配置更多的劳动力要素是无效率的区位选择。根据已有的理论和研究文献的结论,提出研究假设,具体如下。

研究假设:我国向城镇地区配置更多的劳动力要素是有经济效率的区位选择。采纳邵帅、范美婷和杨莉莉(2013)的建议,将"经济发展效率"分别从数量上和质量上进行衡量,使用"人均国内生产总值的增长率"作为在数量上反映经济发展效率的代表性指标,使用"全要素生产率"作为在质量上刻画经济发展效率的代表性指标。尽管人均国内生产总值的增长率是比较普遍和直观地衡量一个国家或地区经济发展效率的指标,但是却不能体现技术、管理、制度和经验等因素的作用,也不能涵盖因为地理位置接近而在要素匹配、知识溢出、资源共享等方面所具有的优势(Lemieux,2006)。相比之下,全要素生产率[1]则能弥补上述不足。根据新古典增长理论,全要素生产率具有丰富内涵,融合了技术进步、工艺流程、市场机制完善、制度优化、要素配置效率改进、规模效益、管理经验积累和产业结构升级等多个方面、有利于提高经济效率的因素(李培,2007)。

此外,从地理学的角度来看,研究城市问题本身就离不开劳动生产率或是一般生产率(阿瑟·奥莎利文,2015)。因为城市存在集聚

---

[1] 全要素生产率是指各要素(比如资本和劳动等)投入之外的技术进步、生产和组织创新、专业化、能力实现等导致的产出增加,是剔除要素投入贡献后所得到的残差,最早由索洛(Solow,1957)提出,故而也称为索洛残差。

经济，地理位置相互接近就会提高劳动者的生产效率和收入，继而吸引更多劳动力的迁入，推动城市规模扩张（柯善咨、赵曜，2014）。

从对现实情况的合理解释来看，城镇就业与经济发展效率之间存在非线性关系。Ciccone和Papaioannou（2009）从理论机理上分析了原因，指出企业一开始乐于雇用生产率高的工人，但是随着城镇劳动力数量的增加，企业不得不雇用生产率低的工人。随着生产率较低的工人不断加入城镇劳动力队伍，劳动力的边际产品减少，从而减少了劳动力的边际收益产品。以数量上反映经济发展效率的指标"人均国内生产总值增长率"为例，利用现有的经验数据进行统计性描述，对上述理论机理的分析作一初步的事实观察。使用我国2000—2016年31个省份（不含港澳台）城镇就业人员数占当地全部就业人员数的比重作为横坐标，使用各省份（不含港澳台）人均国内生产总值增长率（即当年名义人均国内生产总值增长率）作为纵坐标，绘制散点拟合图。如图5-5所示，城镇就业比重与人均国内生产总值增长率表现出了非线性的倒U形曲线关系。在曲线拐点（中间最高点）的前边和后边，城镇就业比重与人均国内生产总值增长率分别表现为正向的关系和负向的关系。这一现象初步引证了前述的理论观点。但是，目前尚不能完全断定城镇就业与经济发展效率之间存在倒U形曲线关系。原因在于，城镇就业和经济发展效率之间的关系会受到宏观经济环境以及其他方面因素的影响，要验证两个变量之间的关系，还需要考虑在其他控制变量作用的条件下，进行更为严谨的实证分析。

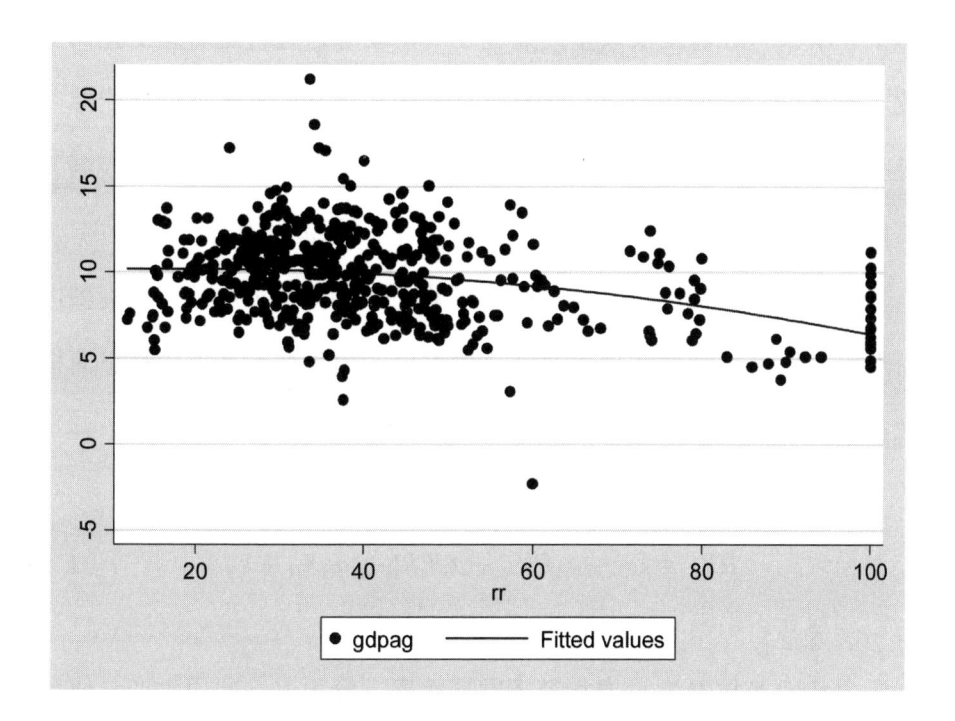

图5-5 我国省际城镇就业比重与经济发展效率的散点拟合图
（2000—2016年）

说明：纵坐标为各省份（不含港澳台）人均国内生产总值增长率（英文缩写：gdpag；单位：%）；横坐标为各省份（不含港澳台）城镇就业人员数占当地全部就业人员数的比重（英文名：rr；单位：%）。
资料来源：国家统计局. 中国统计年鉴2018[R/OL].http://www.stats.gov.cn/tjsj/ndsj/2018/indexch.htm.

基于此，本章论述的实证研究除检验研究假设外，还要试图回答如下两个问题：第一，城镇就业比重增大与人均国内生产总值增长之间存在倒U形曲线关系吗？第二，城镇就业比重增大与全要素生产率增长之间存在倒U形曲线关系吗？

本章采用动态面板数据回归模型进行实证研究。主要原因是：城镇就业增长对经济发展效率的效应是一个动态过程，随时间变化而变化。尤其是中国处在全面深化改革过程中，动态面板数据模型能够避免结构性断点（Ji. K、Magnus, W. Wang, 2010），同时还可以控制各省份不随时间改变的个体异质性，对内生性问题也可以有效控制。

根据假设，对邵帅、范美婷和杨莉莉（2013）提出的回归模型进行改进，引入城镇就业比重及其二次方项，构建如下基本的静态面板数据回归模型。

$$DE_{it} = \alpha_0 + \alpha_1 ER_{it} + \alpha_2 ER_{it}^2 + \alpha_3 X_{it} + \varepsilon_{it} \qquad (1)$$

其中，被解释变量表示经济发展效率，分为人均国内生产总值增长率（即当年名义人均国内生产总值增长率，$gdpag$）和全要素生产率（$lntfp$）两个变量，分别刻画经济发展效率的数量和质量，一并检验研究假设，以及对应回答上述两个具体问题。公式中的ER代表城镇就业比重，ER^2是其平方项；X代表需要引入模型的其他控制变量组成的向量集；i和t分别代表各截面单位和全部年份；α_0为常数项，$\alpha_1 \sim \alpha_3$为需要估计的参数；ε为随机扰动项。

在模型（1）中，如果系数α_1、α_2显著不等于零，那么就可以根据α_1、α_2的符号对城镇就业比重与经济发展效率之间的关系作出如下判断：第一，如果$\alpha_1 > 0$、$\alpha_2 < 0$，那么城镇就业比重与经济发展效率之间存在倒U形曲线关系，即当城镇就业比重小于和等于拐点值时，经济发展处于"城镇劳动力要素集聚收益"阶段，但当城镇就业比重大于

拐点值时，经济发展就进入了"劳动力要素集聚成本"阶段。第二，如果 $\alpha_1 < 0$、$\alpha_2 > 0$，那么城镇就业比重与经济发展效率之间存在U形曲线关系，即当城镇就业比重小于和等于拐点值时，不利于经济发展效率，当大于拐点值时，反而有利于经济发展效率。

模型（1）隐含了所有变量不存在滞后效应。但事实上，宏观经济变量通常具有一定"惯性"，即呈现路径依赖特点，前期水平不可避免会对当期结果产生或多或少影响，诸如固定资产投资、技术改进投入等具有存量因素特征的变量，其自身调整很难与当期经济社会环境和制度条件同步进行，这就造成经济发展效率变化也出现滞后。经济发展效率对宏观经济因素变化的敏感性在很大程度上决定了其滞后效应的大小（邵帅、范美婷和杨莉莉，2013）。因此，十分有必要对经济发展效率变化的滞后效应作进一步考察。建立局部调整模型（2）如下。

$$DE_{it}^* = \theta + sV_{it} + \delta_{it} \qquad (2)$$

其中，DE^* 表示经济发展效率的期望水平，θ 为常数项，V 为模型（1）中解释变量所组成的向量，S 为系数向量，δ 为随机扰动项。

经济发展效率的期望水平是政府运用多种政策和改革手段所要达到的目标水平，也是政府预期实现的最优经济发展效率水平。模型（2）揭示，经济发展效率的期望水平受到各种因素和条件的实际水平制约，导致其不会在很短时间内快速达到，而是需要政府通过宏观调控并结合市场机制作用逐步进行调整和达成。实际水平向期望水平的靠拢是一个渐进过程，所以，实际变化只是期望变化的一部分，即两者存在的关系如下面的模型（3）所示。

$$DE_{it} - DE_{i,t-1} = (1-\lambda)(DE_{it}^* - DE_{i,t-1}) \quad （3）$$

其中，$1-\lambda(0<\lambda<1)$ 为经济发展效率的实际水平向期望水平的调整系数，该值越大，则调整速度越快，表明当期实际水平与期望水平越接近。两个极端的情况如下：若 $\lambda=0$，则当期实际水平与期望水平相等，表明调整完全到位；若 $\lambda=1$，则当期实际水平与前一期的水平相等，表明调整完全未进行。将模型（3）代入模型（2）之中，推导出模型（4），如下所示。

$$DE_{it} = \theta^* + \lambda DE_{i,t-1} + s^* V_{it} + \delta_{it}^* \quad （4）$$

其中，$\theta^* = (1-\lambda)\theta$，$s^* = (1-\lambda)s$，$\delta^* = (1-\lambda)\delta$。$s^*$ 为短期乘数，表达解释变量 V 对经济发展效率的短期影响；s 为长期乘数，表达解释变量 V 对经济发展效率的长期影响；λ 为滞后乘数，表达前一期经济发展水平对当期的影响，即滞后效应。

模型（4）即为本章研究分析时采用的动态面板数量回归模型的基本形式。为检验研究假设及对应的两个具体问题，分别采用人均国内生产总值的增长率（即当年名义人均国内生产总值增长率，$gdpag$）和全要素生产率（$lntfp$）来度量经济发展效率，作为被解释变量。

对控制变量的选择如下：

第一，滞后一期的人均国内生产总值的增长率（$gdpag_{t-1}$）和滞后一期的全要素生产率（$ln\,tfp_{t-1}$）。将滞后一期的经济发展效率变量引入模型，旨在控制各截面单位初始经济状态的差异，削弱经济发展惯性对实证结果产生的干扰作用。

第二，滞后一期的人均资本存量（$ln\,ka_{t-1}$）。

第三，滞后二期的人均资本存量（$ln\,ka_{t-2}$）。

第四，滞后三期的人均资本存量（$ln\,ka_{t-3}$）。

将滞后一期、滞后二期和滞后三期的资本深化变量引入模型，旨在控制各截面单位初始资本的差异，削弱物质资料积累对实证研究产生的干扰作用。上述4个控制变量可以在一定程度上降低城镇就业变量所具有的潜在内生性问题（吕世斌、张世伟，2015）。

此外，本章的研究还考虑了如下三个影响经济发展效率的重要传导机制变量，包括人均国内生产总值（$ln\,gdpa$）、人均资本存量（$ln\,ka$）和人均受教育年限（$eduy$）。其中，人均国内生产总值用于表示经济发展状况，人均资本存量用于表示资本深化状况，人均受教育年限用于表示人力资本增长状况。对人均国内生产总值和人均资本存量进行对数化处理，从而减少指标数据的波动性。全部变量的定性描述如表5-1所示。

表5–1　回归模型全部变量的定性描述

变量类别	变量名称	变量定义（单位）	预期符号
被解释变量	$gdpag$	人均国内生产总值的增长率（%）	+
	$\ln tfp$	全要素生产率的自然对数（–）	+
重点检验变量	ER	城镇就业比重（%）	+
	ER^2	城镇就业比重的平方项（万分比）	–
基本控制变量	$gdpag_{t-1}$	滞后一期的人均国内生产总值增长率（%）	+
	$\ln tfp_{t-1}$	滞后一期的全要素生产率自然对数（–）	+
	$\ln ka_{t-1}$	滞后一期的人均资本存量自然对数（–）	不确定
	$\ln ka_{t-2}$	滞后二期的人均资本存量自然对数（–）	不确定
	$\ln ka_{t-3}$	滞后三期的人均资本存量自然对数（–）	不确定
传导机制变量	$\ln gdpa$	人均国内生产总值的自然对数（–）	+
	$\ln ka$	人均资本存量的自然对数（–）	不确定
	$eduy$	平均受教育年限（年）	+

据此，本章的研究构建的城镇地区劳动力要素配置对经济发展效率影响的动态面板数量回归模型（5），如下所示。

$$DE_{it} = \beta_0 + \beta_1 DE_{i,t-1} + \beta_2 ER_{it} + \beta_3 ER_{it}^2 + \beta_4 \ln ka_{it} + \beta_5 \ln ka_{i,t-1} \\ + \beta_6 \ln ka_{i,t-2} + \beta_7 \ln ka_{i,t-3} + \beta_8 \ln gdpa_{it} + \beta_9 eduy_{it} + \eta_{it} \quad (5)$$

$$i = 1, 2, 3, \cdots, 31; t = 2000, 2001, 2002, \cdots, 2016$$

其中，β_0为常数项，$\beta_1 \sim \beta_9$为待估计的参数，η为随机扰动项。

鉴于样本容量等问题，使用省级面板数据进行分析。选择2000—

2016年我国31个省份（不含港澳台，下同）的相关数据。数据来源于《新中国六十年统计资料汇编》以及历年《中国劳动统计年鉴》《中国统计年鉴》等公开出版物。平均受教育年限根据1982年、1990年、2000年、2010年的人口普查数据采用插值方法得到。

第一步，对样本的面板数据进行基本整理，将人均国内生产总值、人均资本存量等折算为2000年可比价格。

第二步，计算全要素生产率。根据各省份各年度可比价格计算的国内生产总值、就业规模和资本存量等三个变量，使用DEA-Malmquist指数法[1]测算各省份各年度的全要素生产率，并利用DEAP 2.1程序完成全部计算。资本存量是用于测算全要素生产率的关键指标，采用永续存盘方法，具体计算过程如下：首先使用固定资产投资价格指数将各年的固定资产投资折算为2000年的可比价格，再将1952年以来的固定资产投资乘以10作为各省份的初始资本存量，然后根据5%的折旧率计算固定资产投资的折旧额，最后把历年的固定资产投资扣除折旧累计相加，得到的计算结果为各省份各年度的资本存量。2000—2008年各省份各年度的固定资产投资和固定资产投资价格指数来自《新中国六十年统计资料汇编》，其中，缺失的数据根据张军、吴桂英和张吉鹏（2004）提供的数据进行补充，2009—2016年各省份各年度的固定资产投资和固定资产投资价格数据来自历年的《中国统计年鉴》。

---

[1] DEA（data envelopment analysis）即非参数数据包络分析法。malmquist指数方法，即基于数据包络分析（DEA）方法而提出。针对面板数据，可以使用DEA的线性规划和一个（基于投入或者产出）malmquist TFP指数来测度生产力的变化，进而把生产力的变化分解成技术进步和技术效率的变化。

第三步，计算人均国内生产总值、全要素生产率、人均资本存量的自然对数。本章的研究所涉及的主要变量的名称、定义及全部数据的描述性统计分析如表5-2所示。

表5-2 主要变量名称及描述性统计（N=31，2000—2016，NT=527）

变量名称	变量定义	均值	标准差	中位数	最大值	最小值
$gdpag$	人均国内生产总值的增长率	9.73	2.55	9.71	21.19	-2.33
$lntfp$	全要素生产率的自然对数	0.03	0.06	0.04	0.20	-0.28
ER	城镇就业比重	40.32	18.37	36.56	100.00	11.93
ER^2	城镇就业比重的平方项	1962.34	2056.21	1336.96	10000.00	142.37
$lngdpa$	人均国内生产总值的自然对数	10.06	0.68	10.08	11.66	8.47
$lnka$	人均资本存量的自然对数	2.22	0.80	2.25	4.07	0.30
$eduy$	平均受教育年限	8.29	1.20	8.34	12.82	3.42

资料来源：根据本章的研究所使用的数据计算得到。

以计量模型（5）为依据，分别以人均国内生产总值的增长率（$gdpag$）和全要素生产率的自然对数（$lntfp$）作为被解释变量，进行回归分析。为保证计量的精确度，在作面板数据估计之前，方程对空间单位进行了横截面方差加权（冯文权，2013）。全部操作使用Stata 13软件完成，包括对模型相关参数的估计和检验。回归结果如表5-3所示。

表5-3 城镇地区劳动力要素配置的经济发展效率模型整体估计结果

解释变量	被解释变量（效率的衡量标准）			
	$gdpag$		$lntfp$	
	系数	t值	系数	t值
ER	0.152***	2.81	0.006***	4.25
ER^2	−0.00115***	−2.68	−0.00004***	−3.61
$gdpag_{t-1}$	0.565***	16.03	—	—
$lntfp_{t-1}$	—	—	0.177***	4.58
$lnka_{t-1}$	−0.292	−0.08	0.331***	2.88
$lnka_{t-2}$	−8.373**	−2.35	−0.020	−0.19
$lnka_{t-3}$	1.302	0.66	−0.076	−1.30
$lngdpa$	1.437*	1.79	−0.055*	−2.04
$lnka$	3.531	1.52	−0.330***	−4.71
$eduy$	0.932***	4.13	0.046***	6.45
常数项	−14.809**	−2.27	0.259	1.22
曲线关系	倒U形		倒U形	
观测值	527		527	
组数	31		31	

注：*、**、***分别代表10%、5%和1%的显著性水平。

根据回归结果显示，我国城镇就业与经济发展效率存在显著的非线性倒U形曲线关系。在曲线拐点的前边和后边，城镇就业与经济发展效率分别存在显著的正向关系和显著的负向关系。曲线的拐点就是经济发展效率的最大值，同时也是城镇就业比重的最优值。当城镇就业比重小于或等于最优值时，向城镇地区配置更多的劳动力要素就有利于提高经济发展效率。但是，当城镇就业比重超过最优值并进一步增大时，向城镇地区配置更多的劳动力要素就将有损于经济发展效率。

同时，研究假设得到了部分性的验证。在一定的约束条件下，我国向城镇地区配置更多的劳动力要素是有经济效率的区位选择。如果使用"人均国内生产总值的增长率"来衡量经济发展效率（数量上的标准），那么城镇就业比重的最优值为66.04%。如果使用"全要素生产率的自然对数"来衡量经济发展效率（质量上的标准），那么城镇就业比重的最优值为74.61%。2018年，我国城镇就业比重达到了55.96%，距离前述两个最优值分别还有10个百分点和近19个百分点的提高空间。

因此，当前及今后10到20年的时间，向城镇地区配置更多的劳动力要素都将是有助于提高效率的重要决策选择。我国应当全面深化改革，推进以人为核心的新型城镇化，不断吸引农村劳动力向城镇转移就业、促进农村人口向城镇迁移定居，加快扩大城镇就业规模，增强城镇就业的稳定性。

（二）突出问题

1.劳动力工资制度和工资价格形成机制不健全

受市场化改革、国有企业改革以及事业单位改革进展的制约，劳动力的工资形成机制仍然难以充分、合理、有效地反映各类劳动力的贡献大小，与现代化经济体系建设的要求存在不适应、不匹配等问题。主要表现如下。

一是工资集体协商制度在维护劳动者合理收入方面的作用仍然有限。当前,我国制造业劳动力低成本优势仍十分显著。2015年,德国、法国、英国、美国的制造业每小时人工成本分别高达42.2美元、41.1美元、28.4美元和24美元,而2014年中国制造业就业人员实际平均工资仅为51369元,折合每小时工资4.24美元[1],仅为发达国家就业人员工资的10%~18%。[2]制造业劳动力成本优势在很大程度上源于集体协商机制不完善。我国集体协商制度还没有覆盖全行业、全区域,且层次性较低,对劳动者集体合同的建立还没有起到实质性作用。[3]当前,企业工会尤其是公有制企业工会的独立性不强,代表性也不够,参与协商的主体不够成熟,协商的内容不够全面。同时,集体协商的程序不规范,集体合同的内容空洞。此外,对集体合同履约的监督力度不足。一些地方出台的劳动就业条例、意见、规定、政策及各类办法,大多在供给侧结构性改革实施之前制定,最近两年少有修改。

二是部分劳动者权益保障不到位,违法解除劳动合同、拖欠职工工资、同工不同酬、不缴或欠缴社会保险费、超时加班、不落实带薪年休假制度、不依法支付加班工资等现象普遍存在。2018年,外出农民工的月工资为3721元,尽管与2009年的1417元相比,已经增长了1.63倍,但是,农民工与城镇就业人员平均工资的差异依然较大。2017年,农民工的年平均工资为41820元,仅为城镇非私营单位就业人员年平均工资74318元的56.3%。近些年,虽然农民工平均月收入的增幅依

---

[1] 按照每月工作22天,每天工作8小时估算。
[2] 国家统计局. 国际统计年鉴2017[M]. 北京: 中国统计出版社, 2017.
[3] 宋晓梧. 构建共享型社会:中国社会体制改革40年[M]. 广州:广东经济出版社, 2018: 127.

然高于社会平均水平，但是追赶的速度已经放慢。如果再考虑到农民工在社会保险、工作时间、工作条件和工作强度等方面的不利条件，其就业待遇与城镇职工的差距就更明显了。

三是在国企工资形成机制中，存在难以界定竞争性国企、难以合理地对劳动贡献定价等一系列操作性难题。国有与非国有部门劳动力素质水平存在较大差异。从受教育年限来看，国有部门劳动力在各个行业、各类职业的平均受教育年限均高于非国有部门。从职业和岗位来看，非国有部门中的非技术工人、非熟练工人等所占的比重较大，国有部门高级蓝领员工所占的比重在不断下降，从事专业技术和管理工作的白领岗位所占的比重快速上升。但是，国有与非国有部门的劳动回报存在差异。在薪酬管理上，国有部门主要源自政府政策的统一调整，而不是对劳动力市场竞争的自发反应，非国有部门薪酬调整则普遍建立在实际生产率提升和劳动力供求关系变化的基础上。在市场化工资决定机制下，高人力资本存量必然带来高收益，但是，国有部门高人力资本的报酬率低于非国有部门，而低人力资本的报酬率却显著高于非国有部门。工作年限在工资决定中起着显著作用，存在"论资排辈"因素，偏离了市场化的工资机制，实际上对高学历者存在工资惩罚，对低学历者存在工资溢价，造成了劳动力资源浪费，降低劳动力市场效率，还会形成劳动力的"逆向选择"，造成高素质劳动力流失，损害国有部门的竞争力。[1]

---

[1] 罗帅. 国有部门与非国有部门工资收入分配与差异研究[J]. 中国劳动, 2014(10): 11–14.

第五章
劳动力要素市场化配置改革研究

四是财政供养人员收入水平较低，未能体现劳动价值。近年来，尽管中央及地方各级人事部门和财政部门多方筹措经费，数次调薪，但机关事业单位工作人员平均收入水平仍滞后于经济发展水平。即便在具备同样经验与知识储备的情况下，机关事业单位人员的报酬也显著低于其他行业在职人员。同时，随着机关单位薪酬制度的不断规范、财经纪律的收紧，一些长期合理存在的仅存的带有"安慰"性质的福利、津贴、补贴也逐步被清理取消。在财政供养人口队伍的高素质、高学历化的大背景下，一方面社会综合生活成本水涨船高，另一方面受工作性质所限收入上涨空间有限，劳动力价值无法得到充分体现。长此以往，将导致人才流失，在劳动力市场形成负面预期。

五是科研技术人员人力资本和智力资本属性体现得仍然不够充分。收入分配相关改革的大方向得到了广泛认同，但在具体落实的"次决策"[1]上却难以对具体的改革措施达成共识。《职务发明条例草案（送审稿）》第二十条规定："单位未与发明人约定也未在其依法制定的规章制度中规定对职务发明人的奖励的，对获得发明专利权或者职务新品种权的职务发明，给予全体发明人的奖金总额最低不少于该单位在岗职工月平均工资的两倍；对获得其他知识产权的职务发明，给予全体发明人的奖金总额最低不少于该单位在岗职工的月平均工资。"从企业的角度来看，由于不同产业、不同企业、不同职务发

---

[1] "次决策"又称"二次决策"，是在第一次决策基础上开展的再次决策，是对第一次决策目标的优化，是对支撑目标的关键举措的确认、检验，是对关键举措可执行性的细化，是对第一次决策产生后果的系统思考。二次决策是一个系统闭环，大多数情况下并不只是二次决策，往往是三次决策、四次决策、多次决策。

明类型不同，不宜实行单一比例，这样的规定是干预了企业的内部管理。在深化简政放权改革的同时，《职务发明条例草案》的提出增加了一些政府部门收权的嫌疑。

2.劳动力流动面临体制机制障碍和隐性壁垒

与发达国家相比，我国劳动力市场不仅存在"主要劳动力市场"和"次要劳动力市场"的分割[1]，更存在着深度和广度巨大的、以户籍制度和劳动用工制度为代表的一系列制度性分割，包括城乡劳动力市场的分割、不同体制的部门之间的分割等。而且，虽然部分明显带有歧视性的政策已经逐渐被取缔，但是一些地方仍然在维护这些歧视性制度，导致人力资源市场分割的体制机制性因素依然大量存在。

改革开放之后，劳动力市场的开放性明显增强，农村富余劳动力大量进入城镇和发达地区，劳动力的城乡流动表现出潮汐式和候鸟式的特点，农村转移劳动力并没有真正融入城市。由于城乡分割的户籍制度、土地制度等，事实上造成了城乡之间在教育、医疗、社会保障、卫生等方面一系列的权利和福利差异。主要表现如下。

一是就业。早期，城市政府曾经直接通过政策管制来限制企业招收外来劳动力，其主要手段是向招收外来劳动力的企业征收额外的费

---

[1] 人力资源市场是劳动力市场的另一种称谓。有学者将西方劳动经济学的制度学派对劳动力市场区分的primary sector和secondary sector称为劳动力一级市场和劳动力二级市场。前者也可称为内部劳动力市场（internal labor markets），其工资是由显性或隐性的组织规则决定的；后者也可称为外部劳动力市场（external labor market），工资取决于劳动力的供求。前者特点是工作稳定、高收入、高福利、职业发展前景好、教育在此市场回报高；后者的特点是工作不稳定、收入低、几乎没有福利待遇、流动大、职业前景黯淡、教育在此市场回报极少。

用。同时，外来劳动力也被限制进入一些特定行业。今天，虽然大多数歧视性政策已经被取消，但是，非本地城镇户籍人口要进入到政府的公务员系统和高收入的垄断行业几乎是不可能的。

二是社会保障。我国现有的社会保障体系是由本地财政支撑并独立运转的，因此，各个城市的社会保障均以服务本地居民为主。即使有些城市有专门为外来人口提供的社会保障，其保障水平也比较低，外来劳动力参与率不高。还有一些项目的参保具有选择性，不能落实强制参保政策（何文炯，2019）。再加上养老保障的个人账户目前尚不能跨地区携带，退保时职工只能带走个人账户中个人缴纳的累积金额，而企业缴纳的统筹部分则无法带走，这对外来劳动力而言是不小的损失。此外，农村失业劳动力和进城务工农业劳动力难以享受就业援助扶持政策。社会保险政策虽然已惠及非城镇户籍人员，但是很多城镇劳动者却并没有参与城镇社会保障体系，享受的社会保险待遇标准较低。农村住房保障对象尚未纳入住房保障体系（何文炯，2019）。城乡居民"三无"人员供养标准和最低生活保障水平差距较大。农村户籍人口的伤残赔偿金和死亡赔偿金标准只是城镇标准的三分之一。退役士兵安置和城乡义务兵家庭优待还存在差异等。

三是公共服务，特别是子女教育。从幼儿园开始，如果没有本地城镇户籍，就不能以针对本地居民实行的收费标准上公立幼儿园。在义务教育阶段，以前的制度是本地公立学校不招收外来务工人员的小孩，即使招收，收费也更高，导致大量农民工子弟学校的产生，而这类学校由于资金有限，所提供的教学质量显然要更差。现在，义务教育阶段的学校已经对外来务工人员开放,但是,那些较好的学校却未能对外来务工人员的子女实行同等待遇。此外,高等教育资源集中的城市往往倾向于将高考招生名额分配给本地考生,外来务工人员的子女必须回原籍参加高考,面临更严酷的竞争,这显然会造成高等教育的机会不均等,并阻滞代际的收入和社会流动。与之相连带的一个结果是,城市(特别是大城市)的高中教育实际上也是不对外来人口平等开放的。

此外,国有与非国有部门人员流动存在体制性障碍,没有形成国有与非国有部门人员双向流动的局面。在社会用人方面,学历资格与职业资格不衔接,社会用人中"唯学历"倾向严重。国有部门虽然普遍建立了人员退出机制,但事实上存在的"铁饭碗"制度仍未打破。在干部人事制度、劳动用工制度等方面,仍然采取内外分割的管理体制,在国有与非国有部门之间形成了事实上的隐性身份制度,社会上更认可在国有部门工作。

科技研发人员的流动也存在体制机制障碍。户籍、身份、学历、人事关系等一些条件的限制,仍在客观上制约着人才的横向流动。在部分城市,户籍限制仍然是制约高层次人才、急需紧缺人才流动的因素之一。在机关事业单位内部流动方面,则受到身份性质、福利待遇等制约。现阶段,机关事业单位不同身份人员的管理方式、工资福利、晋升渠道等不尽相同,这些制度上的差异就形成了"玻璃门"。还有岗位设置的因素,因为缺少相应等级岗位或岗位无空缺,一些单位不能招用所需人才。人事关系包括合同管理、服务年限、教育培养、知识产权等。体制内人才向体制外流动，如果处理不好人事关系，也会影响其顺畅地流动。此外，心理上的障碍也不容忽视。一方面，在心理上对附加在自身的公务员或事业编身份上的职务职级、工资福利、职称、编制等考虑较多；另一方面，担心自身能力不够，一旦辞职创业失败，没了退路，顾虑较多。一些后顾之忧还未得到很好解决，不利于体制内人才尤其是高校、科研院所人员到企业创新创业。

总体上来看，造成人才横向流动显性和隐性障碍的主要原因有以下四个。

一是人力资源市场建设和人力资源服务业不够成熟完善，不能对人才流动提供充分的人才评价、信息参考以及就业分析和指导。市场配置人力资源的决定性作用还需要进一步发挥。

二是现行的人才管理体制和人才使用机制不够开放灵活，条块分割，相互之间缺乏有机衔接，人才服务机制不健全，个性化服务不足，人事档案管理手段滞后。

三是现行相关制度和公共服务均等化程度不够，对人才流动形成了现实的限制，如户籍、社会保障、档案管理等制度不够健全完善，一定程度上影响了人才在区域间的流动。

四是区域间经济发展水平不平衡，欠发达地区人才特别是高层次人才的供需矛盾十分突出。

长期以来，人才在不同类型的单位间流动，需要翻越"身份、级别、待遇"等多座山峰，相互之间难以实现便捷转换。

除了制度性壁垒，还有一些单位担心部门利益受损，不愿看到

"培养好的人才为他人作嫁衣裳",列出了多种限制条件。人才有横向流动的愿望时,在人事关系转移上,不被原单位支持,甚至是受到阻挠,一定程度上造成了人才流出"难于"人才引进的局面。

在国外人才引进方面,持外籍护照的科研人员的引进,工作许可及就业证办理手续烦多,流程很长,要向多个部门提交材料,也大大降低了外籍人才引进的效率。[1]

三、进一步推进劳动力要素市场化配置改革的建议

2018年10月1日,《人力资源市场暂行条例》(简称《条例》)颁布施行。《条例》对人力资源市场培育、人力资源服务机构、人力资源市场活动规范、人力资源市场监督管理及法律责任等作了全面规定,对建设统一开放、竞争有序的人力资源市场,更好服务于就业创业和高质量发展,实施就业优先战略和人才强国战略,具有重要意义。针对我国人力资源市场发育水平低的突出问题,《条例》特别强化了政府对人力资源市场的培育职责,在第二章作了专章规定。首先是国家建立政府宏观调控、市场公平竞争、单位自主用人、个人自主择业、人力资源服务机构诚信服务的人力资源流动配置机制。其次是县级以上人民政府将人力资源市场建设纳入国民经济和社会发展规

---

[1] 中国科协调研宣传部,中国科协创新战略研究院.中国科技人力资源发展研究报告——科技人力资源与创新驱动[M].北京:清华大学出版社,2018: 190–191.

划,运用区域、产业、土地等政策,推进人力资源市场建设,发展专业性、行业性人力资源市场,鼓励并规范高端人力资源服务等业态发展,建立覆盖城乡和各行业的人力资源市场供求信息系统,为求职、招聘提供服务。再次是引导和促进人力资源在机关、企业、事业单位、社会组织之间以及不同地区之间合理流动,任何地方和单位不得违反国家规定设置限制流动的条件。最后是鼓励开展平等互利的人力资源国际合作与交流,开发利用国际国内人力资源。

我国劳动力要素配置是由市场性因素、制度性因素以及社会性因素综合作用的结果,其中,制度性因素包括产业政策、户籍制度、所有制结构、社会保障制度、土地政策以及国有企业用工制度等。而在众多因素中,产业政策、户籍制度、所有制结构以及社会保障制度是最主要和最直接的因素。

(一)总体思路

全面推进全国统一的人力资源市场服务管理体系、法律制度体系的改革创新,加快完善基础设施和促进人力资源市场发展创新,进一步弱化和消除制度性因素和社会性因素中不利于劳动力要素流动的部分,发挥市场机制在劳动力要素配置中的决定性作用,在全国范围内形成统一开放、竞争有序的人力资源市场。

(二)目标任务

基本目标是,增强人力资源市场灵活性,提高就业稳定性和安全性，使人力资源供给与需求更相适应，财政供给人员配置得到改进。具体任务如下。

一是以市场配置劳动力要素为主导，加快转变政府职能，做好人力资源市场的统筹规划和综合管理，加强人力资源服务标准化建设，建立政府宏观调控、市场公平竞争、单位自主用人、个人自主择业、人力资源服务机构诚信服务的人力资源流动配置机制，引导和促进人力资源在机关、企业、事业单位、社会组织之间以及不同地区之间合理流动。

二是以全面深化改革为动力，加快形成统一、开放的人力资源市场制度安排，促进中央和地方事权、财权调整和合理匹配，全面深化财税制度改革，健全完善政府购买服务制度，支持社会力量参与人力资源市场建设，完善地方政府考核机制，削弱地方偏向保护本地劳动力的经济动因。

三是以全面依法治国为保障，加快建立和完善统一、规范的人力资源市场法律体系，在不同地区经济联系日益紧密的条件下，建立更为协调一致的人力资源市场规则，任何地方和单位不得违反国家规定在户籍、地域、身份等方面设置限制人力资源流动的条件，有效促进人力资源自由有序流动。

四是以加快市场创新为引领，多途径、大范围、深层次地促进人力资源服务机构、人力资源流动方式、人力资源开发机制、服务机构的商业模式等的变革和创新，实现劳动力要素在更大范围内流动和跨地区、跨国别的优化配置，加快形成具有强大集聚辐射能力和多样化、个性化服务功能的人力资源市场体系，为形成统一开放、竞争有序的人力资源市场提供强大的内生动力和创新活力。

五是以完善基础设施为支撑，加快建设高水平、现代化的基础设施和信用体系，将人力资源市场建设纳入国民经济和社会发展规划，运用区域、产业、土地等政策，推进人力资源市场建设，发展专业性、行业性人力资源市场，鼓励并规范高端人力资源服务等业态发展，开展平等、互利的人力资源国际合作与交流，充分开发利用国际国内人力资源，提高人力资源服务质量和效率。

（三）具体的政策建议

1.统一开放、竞争有序的劳动力市场

改革户籍及社会保障制度，破除妨碍劳动力在城乡、地区、行业、所有制之间流动的体制机制弊端。进一步完善农业转移人口对城市公共服务的分担机制，使其与农业转移人口落户城镇挂钩，使农业转移人口稳定在城镇并转变为新市民。用人单位特别是公共部门应规范招人用人制度，消除就业歧视，增强反就业歧视法律法规的可执行性和可操作性，使得每一个劳动者都能得到公平的就业机会。

促进政府职能转变，推进国家治理体系和能力的现代化。简政放权，取消和下放行政审批事项。深入推进事业单位分类改革，通过政事分开、事企分开、管办分离、撤销、清理、整合、各司其职，分类转制为行政单位、事业单位、企业，推动行业协会商会与行政机关脱钩。在分类基础上，同社会其他机构形成合力，加快建立公益服务体

系。理顺财政供养人员的职能和定位，探索适应现代服务型政府要求的财政供养人员岗位设置规律，确定财政供养规模、服务人口数量、地区经济能力之间的固定联系，实现财政供养人员编制的科学化。对财政供养人员实行结构性调整，减少政府对社会经济的干预和限制，建立高效的行政运转体系。同时，也有利于在干部人事制度、劳动用工制度等方面，打破国有与非国有部门人员流动所存在的体制性障碍。

以维护市场秩序、保护市场主体权益、保障市场稳定运行为目标，推动形成法规完善、保障有力、机制健全、多方参与的劳动力市场监管体系。进一步完善劳动力市场监管法律法规，将设立监管机构纳入法制化框架，建立相对独立的监管机构，加强职能部门之间的统筹协调，培育和发展社会监督机制，激发行业自律机制的作用，建立和完善对劳动力市场监管机构的监督制度，形成对监管机构行为的制衡机制。

2.健全工资价格形成机制

推进工资收入分配制度改革、机关事业单位社会保障改革，调动财政供养人员的积极性。理顺国有企业人力资源激励机制，更好地体现按劳分配原则。进一步健全工资制度，逐步规范收入分配秩序。逐步缩小工资收入差距，注重健全收入分配机制。分类推进机关单位、事业单位薪酬制度改革。研究缩小不同地区间、不同层级间的收入差距。清理、规范、统一机关单位津（补）贴制度，改革工资制度，调整工资结构，提高基本工资比重。探索建立财政供养人员工资收入激励机制，调动工作积极性，提高服务质量。完善劳动基准，明确劳动者享有的最低劳动权利和劳动待遇。

重点推进在非国有制企业和困难企业中开展平等协商，更好地发挥政府、工会、企业三方机制在协调劳动关系中的作用。坚持在平等协商的基础上签订集体合同，坚持劳动标准与适应企业实际情况统一起来。集体合同的内容要根据企业自身的特点使规定细化、量化、具有可操作性，对最低工资、休息休假、职业安全卫生、劳动保险等项目的规定应当既要依法又要结合企业的实际情况。在新建企业和小企业比较集中的地区、行业，可以推行区域性、行业性的平等协商和集体合同制度。有条件的地区，要全面推进企业工资集体协商。

逐步推进退休保障制度，建立统一的社会养老保险体系，增强干部职工的职业稳定性。按照《国务院关于机关事业单位工作人员养老保险制度改革的决定》，逐步推进机关事业单位养老保障改革，注重公平，讲求效率，分类开展，实时推进，立足增量，平稳过渡。彻底解决"双轨制"带来的退休金发放混乱、单位负担不平衡问题，以及阻碍不同行业间人才流动的养老金接续问题。加快建设统一的社会保障体系，有序调节不同所有制间人力资源的合理配置，促进劳动力有序流动。

3.深入推进教育体制和人才培养机制改革

通过教育和培训领域的改革，解决高等教育与人才需求相对脱节、人才供需结构性失衡等问题，提高人力资源适应需求的能力。从政策上，要加快高等教育改革力度，提高教育质量和创新能力，强化技术性人才、职业技能人才的培养，提高人力资源适应经济结构调整的能力。建设创新强国，实现创新驱动转变，从根本上需要更多、更高创新能力的高素质人才以及更多、更好的技能型人才。深化教育体制改革，真正导向素质教育，同时建立起重视技术人才、有利于培育技能型人才的良好氛围。

建立科学、合理的教育评价机制。加快建立教育行政部门制定标准、高校按标准办学、第三方机构进行评价、有关部门进行督导的运行机制。对人才培养质量的评价要更加体现评价主体的多元化，积极引入社会评估，特别是行业企业评价。对中、小学校教育质量，不仅要考察学业水平，还有考察学生的品德发展水平、身心发展水平、兴趣特长养成等。对高等学校和职业学校，除要进行教学水平考察外，还要考察人才培养对国家和区域经济社会发展需求的适应度、办学资源配置对人才培养的保障度。积极探索根据第三方综合评价结果进行生均经费的差异化拨款，建立起"奖优退劣"的激励机制。

参考文献

国家发展改革委宏观经济研究院社会发展研究所.民生：中国全面建设小康社会40年[M].北京：人民出版社，2019.

罗德明,李晔,史晋川.要素市场扭曲、资源错配与生产率[J].经济研究,2012 (3): 4-14+39.

袁志刚,解栋栋.中国劳动力错配对TFP的影响分析[J].经济研究,2011 (7): 4-17.

梁泳梅,李钢,董敏杰.劳动力资源与经济发展的区域错配[J].中国人口科学,2011 (5): 36-48+111.

高波,陈健,邹琳华.区域放假差异、劳动力流动与产业升级[J].经济研究,2012 (1): 66-79.

陈晓迅,夏海勇.我国需求结构滞后下的人力资本配置困境[J].现代经济探讨,2013 (9): 77-81.

纪雯雯,赖德胜.人力资本配置与中国创新绩效[J].经济学动态,2018 (11): 19-31.

李静,楠玉.为何中国"人力资本红利"释放受阻——人力资本错配的视角[J].经济体制改革,2017 (2): 31-35.

吕世斌,张世伟.中国劳动力"极化"现象及原因的经验研究[J].经济学(季刊),2015, 14(2): 757-778.

中国经济增长前沿课题组.中国经济增长的低效率冲击与减速治理

[J]. 经济研究, 2014 (12): 4-17+32.

邵帅, 范美婷, 杨莉莉. 资源产业依赖如何影响经济发展效率——有条件资源诅咒假说的检验及解释[J]. 管理世界, 2013 (2): 32-63.

李培. 中国城市经济增长的效率与差异[J]. 数量经济技术经济研究, 2007 (7): 97-106.

[美]阿瑟·奥莎利文. 城市经济学:第8版[M]. 北京: 北京大学出版社, 周京奎译. 2015.

柯善咨, 赵曜. 产业结构、城市规模与中国城市生产率[J]. 经济研究, 2014 (4): 76-88+115.

张军, 吴桂英, 张吉鹏. 中国省际物质资本存量估算:1952—2000[J]. 经济研究, 2004 (10): 35-44.

冯文权. 经济预测与决策技术[M]. 武汉: 武汉大学出版社, 2013: 57-93.

Hsieh, Chang-Tai, Peter J. Klenow. Misallocation and Manufacturing TFP in China and India[J]. Quarterly Journal of Economics, 2009, Vol. 124: 1403-1448.

Acemoglu, D. Why Do New Technologies Complement Skills? Directed Technical Change and Wage Inequality[J]. Quarterly Journal of Economics, 1998, 113(4): 1055-1089.

Murphy, A., J. Muellbauer, G. Cameron. Housing Market Dynamics and Regional Migration in Britain[A]. Department of Economics Discussion Paper Series[C], Department of Economics, University of Oxford, 2006,

No. 275.

Acemoglu, D. and D. Autor. Skill, Tasks and Technologies: Implications for Employment and Earnings[A]. in Ashenfelter O., and D. Card(eds.), Handbook of Labor Economics, North-Holland, 2011, pp.1043-1171.

Lemieux, T. Increasing Residual Wage Inequality: Composition Effects, Noisy Data, or Rising Demand for Skill?, American Economic Review, 2006, 96(3): 461-498.

Ciccone, A. E. Papaioannou. Human Capital, the Structure of Production, and Growth[J]. Review of Economics and Statistics, 2009, 91(1): 66-82.

Ji, K., Magnus, J.W. Wang. Resource Abundance and Resource Dependence in China[R]. Center Discussion Paper Series No. 2010~109.

第六章　资本要素市场化配置改革研究

我国资本要素市场化配置改革实践不断推进，利率体系市场化、金融行业准入管制逐渐放开、货币政策传导机制逐渐完善，以及新型的资本市场不断兴起。但是，资本市场化配置仍存在一系列问题：一是资金配置效率显著低于发达国家，宏观投资率较低。二是资本配置结构不均衡，以间接融资为主的融资结构严重依赖信贷。三是要素定价扭曲，银行没有实质定价权，造成我国利率体系中尚未完全市场化的存贷款基准利率和市场化的货币市场利率、债券市场利率并存。四是资金流通不畅，中小企业融资难融资贵问题突出。五是证券市场的监管与市场边界问题尤为突出，即政府信用越界、企业信用边界不明。资本要素市场化配置改革总目标是建立让市场起决定性作用的统一开放、竞争有序的金融市场体系，建立起市场化的利率体系，完善货币政策传导机制，构建多层次、广覆盖、有差异的银行体系，明确政府与市场的边界。

要素市场化配置改革

一、资本要素市场化配置方式发生深刻变化

生产要素包括人和物的要素及其结合因素，主要包括劳动力、资本和技术要素。资本和劳动力一样，是物质资料生产的最基本投入，资本要素市场化改革就是通过市场——"看不见的手"的调节作用，去优化流动方向，从低生产率水平部门向高生产率水平部门流动，从而带来经济结构调整并依靠"结构红利"来提高资源利用效率和经济增长效益。我国资本要素市场化配置改革的具体实践包括利率体系市场化、金融行业准入管制逐渐放开、货币政策传导机制逐渐完善以及新型的资本市场的兴起等。

（一）资本要素坚持市场化改革方向

改革开放40多年，我国资源配置方式发生深刻变化，生产要素流动主要由市场支配而不断减少行政约束。根据中国人民银行概括，我国金融市场一直坚持市场化的改革方向，以提升配置资源、支持实体经济的效率，夯实了市场化改革的微观主体基础。市场在调节资金供求和优化资源配置中的作用已从最开始的不起作用转变为主导作用，目前已成为决定性作用。

第六章
资本要素市场化配置改革研究

1.利率市场化改革不断推进

资金价格改革取得根本性进展，利率市场化改革已经基本完成，人民币汇率弹性显著增强，人民币汇率形成机制的市场化程度越来越高。解除了价格管制，深化利率和汇率市场化改革，奠定经济金融市场化运作的价格基础。我国利率市场化改革自20世纪90年代开始，已经走过了20多年。央行在1996年放开了银行间同业拆借利率，1999年起政策性金融债、国债发行采取高度市场化的方式，外币存贷款利率管制也逐渐放松。在存贷款利率方面，央行在2004—2013年不断调整金融机构贷款利率浮动区间，先后取消了贷款利率的上限和下限，直至2013年7月全面放开金融机构贷款利率管制；2014—2015年，央行密集调节金融机构存款利率浮动区间，直至2015年10月取消商业银行和农村合作金融机构的存款利率浮动上限。虽然利率管制在2015年名义上放开了，但截至目前，我国存贷款利率尚未实现完全自由浮动。主因是，在2013年成立的全国市场利率定价自律机制的约束下，银行存贷款利率仍需要在行业自律规定的范围内浮动，银行并没有实质上的定价权，这也就造成了我国利率体系的"双轨制"特征，即：尚未完全市场化的存贷款基准利率和已经市场化的货币市场利率、债券市场利率并存。推动利率"两轨"逐步合成"一轨"，引导存贷款利率和货币市场利率的逐渐统一应是后续利率市场化的重点。

2.金融行业准入管制逐渐放开

商业银行信贷的自主权有了极大提高，以推动大型商业银行股份制改革为核心，大力推进各类金融机构的改革，加快建立现代金融企业制度和公司治理结构。2003年9月，交通银行、中国建设银行、中国银行、中国工商银行和中国农业银行相继完成股份制转型，公司治理水平、自主盈利能力不断提高。2011年以来，中国银行、中国工商银行、中国农业银行和中国建设银行被列为全球系统性重要金融机构。金融业的行业准入限制造成了国有商业银行独大的局面，形成国有银行的相对垄断，银行"政治化"倾向削弱了资本配置效率，大量民间资本游离于正规金融渠道之外，扭曲了金融要素的市场定价。为此，2014年11月国务院新闻办举行的金融体制改革进展新闻吹风会提到，要放宽准入门槛，扩大金融业对内对外开放；同年3月，中国保监会发布了保险公司收购合并的管理办法，允许两家或者两家以上的保险公司并购，而且也鼓励境内外各类资本，特别是民间资本投资保险业。银行、证券、保险等主要几个金融大类，都在一定程度上放宽了市场准入的限制。近年来，金融行业准入管制，特别是金融开放有所加速，2018年4月国家外汇管理局发布《扩大金融市场开放 稳步推进合格境内机构投资者QDII制度实施》的规定；2018年4月，央行行长易纲在博鳌论坛上提出12条金融业开放举措，目前都已实施；2019年5月，中国银保监会主席郭树清宣布，推出12条对外开放新措施，本轮金融开放将在资本市场准入、持股比例限制、经营活动范围三方面有更大动作。

3. 货币政策传导机制逐渐完善

我国货币政策传导机制仍需进一步疏通。货币政策目标由数量型转向价格型后,利率的传导效果尤为重要,后续疏通货币传导的重点应是加大对小微、民营企业的融资支持;大力发展债券市场等资本市场,提高直接融资水平等。2018年8月,中国银保监会发文《加强监管引领 打通货币政策传导机制 提高金融服务实体经济水平》,指出要引导银行保险机构加大信贷投放力度,并进一步调动基层信贷投放积极性以保障实体经济的有效融资需求,平衡经济增长与防控风险的关系,充分利用当前流动性充裕、融资成本稳中有降的有利条件,加大信贷投放力度,扩大对实体经济融资支持。2019年至今以来,市场讨论较多的利率并轨、金融供给侧结构性改革、加大对小微企业支持等措施都是疏通货币政策传导的表现。

4. 新型资本市场的兴起

资本市场不断发展壮大,成为全球第二大股票市场和全球第三大债券市场。股票等直接融资渠道日益多样化,培育了多层次的金融市场体系,协调推进货币、股票、债券、保险、外汇、衍生品和黄金等市场发展,优化社会融资结构,为市场参与者提供多样化的投融资和风险管理工具。

传统概念中的资本市场(包括长期借贷市场和证券市场),承担了资本市场的流转和融资两大基本功能发挥,但对企业主体的规模、资质交易标的与交易方式等要求较高。经过多年发展,很多要素交易平台已经具备了传统资本市场的属性和功能，已经成为独立于传统资本市场之外的新型资本市场形态。其中，最典型的是以产权为主体进行资金融通和交易的产权资本市场。"产权"主要包括股权、债权、物权、知识产权以及其他各种无形财产权。相应地，围绕"产权"建设的资本市场，即"产权资本市场"，交易标的包含了股权，也涉及知识产权、技术产权、金融业产权等企业资产。此类新型资本市场的构建，有效提升了市场活跃度和交易效率，提升了资本基本功能的发挥，在调整我国当前的供给侧结构性问题中，发挥了不可忽视的作用。

（二）资本配置结构不均衡

1.全社会资金来源结构：间接融资比重很高

从中国社会主流资金来源来看，贷款、债券融资、股票融资和非标融资是最主要的融资方式。（1）信贷作为间接融资的代表，是中国社会融资的最主要资金渠道来源（如图6-1所示）。自2002年以来，信贷融资占比虽从高点2002年的95.5%不断下降，但信贷融资仍是社会第一大融资渠道，占比未曾低于60%。截至2018年末，信贷融资占比仍达到79.2%。（2）债券融资占比稳步提高，尤其是2008年以来企业债券发债数量明显增加，企业债券融资占比由2007年的3.8%迅速提高至2008年的7.9%，2015年达到近年来的高点，全年新增企业债券融资额占社会融资总量的比重达到19.1%。2018年末债券融资占比12.85%，成为除信贷外的第二融资渠道。（3）股票融资增长速度较快，但整体规模较小，以及受政策影响，股票融资增速波动较大。股票融资占比大多维持在2%~4%，最高点为2016年的6.97%，2018年重新回落至1.87%。（4）非标融资包括委托贷款融资、信托贷款融资和票据融资。自2007年以来发展迅速，到2013年达到高峰，占比达29.82%。随着近年来对非标融资的规范及治理，非标融资占比逐渐下降，2018年，非标融资占比达-15.22%。

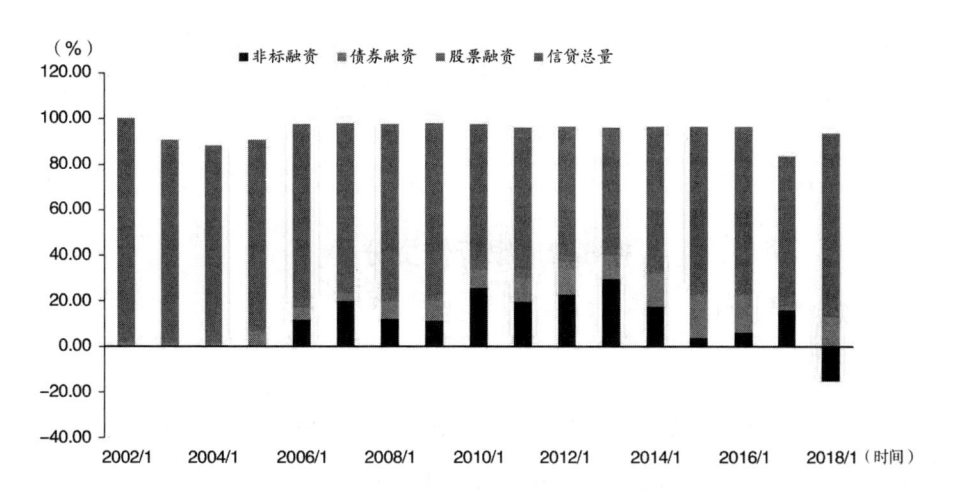

图6-1 信贷、债券融资、股票融资和非标融资发展

资料来源：Wind。

2.全社会资金去向：向房地产业和金融业倾斜

（1）信贷融资投向：制造业下降，房地产业上升。信贷融资作为社会融资的最主要融资渠道，信贷投放方向和变化是观测社会资金去向的重点。按照目前分类（如图6-2所示），信贷主要包括居民消费贷、居民购房贷款、企业短期贷款和票据、企业中长期贷款和非银金融机构贷款。按行业分类，个人贷款、制造业、交通运输仓储邮政业三项占信贷投向余额的53%，制造业从2010年的18%下降到13%。

要素市场化配置改革

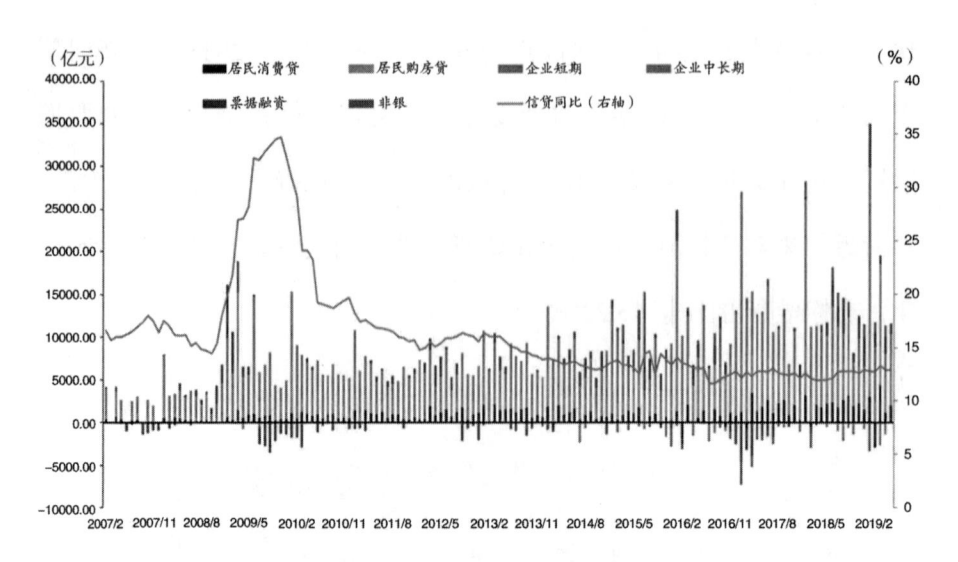

图6-2　银行信贷分类

资料来源：Wind。

居民户贷款仍是金融机构信贷投放比例最大的一项，2010—2016年，个人贷款余额占比从23.3%增加到30.8%，增长了7.5个百分点。近年贷款投向占比不断增长的行业有批发和零售业、租赁和商务服务业、金融业、建筑业、住宿和餐饮业、文化体育业和娱乐业，以及科学研究技术服务和地质勘察。居民贷款基本体现为购房贷款，比例不断上升。如果居民购房贷款和企业贷款中的房地产业合并可得到信贷融资中的房地产业比重，2016年，企业贷款中的房地产比例为5.78%，居民消费信贷为31.77%（如表6-1所示），2016年占信贷融资比重的37%，根据人民银行数据，2018年房地产合计贷款占贷款存量接近40%。

（2）股票融资投向及变化：金融业配置比例接近30%。股票融

表6-1 金融机构本外币贷款投向及变化（%）

指标名称	2010年	2011年	2012年	2013年	2014年	2015年	2016年
个人贷款余额	23.32	24.20	24.88	26.45	27.44	28.04	30.77
制造业	18.05	18.83	19.01	18.27	16.83	14.83	13.26
交通运输、仓储和邮政业	10.20	10.13	10.03	9.75	9.97	9.70	9.29
批发和零售业	7.77	8.50	9.34	9.83	9.43	8.77	7.95
租赁和商务服务业	5.21	4.94	4.79	4.97	5.39	5.74	6.66
房地产业	7.02	6.43	6.08	6.10	6.45	6.25	5.78
水利、环境和公共设施管理业	8.47	7.20	6.18	5.52	5.40	5.14	5.48
电力、燃气及水的生产和供应业	6.98	6.66	6.03	5.36	5.16	4.87	4.68
金融业	0.36	0.28	0.39	0.43	0.48	3.25	3.42
建筑业	2.63	3.00	3.35	3.40	3.47	3.28	3.10
对境外贷款余额	1.67	1.87	2.03	2.14	2.20	2.78	3.00
采矿业	2.72	2.92	3.07	2.88	2.74	2.50	2.23
农林牧渔业	1.37	1.28	1.22	1.26	1.29	1.17	1.06
公共管理和社会组织	1.13	0.96	0.96	0.93	1.01	1.07	0.82
住宿和餐饮业	0.61	0.63	0.71	0.79	0.78	0.71	0.64
信息传输、计算机服务和软件业	0.42	0.39	0.38	0.41	0.38	0.39	0.43

要素市场化配置改革

（续表）

指标名称	2010年	2011年	2012年	2013年	2014年	2015年	2016年
卫生、社会保障和社会福利业	0.34	0.34	0.37	0.37	0.40	0.40	0.39
教育	0.80	0.59	0.43	0.39	0.39	0.35	0.33
文化、体育和娱乐业	0.21	0.23	0.26	0.28	0.30	0.32	0.31
科学研究、技术服务和地质勘查业	0.16	0.17	0.18	0.21	0.22	0.21	0.22
居民服务和其他服务业	0.55	0.44	0.31	0.27	0.26	0.23	0.20

资料来源：Wind。

资和债券融资作为直接融资的代表，在2018年的社会融资占比中达14.7%，其中，股票融资占比1.87%，债券融资占比12.85%。国别比较来看，直接融资的比例较低。从股票融资余额资金投向来看，截至2019年6月，现有股票融资前六大投向的行业有银行（18%）、非银金融（10%）、医药生物（6%）、食品饮料（6%）、化工（5%）、电子（5%）和采掘（4%），前六大投向行业占股票融资投向比例的55%。可以看出，如图6-3所示，股票融资中的资金接近30%配置到了金融行业，银行和非银行的金融机构占到接近30%的比例。

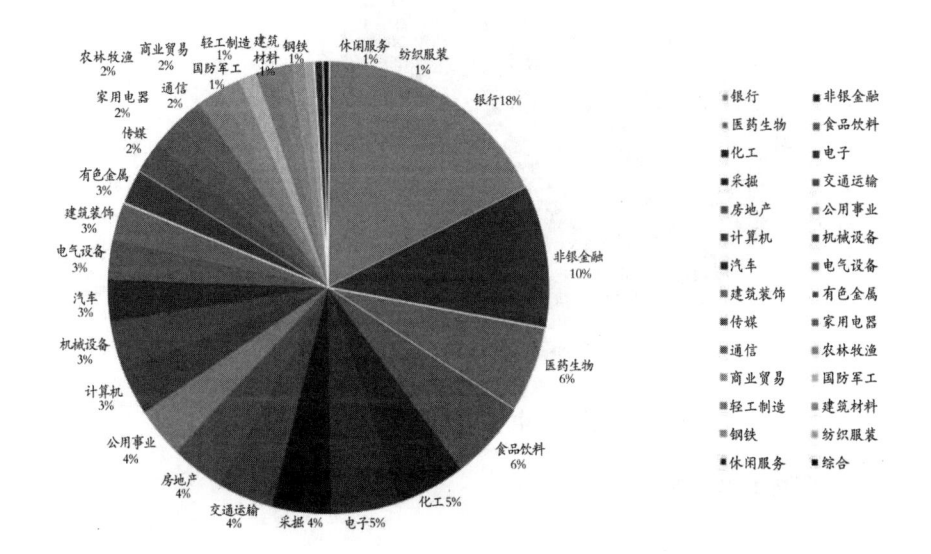

图6-3 股票融资余额去向

资料来源：Wind。

（3）债券融资投向及变化：金融业配置比例接近40%。截至2019年6月，债券融资存量达90万亿元。从债券融资余额资金投向来看，现有债券融资主要投向行业有金融（40%）、基建（39%）、工业

（12%）、房地产（2.6%）、材料（1.5%）和能源（1.5%）。从数据来看，近年来债券融资逐渐上升的行业分别有金融、工业、房地产、可选消费、信息技术、医疗保健、日常消费；逐渐下降的行业有公用事业、能源、材料和电信服务。如图6-4所示，债券融资存量大概40%配置到了金融业。

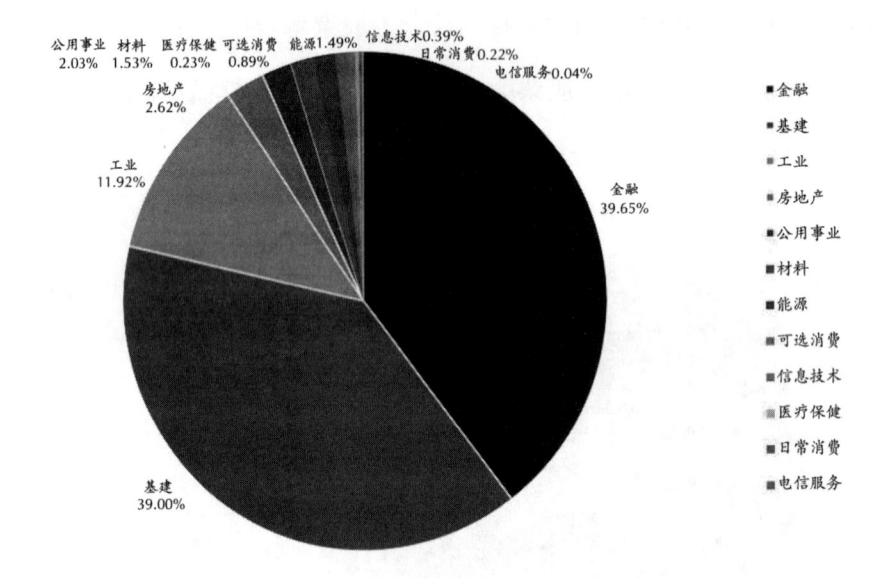

图6-4 债券融资占比

资料来源：Wind。

（三）资本配置的所有制和区域性特征较突出

1.直接融资比例仅15%的占比过低

我国通常将融资方式分为"直接融资"和"间接融资"。直接融资通常指股票和债券融资，间接融资通常指银行贷款。直接融资和间接融资的比例关系，既反映一国的金融结构，也反映一国中两种金融组织方式对实体经济的支持和贡献程度。目前中国主要的融资渠道分为信贷融资、非标融资、债券融资和股票融资，融资渠道比较简单。同时，信贷融资占社会融资总额的比例超过2/3（获得信贷往往需要抵押和担保，所以重资产企业和国有企业更容易获得信贷），直接融资（包括债券和股票融资）占比过低（如图6-5所示）。数据显示，2002—2016年，直接融资比例逐渐上升，从5%升至24%，2017年骤降至6%，2018年回升至15%。

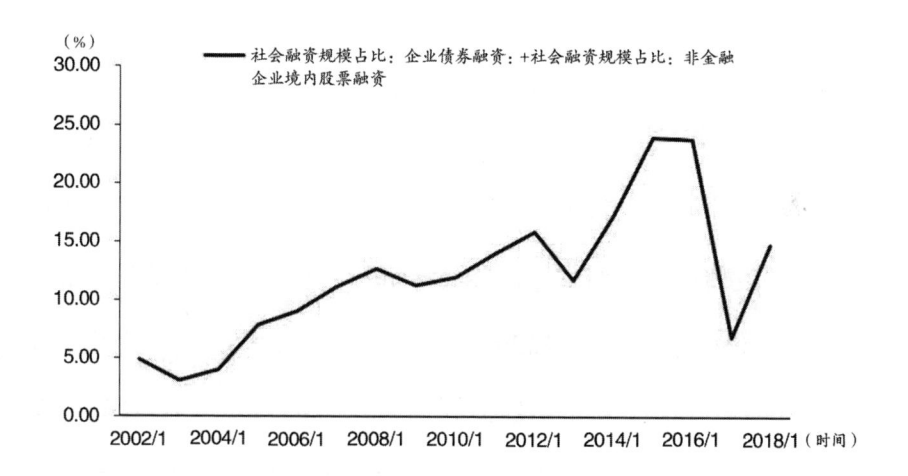

图6-5 直接融资占比

资料来源：Wind。

国别比较来看，祁斌、查向阳等（2015）使用存量法（在世界银行等国际机构的研究中，一般不采用直接融资和间接融资概念）对G20国家过去23年的直接融资比重进行统计分析，发现G20国家直接融资比重在这段时期总体呈上升态势，目前大多集中在65%~75%区间内，美国显著高于其他国家，超过80%。过去23年间，我国直接融资比重一直是G20国家中最低的。2012年底，我国直接融资比重为42.3%，不仅低于美国这样市场主导型国家，也低于传统的银行主导型国家如德国（69.2%）和日本（74.4%），以及人均收入远低于我国的印度（66.7%）和印度尼西亚（66.3%）等国。

2.国有企业占有绝大多数融资资源

以债券融资为例，国有企业占据债券融资绝大部分渠道，同时融资利率（债券发行成本）明显优于同等信用评级的民营企业。2010—2018年，民营企业发债规模占市场总规模的比例仅为9.52%，相比之下，国有企业发行规模占比高达85.90%（如图6-6所示）。在各主体级别上，民营企业的单只债券平均规模均小于国有企业。自2014年起，民营企业在各主体级别上的发行利差均高于国有企业；近年来民企与国企的发债成本差距与主体等级呈负相关趋势，即随着信用等级越高，成本差距越大。具体以2018年的数据为例，民营企业平均发债利率为6.69%，国有企业平均发债利率为5.37%，相差131.82BP（基点）；民营企业平均发债利差为347.67BP，国有企业平均发债利差为217.68BP，相差129.98BP（如图6-7所示）。

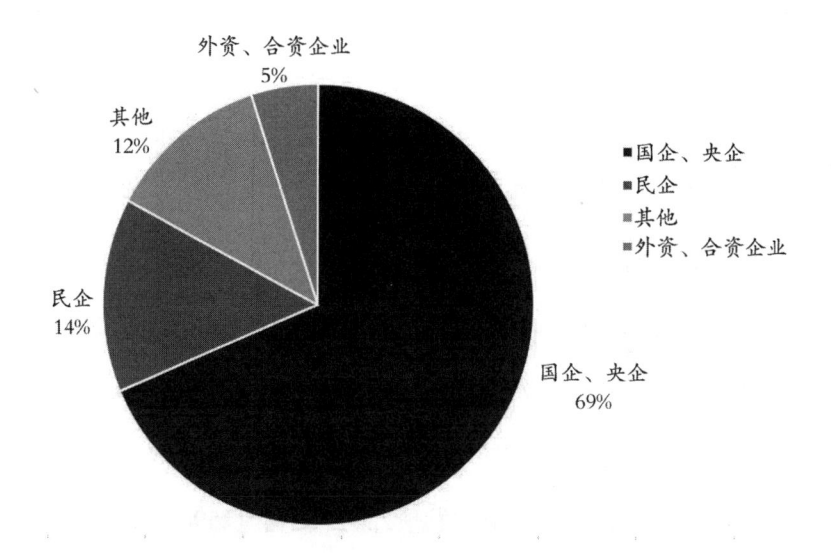

图6-6 存量信用债发债数量：国企、央企占比最大

资料来源：Wind。

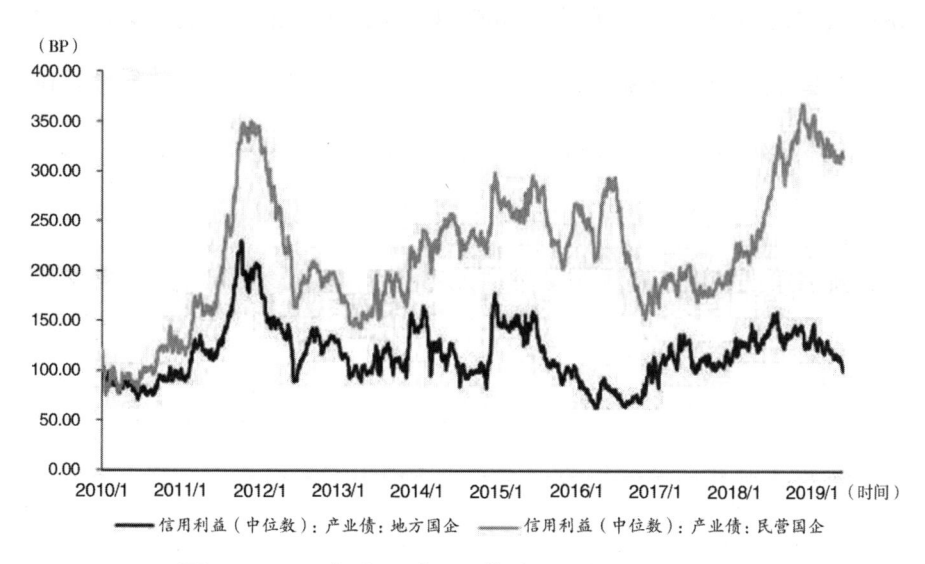

图6-7 国有企业与民营企业信用利差差别

资料来源：Wind。

3.金融资源主要集中在东部沿海地区

以债券发行为例,2014—2018年,从发行人所属地区来看,民营企业发债主体主要集中在东部沿海经济发达地区。从各地发行数量和规模来看,浙江省民企共发债998只,规模5777.76亿元,位居第一;广东省民企共发债566只,规模4329.62元,排名第二;江苏省民企共发债595只,规模3809.11亿元,排名第三;山东省民企共发债508只,规模2807.65亿元,排名第四;北京市民企共发债356只,规模2686.04亿元,排名第五;上海市民企共发债220只,规模2596.08亿元,排名第六。排名前六的地区发债规模合计达到总体的62%。

国有企业发债主体的地区分布与民营企业基本一致。其中,北京市国企共发债4183只,规模118996.23亿元,排名第一;江苏省国企共发债3105只,规模25305.45亿元,排名第二;广东省国企共发债1400只,规模18749.76亿元,排名第三;上海市国企共发债1086只,规模16924.40亿元,排名第四;山东省国企共发债1328只,规模15717.40亿元,排名第五;浙江省国企共发债1275只,规模11266.42亿元,排名第六。排名前六的地区发债规模占比达到65%。值得注意的是,北京市的国有企业发债能力较强,发行规模占比高达37%,超过后27个地区的总和。发行人所在地域的集中,一方面体现出东部沿海地区强大的经济实力,另一方面也体现出我国东西部地区经济发展的不均衡。

上述内容参考图6-8所示。

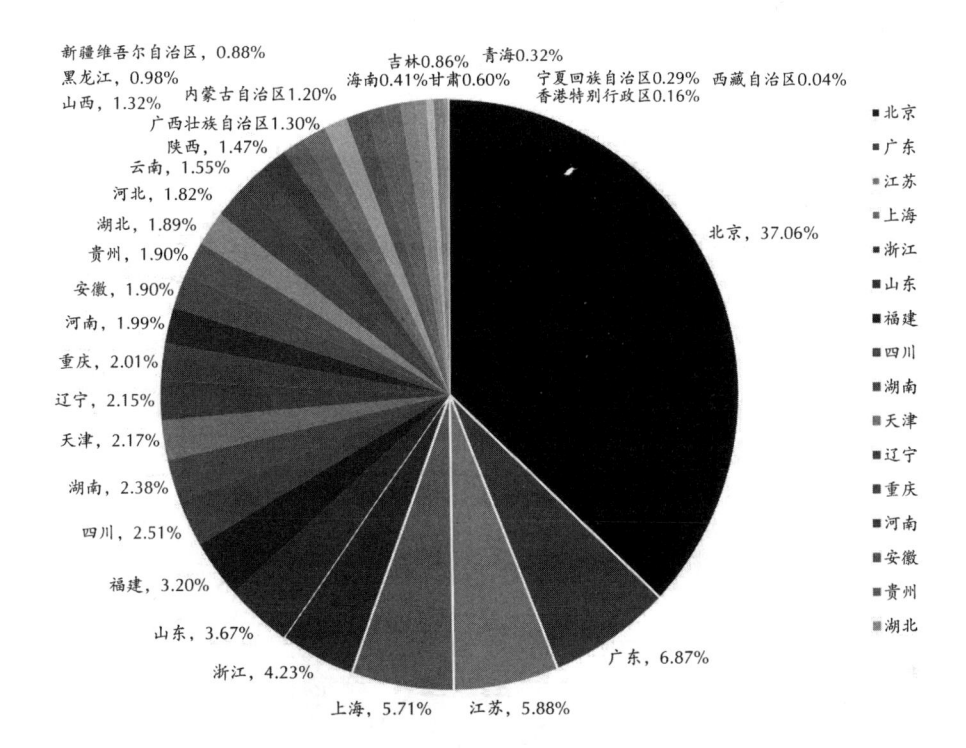

图6-8 存量债券融资的省份差异较大

资料来源：Wind，招商证券。

（四）资本配置效率下降

1.国际国内的资本配置效率对比

资本配置效率是个较宽泛的概念，在实证中，综合国内学者的理解，我们认为资本配置效率，也可叫作金融资源的配置效率，主要体现在金融资源能否通过金融中介机构和金融市场投放到能极大促进实体经济增长的部门中去，即宏观金融效率。

（1）M_2/GDP：比例较高且持续增长。用M_2/GDP来衡量产出一单位GDP所需要的货币总量，可用于衡量国别间的资本配置效率。由图6-9所示，在下述所列国家中，中国的M_2/GDP自2006年以来维持在20~25之间，与发展中国家相比，超过印度（3~5）；发达国家M_2/GDP比例平均较低，日本（15~20）、英国（10~15）、欧元区和德国维持在10左右浮动，美国在2左右浮动。再从GDP/M_2来看，2011—2018年呈下降趋势（如图6-9），2011年为53%，2018年已降到49.2%，与美国等发达国家相比差距很大，说明我国货币发行过量，创造价值减少，即我国资金周转使用效率和要素配置效率都很低，经济发展质量较差。

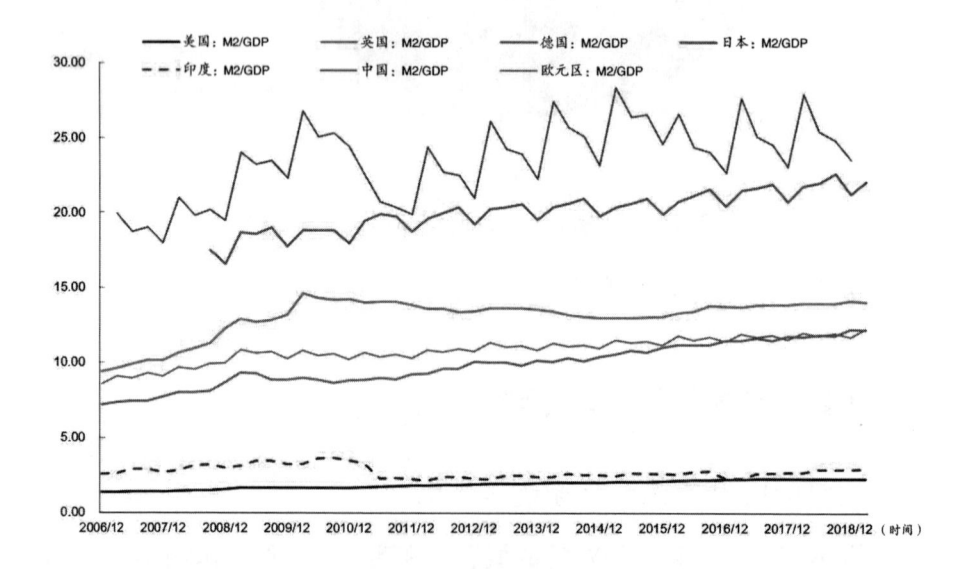

图6-9　M_2/GDP

资料来源：Wind，招商证券。

（2）就业增长与GDP增长幅度：差异较大。中国存款利息率长期低于通货膨胀率，储户得到的是负利率。贷款的真实利息率较低。由于资金的成本低，投资者往往选择资金密集的项目。这些项目吸收的劳动力较少，对就业的帮助不大。从国际比较看，就业增长率应该与GDP的增长率相仿。2000—2018年，中国在同一时期内的GDP年增长率为10%，而就业的年增长率不到1%。而美国、日本和印度的数据显示，伴随着GDP的增长，就业增长的幅度相仿。如图6-10、图6-11所示。

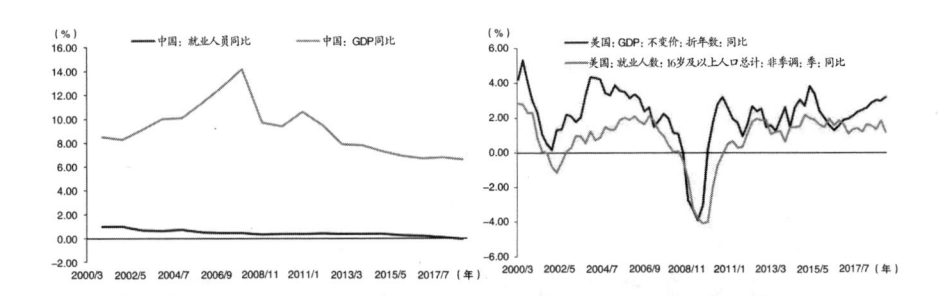

图6-10　就业与GDP增长率（中国）

资料来源：Wind。

图6-11　就业与GDP增长率（美国）

资料来源：Wind。

（3）融资渠道简单、直接融资比例过低。目前中国的信贷融资占社会融资总额的比重超过2/3，获得信贷往往需要抵押和担保，所以重资产企业和国有企业更容易获得信贷。直接融资（包括债券和股票融资）比例过低，融资方式也较为单一。

国别比较来看，发达国家例如美国，融资渠道多元化，直接融资是企业主要的融资渠道来源，占比达50%以上；信贷作为间接投资，占比不到10%，并且呈现逐渐下降趋势。如图6-12、图6-13所示。

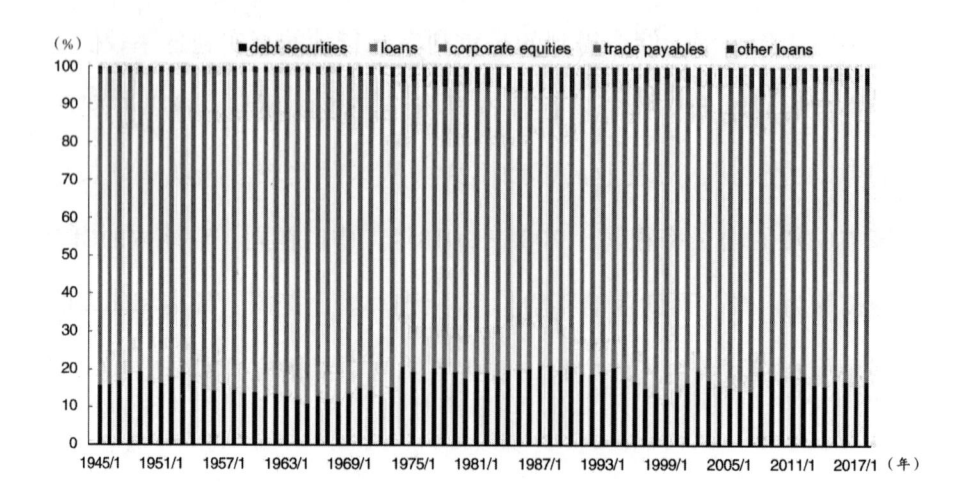

图6-12　美国非金融企业融资渠道及占比

资料来源：Fred，flow of funds。

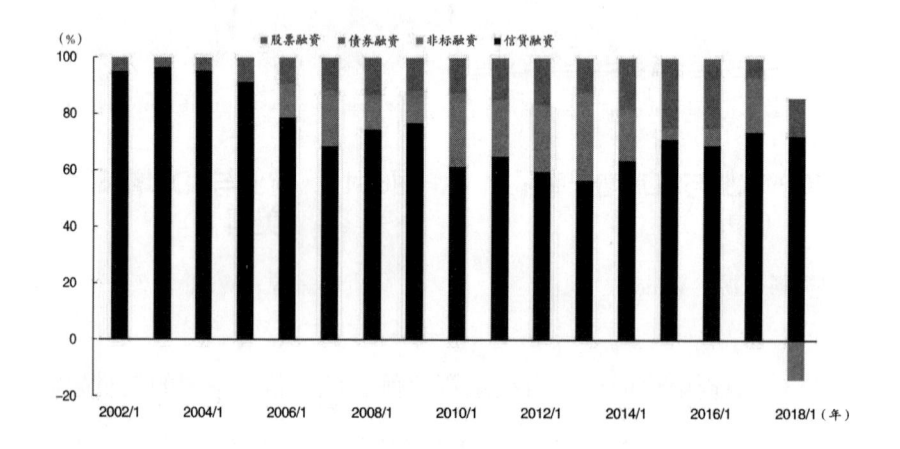

图6-13　中国社会融资方式及占比

资料来源：Wind。

2.我国的金融抑制程度有下降趋势

根据Mckinnon（1973）提出的概念，金融抑制是指发展中国家政府所实行的压抑金融发展的政策，比如通过规定存贷款利率和实施通货膨胀而人为地压低实际利率；采取信贷配给的方式来分配稀缺的信贷资金；对金融机构实施严格的控制，设定较高的法定准备金率；实行资本管制等。

Abiadetal（2008）衡量了1975—2005年91个国家金融体系中7个方面的金融抑制政策，分别是：信贷控制、利率控制、银行业进入限制、国有银行在银行业中所占的比重、金融行业的政府干预、资本项目管制、资本市场管制。他们将每个政策变量得分控制在0～3之间，得分越高表示该政策抑制程度越低，然后将7个政策变量加总平均，得到关于金融抑制的综合变量，并将金融抑制变量标准化为0～1之间，得分越高表示金融抑制程度越低。中国在2005年金融抑制程度仍然处于较高的水平，在所考察的91个国家中位列第5，仅低于埃塞俄比亚、尼泊尔、乌兹别克斯坦和越南。如图6-14所示。

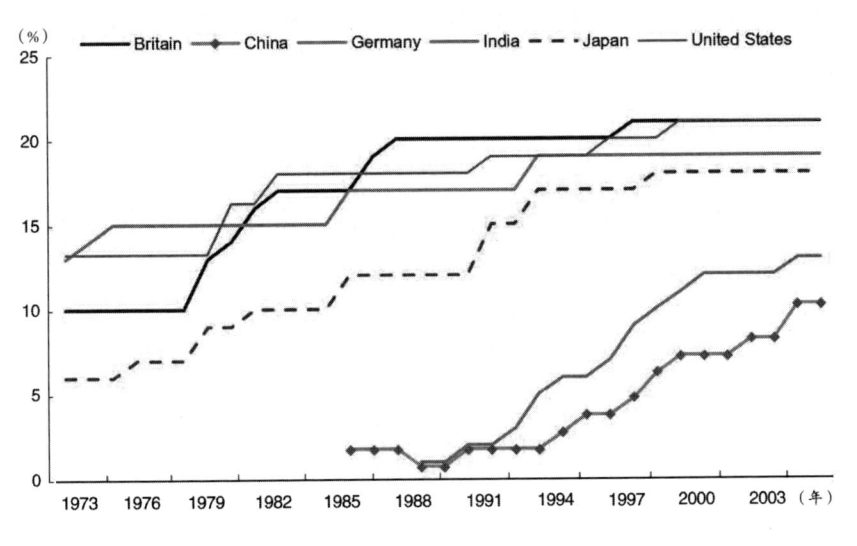

图6-14　金融自由度（1973—2005）

资料来源：IMF，招商证券。

笔者认为，金融抑制理论将政府干预金融要素的手段集中在利率、汇率等金融工具上，参考唐升、仇娟东对金融抑制程度的测算方法，将贷款利率、汇率、准备金率这三项金融管制工具作为主要的观测指标，即选取6个月、6个月至1年、1~3年、3~5年、5年以上贷款利率最高值与最低值，以及人民币汇率、存款准备金率等共12个变量，为表现汇率的波动程度，课题组将汇率数据处理为方差形式；数据标准化后，采用因子分析法将12个变量降维，形成与10种利率高度相关的因子f_1以及与汇率、存款准备金率高度相关的因子f_2，将f_1和f_2以方差贡献率为权重加权，得到金融抑制程度的综合得分，再将计算得出的金融抑制综合指数进行0~1区域内的赋值处理，得到金融抑制综合指数分布。由于我国金融监管通常限制住户贷款利率的下限、稳定人民币汇率、保持较高的存款准备金率，这里隐含的假设是贷款利率越高、美元/人民币汇率波动越小、大型金融机构存款准备金率越高，表明金融抑制程度越高。

需要指出的是，这一方法得出的值主要用于金融抑制程度趋势分析，结果为0只能表明1990—2018年区间内，该时段的金融抑制程度最低，不代表不存在金融抑制。

上述内容参考表6-2、图6-15所示。

第六章 资本要素市场化配置改革研究

表6-2 金融抑制测算总方差解释

成分	初始特征值 总计	初始特征值 方差百分比	初始特征值 累积(%)	提取载荷平方和 总计	提取载荷平方和 方差百分比	提取载荷平方和 累积(%)	旋转载荷平方和 总计	旋转载荷平方和 方差百分比	旋转载荷平方和 累积(%)
1	9.615	80.124	80.124	9.615	80.124	80.124	9.613	80.111	80.111
2	1.657	13.808	93.931	1.657	13.808	93.931	1.658	13.820	93.931
3	0.437	3.640	97.571						
4	0.212	1.769	99.340						
5	0.039	0.321	99.661						
6	0.021	0.177	99.838						
7	0.014	0.117	99.955						
8	0.004	0.031	99.986						
9	0.001	0.005	99.991						
10	0.001	0.004	99.995						
11	0.000	0.003	99.999						
12	0.000	0.001	100.000						

资料来源：WIND资讯。提取方法：主成分分析法。

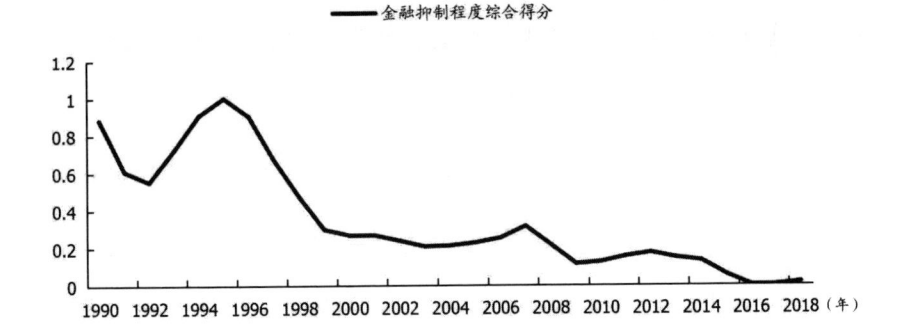

图6-15 我国金融抑制程度的演变过程

资料来源：Wind。原始数据进行了0~1区域内的赋值处理。

总体来看，1990—2018年我国金融抑制程度呈现下降趋势，其中，2016年最低，2017—2018年再度小升（2016年不意味着不存在金融抑制）。金融抑制程度由早期的波动较大到现在的逐渐平稳，表明我国的金融监管政策的连续性和稳定性得到提升，处于一个更加理性的范围，金融抑制得到较好控制。

测算的金融抑制综合得分在1995年和2007年达到阶段性峰值。究其原因，1994年6月修订了《金融机构管理规定》和《关于向金融机构投资入股的暂行规定》，同年10月转发《中国人民银行加强金融机构监管的意见》。一系列文件推出使金融法治建设取得进展，也意味着金融抑制程度同时提高。2006年证券法修订，金融抑制程度又迎来一个新的小高峰。从长周期来看，1995年以来金融抑制程度一路下行，意味着总体来看，利率市场化进程助推了我国的金融自由化。此外，从融资定价和信贷结构等方面也能发现金融抑制的存在。刘瑞明（2011）认为金融抑制表现为官方利率长期低于市场利率，信贷资金优先配给国有部门，民营企业难以在金融信贷中获得支持。就金融抑制表现形式来看，还体现在利率市场化程度低；所有制歧视使得中小企业融资难、融资贵；以及直接融资发展缓慢等方面。

第一，我国利率市场化程度还较低。长期以来利率管制扭曲了信贷市场的资源配置功能。陈彦斌等（2014）研究表明，近十年由于利率管制，中国的实际利率大部分时间内频繁为负。"金融抑制理论"和"金融深化理论"指出人为抑制存贷款利率虽然能促进经济增长，但也扭曲了信贷市场供求关系，迫使利率偏离市场均衡水平而无法有效反映市场信息,引起资产错配与经济衰退。我国利率市场化已进行二十多年,存在的"双轨制"严重影响了货币政策的传导。

第二,所有制歧视使中小企业融资难、融资贵,国企占据较多信贷资源。银行贷款歧视不能为中小企业提供发展创新的有利环境。王春超、赖艳(2017)发现我国金融抑制存在"规模歧视"现象,金融抑制提升了制造业企业的非正规渠道融资比例,不同规模企业对于非正规渠道的偏好不同,大型企业趋向选择商业信用,小型企业选择民间信贷进行融资。李晓龙、冉光和(2018)发现金融抑制显著抑制了中国技术创新效率的提升,加剧了资本扭曲对技术创新效率的负向影响。在具体衡量企业受到的融资约束程度时,部分研究将资产负债比作为融资约束的代理指标(Harrison,McMillan,2003;罗长远、陈琳,2012),2015年至今,国有企业和集体企业资产负债率明显高于股份制企业、外商企业和私人企业,但国企盈利增速明显低于股份制和私营企业,说明金融抑制现象拖累了资本配置效率。

第三,融资结构过于依赖间接融资。直接融资和间接融资发展不均衡是我国一直存在的"不均衡"的金融抑制现象。从2015年至今的债券、股票、贷款三种融资方式存量来看,这种不均衡没有明显改善。间接融资占比过高的不利影响如利息刚性兑付不利于逆周期调节、不利于企业进行技术创新,间接融资供给集中在部分领域阻碍了产业结构合理化。如果间接融资不均衡难以改变,应当使直接融资发挥相应的作用,改善金融的供给结构以释放不均衡的金融抑制局面所造成的融资压力。

二、要素市场化配置改革面临的主要问题

我国实行40多年的改革开放并已形成较为健全的商品市场后，生产要素市场发展滞后。突出问题是二元结构双轨运行，既有经过政府批准的规范的证券市场，又有不规范的地下融资市场，定价规则不透明及政府干预依然存在，市场壁垒依然存在，没有形成公平竞争的市场体系。

（一）要素定价不合理

定价垄断在金融市场表现尤为突出，主要表现为利率"双轨"。价格扭曲，突出的是要素价格不完全由市场供求决定，定价规则透明性不够，政府不当干预依然存在。虽然货币市场和债券市场的利率逐步实现了市场化定价，存款的上限仍然被严格规定。这种利率管制使得银行存款利率无法客观反映市场真实的资金供求状况，金融机构无法以较有吸引力的利率吸纳社会闲散资金。同时，贷款利率降低又使得社会融资需求长期高于正常水平，扭曲了真实的资金供应关系。

存款利息率长期低于通货膨胀率，储户得到的是负利率。贷款的真实利息率只有两三个百分点。由于资金的成本低，投资者往往选择资金密集的项目。这些项目吸收的劳动力较少，对就业的帮助不大。

我国服务业在GDP中的比例从2000年到2017年末增长不到12个百分点，而期间的GDP增长了约14倍。

经验分析表明，民企与国企面临着不同的金融约束。作为金融市场的供给主体，银行对民企通常表现为相对过紧的约束行为，无论是从利率或融资成本上，还是从融资抵押或融资条件上，都实行了严格的控制和约束。但是，对于国企，银行表现为低利率和低成本的软预算约束行为。银行的这种行为偏好，对于大中型国企来说，迎合了它们盲目追求规模扩张和大量重复建设，而缺乏创造真实效益增长的行为，而对于小型国企来说，则可不计成本、不计效益和风险地给予低抵押条件的融资。如图6-16、图6-17所示。

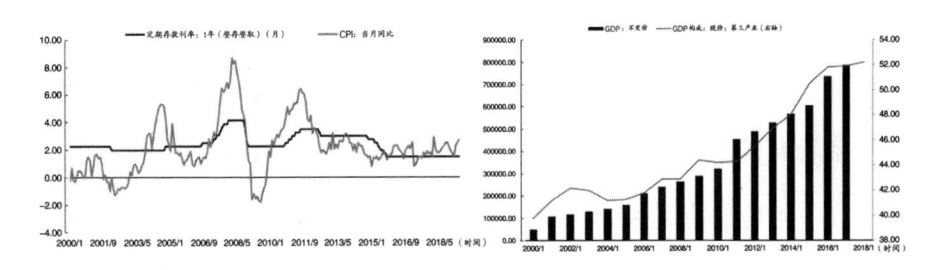

图6-16　存款利息低于通货膨胀率　图6-17　GDP增速迅猛，服务业占比增速缓慢

资料来源：Wind。　　　　　　　　资料来源：Wind。

（二）资金流通不畅

我国当前利率体系依然实行双轨制，即同时存在货币市场利率和存贷款基准利率，前者通过央行的货币政策利率调控，比如公开市场操作、常设借贷便利SLF（常备借贷便利）、MLF（中期借贷便利）等多种工具进行调控，后者则是中央银行公布存贷款的官定基准利率。

1996年，我国利率市场化改革进程正式启动，时至今日，尽管债券市场利率、同业拆借利率都基本实现了市场化定价，外币存贷款利率也基本放开，但利率仍没有实现真正意义上的市场化。推进利率市场化并不是时机和快慢的问题，而是利率市场化依然面临一些关键的非市场化制度屏障。一直以来，中国利率市场存在着官方金融和民间金融这两个市场，政府对金融资源过度垄断。

2008年以来，地方政府及其地方融资平台通过表外贷款、企业债券、银行间债务融资等形式"加杠杆"的态势卷土重来。由于存在着以中央政府信用作为担保的隐性担保机制，这些本属于杠杆率极高的"风险资产"，却享受了"无风险资产"的高信用和低成本。此外，随着货币当局金融监管逐步放松，包括银行理财产品、政信合作等规避利率管制的金融工具被大量创设出来。例如，2010—2018年，信托资产规模年均增速高达30%。尤其是与地方政府基建投资相关的影子银行发展迅猛。这些高收益"无风险资产"的大量涌现，一方面造成了金融定价体系的紊乱，另一方面也导致了金融资源的错配，使大量资金并没有流到真正需要它的实体经济当中去，企业特别是中小企业的融资变得愈发困难。

从国际经验来看，在成熟市场经济国家，利率市场化直观表现为"价高者得"，但是，如果中国不能够真正向市场让渡出对金融资源的配置权的话，中国利率市场化就可能变成"权重者得"。毋庸置疑，利率市场化将成为影响中国经济金融格局的最重要因素之一，但真正意义上的利率市场化绝不仅仅是放开利率管制那么简单。利率市场化改革的核心在于——打破政府对金融资源的过度垄断，向市场真正放权，改变政府隐性担保制度，建立利率风险管理体系的基本框架。从利率风险识别、衡量，到利率定价和利率风险控制，实现利率风险管理的有效控制，这样才能真正建立起能够反映风险定价和实体经济需求的利率市场化体系。

人民银行仍公布存贷款基准利率，存在基准利率与市场利率并存的利率"两轨"，这实际上对市场化的利率调控和传导形成一定阻碍。因此，贷款市场利率（LPR）形成机制改革在2019年8月开始实施，人民银行将进一步推进利率市场化改革，推动利率逐步"两轨合一轨"。LPR是在MLF利率基础上加点，报价行将从8家增加到18家，报价时间为每月1次，商业银行贷款利率以LPR为定价基础并且计入宏观审慎监管体系，防止银行之间协同贷款利率隐形下限。LPR机制表明贷款利率市场化程度提高，原来的贷款基准利率实际上已经取消，央行希望以再贷款利率来引导银行贷款利率，贯彻央行的货币政策意图，让贷款利率更接近于市场利率。

（三）金融准入门槛过高

市场准入具体表现为金融监管当局依法对本国新设立的银行、保险、证券等金融机构进行政策性干预，或者对金融机构的业务范围、经营领域进行限制性调控等，准入往往构成金融业的进入壁垒。从本质上讲，金融市场准入形成的进入壁垒属于政策性壁垒或制度性壁垒。它是一把双刃剑，一方面，合理的准入监管制度与机制有利于形成合理的金融业市场结构，维护金融市场秩序，防范潜在金融风险；另一方面，过度或越位的准入监管则往往会造成行政性垄断，容易滋生寻租行为，削弱市场竞争。中国目前存在的金融准入门槛过高表现在如下方面。

1.注册资本金要求过高

以银行业为例，在我国设立全国性商业银行最低注册资本金为10亿元，城市商业银行最低注册资本金为1亿元（如表6-3所示），而且必须是实缴资本。从国际视角分析，中国银行业注册资本金要求远远高于其他国家，构成了我国银行业市场在进入时的重要门槛。

表6-3 中外银行业注册资本金要求（以2019年5月23日汇率计算）

国家	全国性银行最低资本注册金额度
中国	10亿元人民币
美国	100万美元（约691万元人民币）
英国	500万英镑（约4370万元人民币）
德国	600万欧元（约4620万元人民币）
新加坡	300万新元（约1500万元人民币）

资料来源：《中华人民共和国商业银行法》《美国国民银行法》等，笔者整理。

2.市场主体准入标准过严

就从业人员而言，除具备基本的任职专业知识和业务经验外，相关法律规定，凡具有贪污、贿赂、侵占财产等相关违法行为的人终身不得担任金融机构董事等职务，而在股份制公司，有上述违法行为的个人在执行期满5年后可以担任这类职务。就企业实体资格而言，金融市场主体还必须获得金融业相关监管部门的授权等条件。

3.准入审批程序复杂

中国金融机构设立审批环节的限制性条件较为严格。举例来说，在中国设立商业银行必须经过国务院银行业监督管理机构的审查批准，在未获得批准的情况下，任何单位及个人都不可从事吸收公众存款等业务，且任何单位不得把"银行"字眼体现在单位名称中。设立股份制商业银行，必须经过筹建、开业两个阶段，至少要花费半年时间才能获得金融许可证。

4.经营范围严重受限

金融机构经营范围的限制包括分业经营和混业经营问题。自1996年开始，金融监管实行严格的分业经营、分业管理，随后金融监管有所放松，逐步推进金融机构业务适度交叉的经营方针，总体呈现分业经营为主、探索推进混业经营的特点。然而就世界上发达国家而言，多数以混业经营占主导，如美国《国民银行法》规定，银行可从事证券、保险业务及不动产交易、非金融机构股权投资等。过度的机构准入政策必然会降低银行业、证券业、保险业等传统金融行业的市场竞争程度，在位的金融机构仅仅凭借垄断地位就能生存、盈利，缺乏足够的动力去改善经营，而在市场机制失效的前提下，逆向选择的发生将导致整个金融行业效率低下。

（五）金融监管滞后

在对金融市场、金融产品、金融活动进行监管的过程中，我国金融监管暴露的问题主要存在如下方面。

（1）金融监管的体制变革存在滞后性。改革开放以来，随着社会体制的变革，金融监管制度虽然不断发生变化，但依然是沿着国家调节市场、市场引导企业的方向推进，在政府的监控下逐步进行调整。政府主导型的金融监管变革使得企业缺乏独立性和灵活性，难以应对金融主体的需求作出实时反应。

（2）各监管主体协调不畅，监管效率低下。目前我国仍然是以分业监管为主要监管模式，不同监管主体虽然在法律地位上平等，但是相互之间缺少协调、沟通和约束力。各监管机构缺乏相互之间的合作，容易造成监管的空白而出现漏洞。

（3）金融监管的方法不足。目前我国的金融监管方法主要是合规性监管，缺乏风险性监管，与金融业行业多风险的特点难以契合。

（4）缺乏自律组织、自律管理。缺乏自律管理的缺陷主要体现在三个方面：自律组织不健全，没有形成自上而下的统一管理体系，难以协调监管工作的运行；自律管理缺乏规范性，各个自律组织对同一问题往往有不同的规则和要求以至于采取不同的处理方式；另外，自律组织的独立性较差，政府对于自律组织的干预过多。

（5）监管的外部环境不佳。在目前金融创新势头强劲的背景下，监管法律的构建存在滞后性或缺失。

举例来说，对于股指期货市场的金融监管来说，存在的问题主要有：（1）监管立法的位阶不高。（2）市场监管主体之间权限划分不合理。一方面，我国股指期货监管立法以《期货交易管理条例》（简称《条例》）为主，它存在着法律位阶不高，威慑力不足等问题，导致股指期货市场的监管面临的主要问题是缺乏法律的权威性。虽然监管部门在必要时刻会采取一些临时性的行政监管手段，但是行政监管手段是一种非常态化的监管手段，它不同于法律监管手段的连续性和稳定性，不利于被监管者对自己的交易行为进行事前评估，在一定程度上，影响了监管效果。例如该《条例》针对期货交易中的违法违规行为制定了一系列的行政处罚措施，但是缺乏对期货市场民事、刑事法律责任方面的规范。所以在司法实践中，它不能对市场交易中投资者的投机交易、违法行为等进行很好的规制，不能对潜在的违法者产生足够的法律威慑力。

另一方面，在股指期货市场三级监管机构当中，期货业协会和期货交易所是最了解市场交易行为、最接近市场交易的机构，但是在实践中，期货业协会拥有的监管权较小，更多的是在证监会的指导和监督下完成监管行为。而作为股指期货市场交易的中间组织的期货交易所，在国际上通常可以在法律的授权下拥有独立的监督管理权，但在我国监管体系中，交易所独立的监管职能和地位明显缺失。

三、要素市场化配置改革的建议

资本要素需要继续坚持市场化的改革方向，进一步提升金融服务实体经济的效率，建立统一、开放、竞争、有序的金融市场体系。

（一）总体思路

市场化改革目标是使市场在资源配置中起决定性作用和更好发挥政府作用，增强金融服务实体经济能力。资本要素市场化改革的目标是——建设市场起决定性作用的统一、开放、竞争有序的金融市场体系。

改革的重点思路包括：一是加快要素价格市场化改革。具体表现为利率市场化等。凡是能由市场形成价格的都要交给市场，政府不进行不当干预。打破行政性垄断，防止市场垄断，最大限度地发挥市场决定价格的作用，通过市场竞争形成价格，进而调节供求关系，优化资源配置。二是处理好政府和市场的关系，市场决定资源配置是市场经济的一般规律，着力解决市场体系不完善、政府干预过多和监管不到位问题。大幅度减少政府对资源的直接配置，推动资源配置依据市场规则、市场价格、市场竞争来实现效益最大化和效率最优化。政府的职责和作用主要是保持宏观经济稳定，加强和优化公共服务，保障公平竞争，加强市场监管，维护市场秩序，推动可持续发展，促进共同富裕，弥补市场失灵。三是深化国有企业改革。完善国有企业公司法人治理结构，国有企业成为真正意义上的市场经济主体，通过竞争等市场手段来平等地获得要素资源。市场经济是通过市场机制配置资源的经济形式。四是发挥市场在资源配置中起决定性作用，形成统一、开放、竞争、有序的金融市场体系。

（二）政策建议

1. 推进以金融制度建设为核心的资本要素市场化配置改革

（1）建设多层次资本市场，完善资本市场基本制度。股市实行注册制和退出制、强制的信息披露制度和股权分红制度，完善要素市场配置机制，提高资本市场配置效率。债市管理要改变"五龙"治水的局面，逐步完善和放宽企业发债条件，实行强制发债企业信息披露制度。提高直接融资占社会融资总额的比重，用5年的时间使股市和债券融资增量达到同期银行新增贷款的水平。

（2）允许更多的投资和交易主体进入金融体系。在放宽外资准入我国金融业的同时，放宽国内资本准入金融行业的标准，鼓励更多的国内社会资本投资金融业，促使金融业的公平竞争。

（3）重塑银企合作关系，优化银企合作机制。创新主办银行制度，建立新型的长期紧密的银企、银银合作关系，银行要以市场需求为导向，提供金融综合配套服务，切实为实体经济服务。

（4）由国家和地方财政为中小企业建立贷款担保基金。建议中央财政拿出2000亿元，地方财政拿出2000亿元，构成4000亿元的中小企业贷款担保基金,按照担保法为经过精心筛选的有较强生命力、产品有市场需求的中小企业提供4万亿元的贷款担保,切实解决中小企业融资难融资贵的问题,助其度过经济"寒冬",培育和夯实我国要素生产的基础。

2. 改革资本要素定价机制

(1)改变人民银行确定商业银行存贷款基准利率的做法。先放开贷款基准利率由商业银行自主确定,通过商业银行间的竞争降低贷款利率水平,缓解企业"融资贵"的问题;适时放开存款基准利率,促使商业银行开展全方位竞争。建议用利率债为抵押的反映银行流动性的市场利率如7天质押式回购利率(DR007)或隔夜贷款回购利率作为存款基准利率。

(2)人民币汇率逐步实现汇率自由浮动,逆周期调节因子应在调节过大的升贬值压力后及时退出,增加收盘价在汇率形成机制中的权重以增强市场主导作用,增强汇率波动弹性,将日波动区间调整为年波动幅度10%~15%的年波动区间。央行保留必要时调节外汇供给的权力,防范汇率波动过大。

3. 丰富融资渠道,扩大债券融资与股票融资市场

对于债券市场,要调整监管结构,统一监管规则和评级标准,破解债券市场监管分隔和套利问题;同时,发展高收益债券细分市场,完善违约债券处置流程,打破刚性兑付。

对于股票市场,要健全股市进入和退出机制,努力调整投资者结构,发挥机构投资者的作用,同步推行注册制和退市制度建设。科创板的提出及迅速推进，反映了政府对于开拓直接融资渠道的决心和力度。

4.扩大民营、小微企业融资渠道，支持民营、小微企业发展

2023年以来，央行通过多种工具解决小微企业融资难融资贵的问题，除此之外，对中小企业融资难的一个解决办法是提升中小企业正规化、数字化水平，辅助银行识别风险、合理定价，鼓励银行向企业提供综合服务，减低金融市场信息成本。推荐中小企业从成立开始就朝着正规化和数字化的方向努力。目前金融科技开发的财务管理软件技术水平高，企业成立之初使用这类财务管理软件，以此积累完善的财务收支记录。当需要申请贷款的时候只需向金融机构提供完整的收支记录，便于后者对企业信用进行评估，对贷款利率实现合理定价，减少金融机构和贷款企业的信息不对称，这是未来可以发展的方向。

传统的完全抵押担保形式太偏重于重资产行业，对于轻资产行业来说，融资渠道有待开发。未来可积极探索依靠大数据为信用基础的服务性行业贷款。一些新兴的中国金融企业例如腾讯和阿里巴巴、蚂蚁金服等，已经开始通过一些大数据，而不是完全抵押、担保的模式，给一些发展较好或者有潜力的中小企业进行服务性行业贷款。

5.稳妥推进利率"两轨合一轨"

"利率两轨"指的是存贷款基准利率和市场化无风险利率并存。当前稳妥推进贷款利率"两轨合一轨"，重点是要进一步培育市场化贷款定价机制。目前贷款基础利率（LPR）由中国人民银行授权全国银行间同业拆借中心发布、由主要商业银行根据市场供求等因素报出的优质客户贷款利率，并由市场利率定价自律机制在人民银行的指导下负责监督和管理。借鉴国际经验，贷款基础利率作为金融机构贷款利率定价的参考，在推动贷款利率市场化改革的过程中将发挥更重要的作用。LPR下一步的改革方向是，增加报价行尤其是中小型银行，LPR的品种应当继续丰富，使得LPR市场化程序不断提高，能够真正反映市场利率，传达央行货币政策的真实意图、有效优化资金配置结构和提高资金配置效率。

6.改善监管方式

未来的金融改革开放需要更多地通过法律调整，而不是重点依靠行政手段来进行。要改善国有金融机构的公司治理结构，转变和改善金融监管理念，进一步推进利率、汇率和重要金融资产定价的市场化，有序推进金融市场的对外开放。

参考文献

保罗·萨缪尔森、威廉·诺德豪斯.经济学[M].北京:人民邮电出版社,2008:436-437.

边卫红,田园.全球主要货币基准利率替代路径研究[J].国际金融研究,2018(8):55-65.

毕舸."只有黑榜、没有红榜".确立政府与市场边界[N].证券时报,2019-03-12(A08).

仇娟东,何风隽,艾永梅.金融抑制、金融约束、金融自由化与金融深化的互动关系探讨[J].现代财经(天津财经大学学报),2011,31(6):55-63+70.

唐升,钱欢欢.金融抑制对中国产业安全影响研究[J].宁波大学学报(人文科学版),2019,32(3):82-88.

李晓龙,冉光和,郑威,金融要素扭曲的创新效应及其地区差异[J].科学学研究, 2018(3): 558-568

孙国峰,段志明.中期政策利率传导机制研究——基于商业银行两部门决策模型的分析.经济学(季刊)[J].16(1).

刘宏海,尚航飞.疏通货币政策传导机制对策[J].中国金融,2019(6):59-61.

刘向明,邓翔欧.双周期不同步、结构性失衡与货币政策传导困局——基于商业银行的视角[J].金融论坛,2019,24(2):3-11.

宋海林.宏观政策框架转型中的利率改革[J].中国金融,2019(5):30-32.

王剑.从一个保温杯去理解金融业供给侧改革[J].金融经济,2019(7):30-32.

赵洋.深化金融改革 提升资源配置效率[N].金融时报,2017-06-27(1).

第七章　技术要素市场化配置改革研究

加快推进技术要素市场化改革，对于推动科技成果向现实生产力转化、加快实施创新驱动发展战略意义重大。当前我国技术市场发展严重滞后，市场决定创新资源配置的机制尚未建立，创新活力和创造潜能无法充分释放，制约着我国经济发展方式转变和新旧动能转化。深化技术要素市场化改革，需着力从完善技术市场供求机制，健全技术市场人才体系，完善政策法规体系，强化知识产权执法，营造有利于技术市场发展的良好政策和法制环境等方面下功夫。

21世纪是以科学技术为主导的时代。随着经济社会发展的科技含量不断提升，技术创新越来越成为推动经济发展和社会进步的关键因素。要建设现代化强国，必须在加快科学技术发展的基础上，提高自主创新能力和科技运用水平，构建与经济社会发展和国际竞争形势要求相适应的科技体制机制。从这个意义上来说，加快推进技术要素市场化改革，是推动科技成果转化为现实生产力、促进科技与经济紧密结合的关键环节,是加快实施创新驱动发展战略、促进我国产业价值链迈向中高端的根本保障,是适应经济全球化新形势、加快培育国际经济合作和竞争新优势的必然要求。

一、技术市场相关概念内涵与基本特征

(一)"技术"的内涵与特征

"技术"的内涵。不同时期人们对技术的定义不同。技术(technology)一词出自希腊文techne与logos的组合,是指对造型艺术和应用技术进行论述(张江雪,2011)。见诸经济学文献中有关"技术"的概念,有广义和狭义之分。从理论上讲,技术作为一种生产要素,包括所有技巧、知识和程序。但在广义的技术概念中,有相当部分的技术,或是内含于物(如生产设备和原材料等),或是内含于人(如劳动力的经验、技能等),具有与物和人的不可分离性。随着生产力的发展,特别是近代大工业的发展推动自然科学由经验科学向理论科学的发展,使得以研究过程为特点的自然科学诸学科有了相对独立性,技术才在原有生产力因素的基础上孕育和成长起来,现代经济理论开始把技术或技术进步作为一个独立的生产要素纳入分析体系。阿罗提出技术进步是资本积累的副产品的观点(周振华,2003)。新经济增长理论的代表人物罗默和卢卡斯进一步把技术视为理论知识和实际经验的一种混合。总的来看,技术是指人类在利用自然和改造自然的过程中积累起来，并在生产劳动中体现出来的经验、知识和技能的总和（周望军，2006）。

"技术"的重要特征。一是技术具有公共物品属性。技术的本质是一种信息，属于无形资产，任何一项技术的取得都不具有消费的竞争性，即任何人都可以购买同一项技术；由于技术的溢出效应，使一部分人不需支付任何成本就可以享用这项技术，因此技术具有公共物品属性。二是技术具有很强的外部性。当其他人享受技术带来的利益而技术的拥有者却没有从中得到相应的回报，便产生技术的正外部性，导致市场机制无法有效配置资源而存在市场失灵。

（二）"技术商品"的内涵与特征

"技术商品"的内涵。根据世界知识产权组织（WIPO）所编的《技术贸易手册》解释，作为商品的技术是狭义的，它仅指与社会生产实践和企业经营管理活动有关、能在消费使用中产生经济效益并用于交换的技术，因此技术商品是通过在生产中应用，能为使用者创造经济利益的、具有独占性并以交换为目的、具有使用价值和价值的技术成果（徐颖，2006）。技术商品的存在形式有三种：（1）硬件，包括有创新技术含量的产品、材料、设备等实物形态。（2）软件，以独立形态存在，能够用于生产的设计、配方、工艺的文字材料和软件包等。（3）技术服务，科技人员提供的技术咨询、技术指导、技术培训等服务。通过交换，技术成果实现了由劳动产品向技术商品转化，并在生产实践和经营活动中为技术供求双方带来经济利益。

"技术商品"的重要特征。一是生产的非重复性与使用的可重复性。技术商品生产的过程具有非重复性,即使同样的技术商品由于研发、生产条件的不同,所耗费的成本也是不同的。一旦开发成功,持有者可以多次重复转让,而不必投入新的开发成本,直到因被新的技术取代而退出历史舞台。二是所有权的垄断性。由于技术商品生产的一次性,以及信息的可传播性、易携带性等迫使技术商品的所有者采取保护措施,以维持其垄断地位。三是价值的时效性。技术的价值在动态和竞争的环境下不断变化,随着时间的推移而衰减的过程变得非常短,若转让不及时,技术商品就可能贬值。四是使用价值的间接性。技术商品不像一般商品那样购买后可以直接使用,而必须经过技术买方的消化吸收,融合资本、劳动力等生产资料,实现技术的物化过程。五是技术开发和应用的高风险性。技术商品的开发是高风险投入,而且在应用技术商品的过程中还要承担一定的风险。

(三)"技术市场"的内涵与特征

"技术市场"的内涵。"技术市场"是一个颇具中国特色的用语,国外用得较多的相关概念是"技术转移"。市场的概念有狭义和广义之分。狭义的市场是指有形市场,商品交换的场所,其核心是"场所";广义的市场是指商品的流通领域,即商品交换关系的综合,体现的是一组规则、一批组织以及相应的活动,其核心是"交换关系"。技术市场的概念也有狭义和广义之分。狭义的技术市场,是指技术商品交换的场所,有一定的时间和空间限制;广义的技术市场，是指将技术成果作为商品进行交易，并使之变为直接生产力的交换关系的总和。根据需要，研究中将技术市场定义为广义角度上的理解，技术市场包括从技术商品的开发到应用和流通的全过程，涉及与技术开发、技术转让、技术咨询、技术服务相关的技术交易活动及各相关主体之间的关系。

"技术市场"的重要特征。技术市场最重要的特征是信息不对称性。所谓信息的非对称性是指技术交易过程中，技术交易一方拥有另一方不知道或无法验证的信息或知识。技术市场中信息不对称会导致"逆向选择"和"道德风险"。事前的外生性信息非对称性是技术交易需求产生的基础和前提。事后的内生性信息非对称性则决定了达成技术交易合约和履约的难度，即交易成本的大小，可能导致创新技术的盈利能力降低。

（四）技术要素与其他要素的关系

在社会主义市场体系中，技术市场处于先导地位，联结资本市场、劳动力市场、信息市场等，技术要素的市场化配置、技术市场的发展能够有力地促进其他要素市场的发展和完善。

第一，技术市场推动和引导资本市场的发展。技术要素的市场化配置，有利于拓宽资金的流通渠道，加快社会资金周转，促进资金的有效利用，带动新兴资本产业，推动和引导资本市场的发展。

第二，技术市场的发展可以带动劳动力市场的发育和完善。企业为了生存和发展，必须提高劳动生产率、进行技术革新，而新科技成果的发明和应用加大了对高科技人才的需求,客观上促进了人才的合理流动,而劳动者为了获得更高报酬,也会自觉提高文化水平,从而有助于提高劳动者的整体素质,促进劳动力市场的进一步发展。

第三,技术市场的发展促使信息市场走向成熟。科学技术的发展突飞猛进、技术产品的生命周期越来越短,客观上迫切要求发展技术市场、加速技术商品的流通,以便在最短的时间内使科学技术转化为现实的生产力。在市场机制的调节下,信息产业必然获得发展,并促进信息市场完善,同时信息本身就是一种技术,信息产业的发展需要技术创新,技术创新必然推动信息产业的发展。

第四,技术市场的发展也必将推动土地市场的改革进程。近年来,在要素禀赋约束和规划管制、市场规制的影响下,我国经济发展中土地要素的稀缺性日益显现,土地节约型技术进步为土地的集约高效利用创造了条件,并带动资本、人才等生产要素的集中和积聚,为深化土地市场化改革、完善土地价格形成机制提供强大动力。

因此,完善和发展我国的技术市场,对于发挥技术市场的先导作用、促进其他要素市场的发展、完善我国社会主义市场经济体系、加快经济社会发展,具有十分重要的意义。

二、我国技术要素市场发展现状与存在的问题

改革开放以来，随着我国经济体制改革的启动和不断深化，我国开始了技术市场改革发展的艰难探索。发展至今，政府在技术市场中的管理模式已由直接干预与指挥，转变为提供高质量的各项技术交易平台，由市场调节、企业化运作共同推动科技成果商品交易。我国技术市场已经进入全新的发展阶段。

（一）从纵向发展来看，我国技术市场发展迅猛

总体来看，随着促进科技成果转化系列政策法规的逐步落实，各研究开发机构、高等院校的科技成果转化活动日益活跃，我国技术市场进入蓬勃发展阶段。

1.从规模看，技术市场从无到有，从小到大，为经济社会发展作出重要贡献

我国技术市场伴随着科技体制、经济体制改革的不断深化，从无到有，从小到大，取得了非凡的成绩。全国技术合同成交额连续多年快速增长，2016年首次突破万亿元大关，2017年成交额达1.3万亿元，增长率稳定在17%左右。1991年以来，我国技术合同成交金额与增长情况参见图7-1所示。

要素市场化配置改革

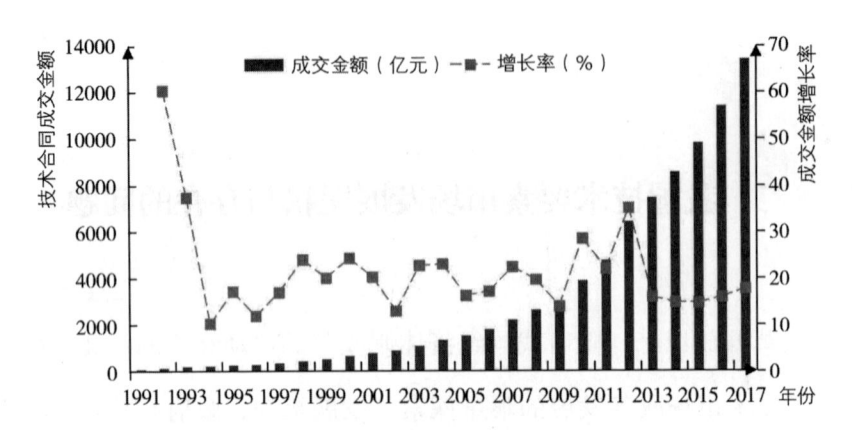

图7-1 技术合同成交金额与增长情况（1991—2017）

数据来源：各年度《全国技术市场统计年度报告》。

科技进步对经济增长的贡献率显著提升。2003—2017年我国科技进步贡献率的变动情况如图7-2所示。数据显示，2017年，科技进步贡献率从2003年的39.7%升至57.5%，国家创新能力排名升至第17位，与创新型国家的差距进一步缩小。

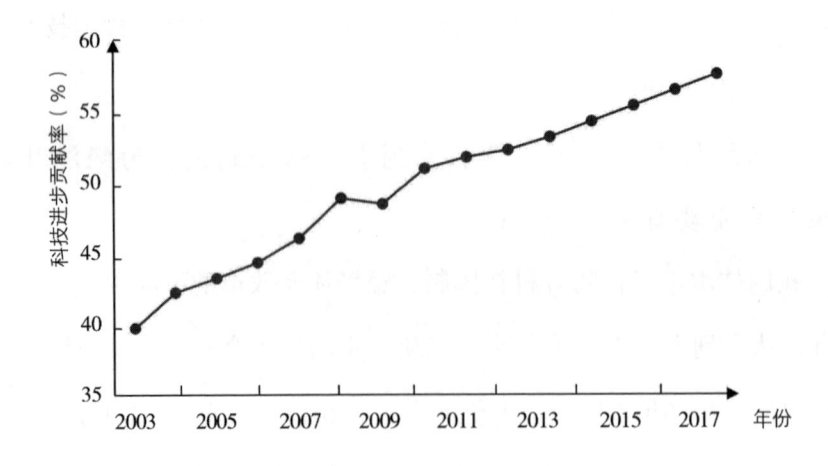

图7-2 科技进步对经济增长的贡献率（2003—2017）

数据来源：各年度《中国科技统计年鉴》。

2.从投入来看，科技创新能力显著提升

研发经费投入保持稳定增长。根据《中国科技统计年鉴》，我国研发经费投入总量从1995年的349亿元增加到2017年的17500亿元，23年间增加了49倍。研发经费投入强度（研发经费与国内生产总值之比）也从1995年的0.57%稳步增加到2017年的2.12%，超过欧盟15国2.1%的平均水平。如图7-3所示。

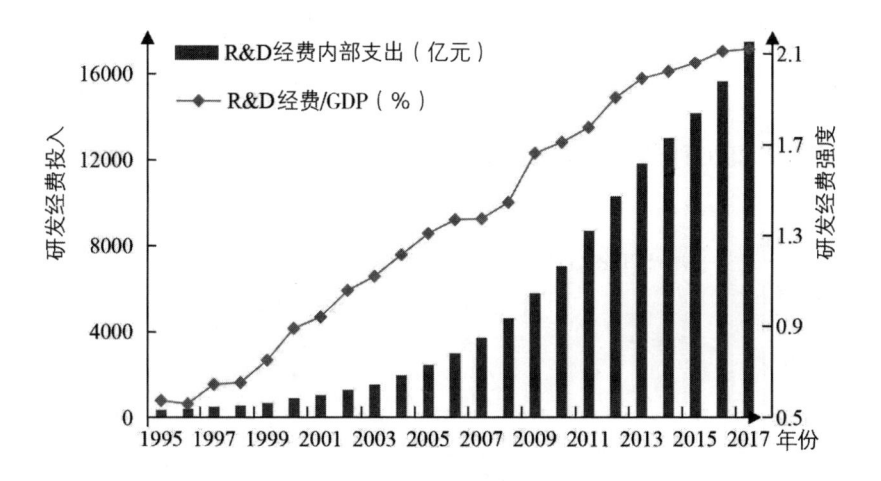

图7-3 研发经费投入及研发经费强度的变化情况（1995—2017）

数据来源：各年度《中国科技统计年鉴》。

同时，通过实施科教兴国、人才强国等国家战略，培养造就了一大批具有国际水平的战略科技人才、科技领军人才、青年科技人才和高水平创新团队，从"人口红利"逐步升级为"人才红利""工程师红利"。我国科学家国际影响力显著提升，在诺贝尔生理学或医学奖、基础物理学突破奖、国际量子通信奖等国际权威奖项中实现零的

突破。

3.从产出来看,科技成果呈爆炸式增长

我国科研界取得了若干里程碑式的突破,越来越多的中国成果受到国际同行的关注与认可。我国科技论文和国际专利申请量也迅速增长。论文方面,根据《科学引文索引》(SCI)数据,2016年中国作者共计发表32.42万篇论文,连续第8年位居世界第二,仅次于美国。专利方面,世界知识产权组织(WIPO)最新数据显示,2017年中国以48882件国际专利申请量超越日本,位列第二,其中,华为以4024件国际专利申请数力压英特尔、高通,领跑全球。图7-4给出了2000—2015年我国SCI论文和PCT国际专利申请数的全球占比情况。

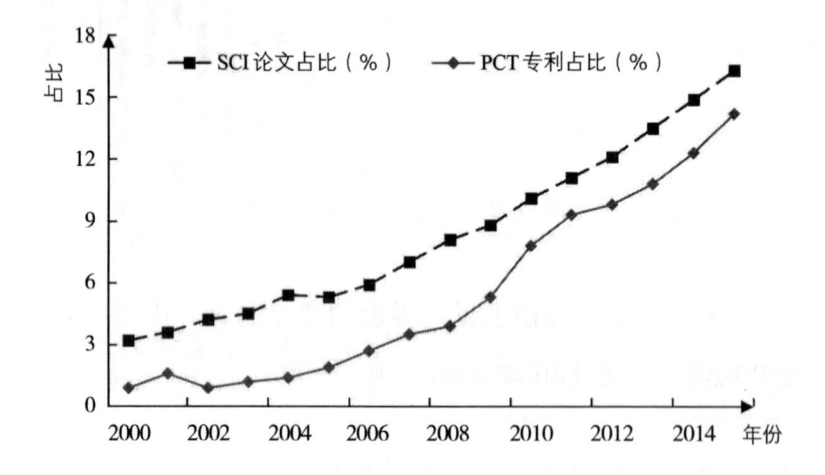

图7-4　SCI论文和PCT国际专利的全球占比情况(2000—2015)

数据来源:各年度《中国科技统计年鉴》。

近年来,通过大力实施创新驱动发展战略,创新型国家建设成果丰硕,天宫等一批重大科技成果相继问世。在国际顶尖期刊《自然》

《科学》的年度重大科学事件和人物评选中，中国科学家及其科研工作也多次入选。这标志着中国的科技创新正在步入以跟踪为主转向跟踪、并行和领跑并存的新阶段。我国创新型企业也得到快速发展，在智能终端、无人机、电子商务、云计算、互联网金融、人工智能等领域崛起一批具有全球影响力的创新型企业。全球研发投入最高的2500家企业中，中国有376家，居全球第三。

4.从转移渠道来看，技术交易平台格局优化

改革开放以来，特别是2007年国家实施"技术转移促进行动"以来，我国技术转移服务体系更加健全，技术市场的流动性和活跃度增强。目前，我国已经初步形成了三类技术中介组织：一是载体中介，包括高新技术园区、生产力促进中心、孵化器、工程技术研究中心、有形技术市场等；二是服务中介，比如技术咨询与培训机构、会计师事务所、法律与专利事务所等；三是管理中介，比如风险投资公司等，共同构成了一个完整的技术中介体系。尽管各类组织还不成熟，但在技术市场中发挥了各自重要的、不可替代的作用。据对全国29家主要常设技术（产权）交易机构统计，2017年共促成技术交易12983项，促成金额672.21亿元，组织技术推广和技术交易活动717次，组织技术转移培训41696人次。截至2017年底，国家技术转移示范机构已达453家，为加速技术转移和成果转化、助推企业成长和创新创业发挥了重要作用。

（二）从国际比较来看，我国与发达国家在技术研发与转移转化方面差距依然较大

一是近年来我国研发投入快速增长，但仍有较大上升空间。与美国等发达国家相比，我国企业研发投入仍有很大的提升空间。2015年我国研发支出1.42万亿元，为美国的45%。2017年研发投入强度为2.1%，虽差距缩窄，但仍低于美国的2.8%。如图7-5所示。

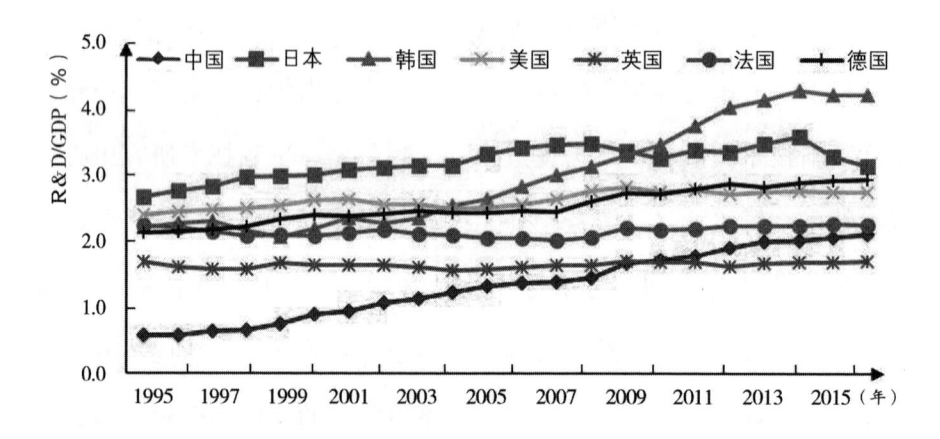

图7-5 部分国家研发强度（R&D支出/GDP）情况比较
（1995—2016）

数据来源：《中国科技统计年鉴2018》。

二是我国研究人员规模庞大，但每万人就业人员中研究人员的比例远低于发达国家水平。表7-1给出了部分国家研发人员情况。由于人口基数大，以及近年来政府对创新的高度重视，我国研究人员绝对规

模很大。但从相对口径来看，我国每万人就业人员中，研究人员只有22人，而发达国家普遍达到100人左右。我国研究人员规模还存在较大的上升空间。

表7-1 部分国家研发人员情况比较

项目	中国（2017年）	日本（2016年）	韩国（2016年）	美国（2015年）	英国（2016年）	法国（2015年）	德国（2016年）
从事R&D活动人员（千人年）	4034	872	447	-	420	429	657
#研究人员	1740	666	361	1380	291	278	401
每万人就业人员中，从事R&D活动人员（人年）	52	130	171	-	132	156	150
#研究人员	22	100	138	91	92	101	92

数据来源：《中国科技统计年鉴2018》。

三是我国研发投入结构中基础研究和应用研究占比较低，与发达国家存在明显差距。研发支出结构方面，我国R＆D支出中基础研究的占比长期徘徊在5%左右，与世界主要科技型国家10%～15%以上的水平有明显差距。如图7-6所示。

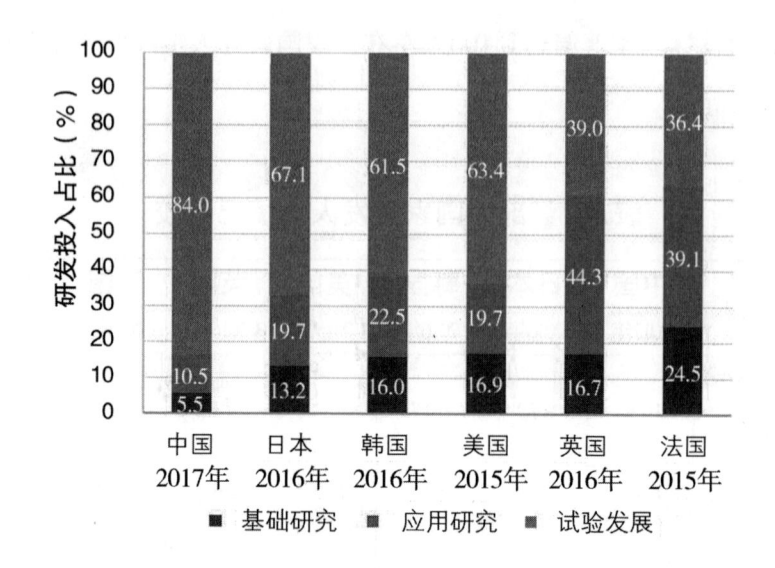

图7-6 部分国家研发投入分布情况比较

数据来源：《中国科技统计年鉴2018》。

四是我国ESI论文发表数量大，但论文质量和影响力还有待提高。作为基础研究的主要成果形式之一，表7-2给出了2007年1月至2017年4月30日，部分国家发表ESI论文及论文被引次数的情况。可以看出，无论从发表数量上，还是被引用次数上，我国都仅次于美国，位列全球第二。

同时，论文引用率常被用于衡量一个国家科研文献被其他国家或机构的认可程度。如果从论文引用率的角度比较分析，会发现我国的论文引用率还处于较低水平（如图7-7所示）。众所周知，很长时间以来，我们各行各业尤其是大学教师的职称评定，以及大学的综合排名，都与论文数量联系在一起。在以论文数量为王的评价体系以及不合理经费的控制和分配体制之下，科研人员把更多的精力和时间放在如何发表更多文章而非深入研究原创技术或实用技术以解决产业核心技术问题上，无法沉下心来做原创性科研，或专注于产业化核心技术，而是去做容易出文章的研究。高校的论文开始了批量生产，导致学风浮躁和急功近利。尽管十余年来，我国科技工作者无论在国内还是国外发表的论文越来越多，但是高质量的少，同大多数发展中国家一样，模仿跟踪多，创新突破少，尤其是在基础研究领域，有原始创新的成果更少，国家应加大对基础研究的投入，因为基础研究的创新是一切创新的源泉。

表7-2 部分国家发表ESI论文情况比较

国家（地区）	位次	论文数量（篇）	被引用次数（次）
美国	1	3804470	66447423
中国	2	2058212	19349987
英国	3	1061626	18375664
德国	4	1005277	16237514
日本	5	811829	9715749
法国	6	704949	10867562
韩国	7	487963	4807868

数据来源：《中国科技统计年鉴2018》。数据跨度从2007年1月至2017年4月30日。

要素市场化配置改革

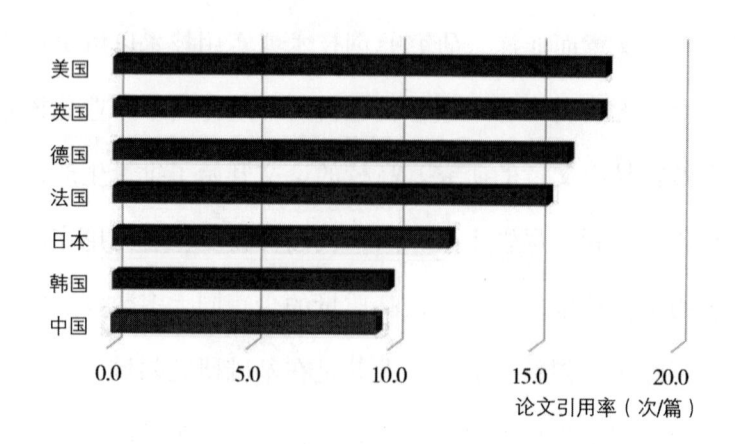

图7-7　部分国家ESI论文引用率情况比较

数据来源：《中国科技统计年鉴2018》。数据跨度从2007年1月至2017年4月30日。

五是我国PCT国际专利申请量迅猛增长，但人均量仍处于较低水平。2017年，我国提交PCT国际专利申请量达4.8882万件，跃居全球第二（如图7-8所示）。知识产权是创新主体参与国际竞争的基本规则和重要武器，从数据即可看出我国创新者对国际市场专利布局的高度重视，良好的海外知识产权保护将形成我国在开放战略下实现经济发展的一大助力。但从人均专利的角度来看，2017年我国每1000名R&D人员提交28.1份专利申请，虽高于英国，但与日本、德国、韩国等外向型经济体比较来看，依然存在较大差距。如图7-9所示。

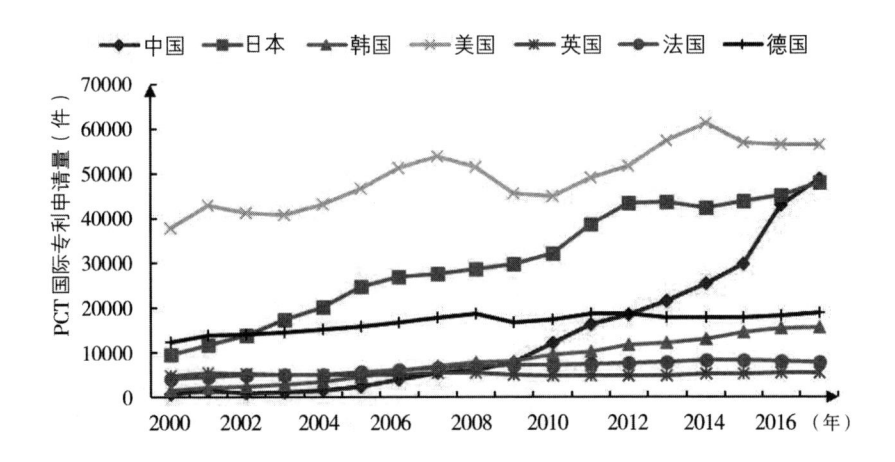

图7-8 部分国家PCT国际专利申请情况比较

数据来源：《中国科技统计年鉴2018》。

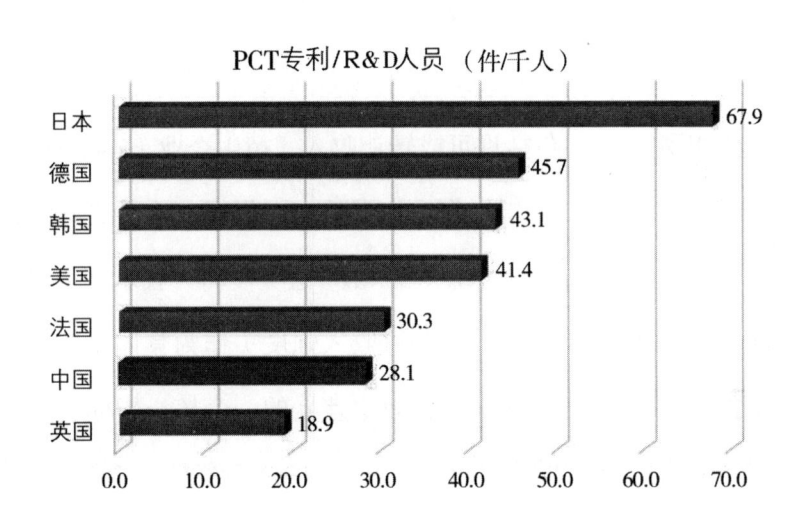

图7-9 部分国家人均PCT国际专利申请情况比较

数据来源：《中国科技统计年鉴2018》。

六是科技成果转化效率方面，我国似乎处于中等偏上的水平，但结构性矛盾需要重点关注。科技成果转化方面，我国主要采用数量导向型评价指标，依据"已转化成果数量占全部成果数量的比值"进行测算。这种评价方法简单、易操作，结果比较直观，但也有诸多局限性，尤其是难以反映科技成果的经济价值。

科技成果转化在国外一般对应技术转移、知识转移或研究成果商业化等活动。对多数发达国家而言，公共资助研究成果的商业性转化，特别是一些大学和公立科研机构的转化，是各国衡量知识转移效率的重点。目前，国际上通用的评价指标侧重于价值导向，重点评估科技成果的商业化潜力和转化应用的经济效益。最具代表性的是欧洲知识转移测度专家委员会提出的知识转移测度指标体系。该评价指标分为两大类：第一类是评价"成果的商业化潜力"，包括发明披露、专利申请和许可量、产学研R&D合作协议等指标；第二类是评价"成果的商业应用水平"，包括许可或转让收入、衍生企业（spin-offs）等指标。该委员会将第二类指标作为衡量的核心指标。为了更好地开展国际比较，经济合作与发展组织（OECD）进一步将"技术许可或转让收入占研发支出的比重"（或称许可收入强度）作为具体比较其主要成员国之间公共科研部门知识转移效率差异的一个核心指标。其中，"研发支出"是指调查样本当年实际支出的R&D经费；"许可或转让收入"是指调查样本对已形成的主要知识产权进行授权许可或转让所获得的全部收入，含许可费、年费、期权费等。该指标与目前国内数量导向的评价指标有显著差别，关键是将衡量效率的重点放在了对科技成果被市场认可的经济价值上。评价结果如图7-10所示。

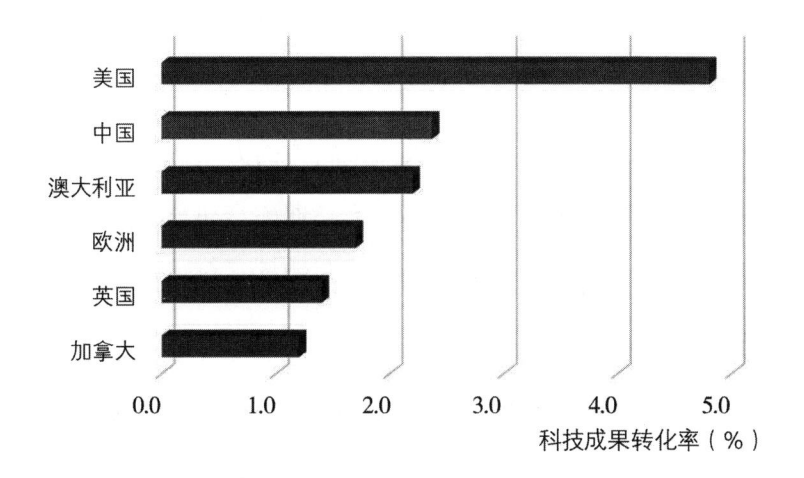

图7-10 我国与部分OECD国家公共科研部门的成果转化水平比较

数据来源：熊鸿儒.我国科研部门成果转化效率的测算与评价：基于价值导向的国际比较[J].学习与探索，2019（2）.

可以看出，我国公共科研部门的科技成果转化水平仅次于美国。这与多年来流传的"发达国家成果转化率普遍达40%～50%，个别高达80%"等说法相差悬殊。总的来看，我国科研部门依据价值导向衡量的成果转化水平并不低。尽管落后于个别国家，但领先于欧盟、加拿大等国家或地区。这与国内社会舆论普遍认为我国的成果转化率严重偏低的观点不符。究其原因，与机构定位及研发活动类型，各国的知识产权保护制度及创新政策、技术转移机制、转化方式的差异有关。一方面，对多数国家而言，获得政府资助的科研项目大多属于基础研究的范畴，而基础研究主要定位于知识创造、前沿探索，主要产出以论文和少量发明专利为主，很多成果不具备直接转化的条件，转化收入自然不会太高。而我国的经费更多地用于试验开发阶段，在经费投入结构上的显著差异，影响了价值型指标的判断。另一方面，知识产权制度（特别是专利政策）、技术转移机制以及"大学-产业"联系程度的差异也会直接影响各国科技成果转化的方式和效果。比如以德国、瑞典、挪威为代表的不少欧洲国家长期施行研究人员"独占"专利所有权的政策；而美国着力推动将联邦资助的科研成果所有权转给科研机构，或直接鼓励大学协助科研人员开展专有技术许可。这种制度性差异直接影响了科研人员转化成果的方式及积极性。又如，一些国家的企业拥有大学的专利所有权比重高，而企业在专利使用上大多自行转化，其收入并未计入大学的许可或转让收入之中，造成了对成果转化率的低估。OECD的调查显示：在欧洲，至少60%的大学专利申请及所有权在企业；相比之下，美国67%~74%的大学专利申请及所有权属于大学，这在一定程度上解释了美国和欧盟科研部门许可收入占比差距的原因。

（三）我国技术市场化仍面临诸多问题

改革开放以来，我国技术市场在取得众多成果的同时，依然存在科研成果质量不高、技术有效供给不足、知识产权保护不到位、技术市场流动性低等问题。导致这些问题的原因固然很多，但技术市场体系发育不充分、价格形成机制不完善、供求机制扭曲、人才建设滞后、政策法规不健全、知识产权保护等问题没解决是其中重要原因。

1.技术供求机制不完善

一是技术供给质量偏低，技术有效供给不足。尽管我国科技成果增长迅猛，但转化率低的问题饱受诟病。我国技术成果转换虽由计划经济时的成果推动型逐步向市场经济条件下的市场推动型不断转化，然而这一转化过程还远未完成。近年来，我国每年新涌现专利成果超过100万项，但真正形成产业规模的不多，技术的有效供给严重不足。二是中试熟化环节不完善，科技成果难以跨越从实验室产品到产业化之间的"死亡之谷"。我国50%以上的科研院所和高校缺乏中试设备和中试资金，不具备中试条件[1]。科技成果中试熟化相关的平台、技术、人才和资金投入不足，导致科技成果多为实验室阶段成果或初级产品阶段，大多不能"即时转化"，企业对科技成果"接不住、用不了"，无形中增加了科技成果产业化的风险。三是企业创新主体意识不强，市场导向的创新机制难以实质性确立。长期以来，我国企业在技术创新方面普遍存在急功近利等短视倾向，技术开发投资意愿不高。根据《2017年中国科技统计年鉴》，2016年高校研发经费中来自企业资金的比例只有29%，研发机构的研发经费中企业资金占比只有4%。高校等创新主体过度依赖政府经费和政策激励，研究选题往往偏重技术与理论，由市场来发现和选拔产业项目、配置科技资源的机制难以形成。

2.价格形成机制不健全

一是技术商品价格管理不完善。目前我国技术市场还处于初级阶段，技术评估能力较弱，没有形成技术价格的参考体系，尤其是缺乏

---

[1] 全国人大常委会法制工作委员会社会法室.中华人民共和国促进科技成果转化法解读[M].北京：中国法制出版社，2016：110.

专门的技术价格评估机构，妨碍了技术商品价格的公平性和合理性，造成市场分割、价格信号失灵，制约了技术商品价格形成机制的完善。二是技术服务中介不成熟，无法通过议价竞价方式实现对科技资源的优化配置。由于科技成果的独特性、专业性等特点，难以达到标准化商品的要求，需通过中介机构的专业化服务来提升科技成果转移转化成功率。目前我国中介机构只是提供一个对接平台，服务水平不高、服务功能和形式单一，导致协议定价的多、做市交易的少，技术商品的流通和转移不畅，偏离了建立市场、鼓励议价竞价的初衷，无法通过价格机制来实现对科技资源的优化配置。

3.知识产权保护不到位

一是知识产权保护力度不够，制约着技术相关信息披露与交易达成。技术交易往往要求披露一定的信息，但知识产权保护不到位使得科技成果公开交易的意愿不高，而更多地选择私下磋商、地下转化，导致技术交易不在技术市场进行，市场通过价格机制进行科技资源配置的功能无法充分发挥。二是科技管理体制缺乏统筹协调，增加了知识产权执法难度。当前国家层面的技术市场管理机构的权限和权威性呈萎缩态势，比如目前技术市场处作为科技部火炬中心下属机构行使监管职责，难以完全担负起对全国技术市场进行监管的职责，无法对技术市场的发展进行全面规划和顶层设计。知识产权侵权行为的专业性和复杂性较强，维权普遍存在"举证难""赔偿低""周期长"等问题，进一步增加了知识产权执法难度。

4.相关政策法规不健全

一是技术市场法律法规不健全。缺乏针对规范技术要素市场主体、客体和交易行为，以及保障和促进技术要素市场发展的专门政策法规性文件，导致全国各地的技术要素市场监管不统一、交易行为不规范、政策落实不到位等诸多问题出现，制约了技术要素市场的健康发展。二是供给侧政策偏多，需求侧政策不足。当前在技术市场的政策法规中，主要鼓励技术输出方供给技术，而鼓励技术输入方采用新技术新工艺的规定较少，相应地，优惠和配套政策也不尽完备，缺乏有效的激励机制和手段来促使企业真正成为技术市场的有力参与者。三是配套政策制定落后，审批程序烦琐。一些对原有政策进行突破的试点政策会涉及多项配套政策，配套政策调整不及时或不到位、审批程序复杂烦琐也是政策制定容易落实难的原因之一。例如，享受税收优惠备案程序复杂，导致政策难以落实。

5.人才队伍建设滞后

一是科技人才队伍建设滞后。科技人才培育方面，科技人才培育制度的僵化导致科技人才创新能力供给质量不高、创造性不强、创新效率低下，科技人才供给跟不上社会经济发展新形势和用人单位的人才需求。在科技人才流动和引进方面，区域科技创新创业人才争夺的项目同质化问题严重，人才争夺内耗和无序竞争问题产生了一定负面效应。二是技术转移转化从业人员素质有待提升。与一般商品相比，技术交易更为复杂，涉及技术评审、转让方式、相关法律、合作期限等多方面问题，这就要求必须有既懂技术又熟悉市场；既深谙法律又有相对的协调组织能力、有着良好信用的专业人才进行中介服务。随着技术市场的发育和发展，目前已初步形成一支技术经纪人队伍，但绝大部分都是转行而来，高水平、专业化、复合型技术经纪人才严重不足，无法提供高质量的服务。

6.市场体系有待完善

完善的现代技术市场体系将推动整个市场体系基于内在的资源配置结构、配置方式与配置效率，促进国民经济体系产业结构的优化，向高效率、高竞争力的良性增长方式转变，提高经济社会的发展质量。当前我国技术市场体系的短板主要表现在：一是技术交易网络没有形成。公共信息平台的基础设施建设比较落后。行业性的信息网络不畅通，各地区以条块、部门建立的技术中介机构或技术市场垄断了各自的信息资源，导致部分技术中介无法通过正常渠道获取信息，只能依赖社会关系或非正规手段，影响技术市场的健康发展。二是科技成果信息共享机制不成熟。由于科研主体和科技计划发散，导致科研力量分散和重复建设，科技资源浪费严重，技术创新的扩散效率不高。交易过程中的信息不对称现象严重，增加了技术交易的人力物力消耗、交易时间和交易成本。

三、科技创新技术效率影响因素的定量测算

增强企业自主创新能力是我国当前乃至今后较长时间调整产业结构、推进高质量发展的中心环节，也是从容应对纷繁复杂的国际局势的重要底气。然而，我国本土企业的自主创新能力长期滞后于经济发展的现实需求。国内外大量的研究表明，自主创新能力的提高既源于创新投入的持续增长，还在很大程度上依赖于科技成果利用效率的提升（戴魁早，2018）。因此，促进科技成果创造的同时不断提高科技成果的转移转化效率对提升我国自主创新能力有着重要现实意义。

改革开放以来，尽管我国市场化改革不断推进，要素市场化进程一直滞后于产品市场（黄益平，2009）。在土地、资本、劳动力、能源等要素市场领域，"以增长为竞争"的地方政府出于保障本地经济发展、稳定经济增长等目的，普遍存在通过价格管制和市场分割等行政手段，使要素价格长期处于扭曲状态，以要素市场扭曲为代价来推动经济短期增长的动机（银温泉、才宛如，2001）。

研究发现，要素市场扭曲带来了扭曲的要素资源和寻租机会，使得研发投入要素市场扭曲程度越深的地区，要素市场扭曲对企业R&D投入的抑制效应就越大（张杰 等，2011）。特别是，要素价格扭曲使得企业以资本和劳动力代替技术要素投入，造成企业研发支出强度偏

低，抑制了中国制造业的技术创新产出（李平、季永宝，2014；白俊红、卞元超，2016）。从以往研究来看，少有文献探讨要素市场扭曲对技术研发和成果转化效率的影响机制及程度。基于此，本书从资本要素市场扭曲和劳动力要素市场扭曲这两个维度出发，使用省际层面数据，来测算两种要素市场扭曲程度以及对我国技术研发和成果转化效率的影响方式。

（一）测算原理与方法

1.要素市场扭曲的测算

要素市场扭曲是指由于市场不完善所导致的生产要素资源，在国民经济中的非最优配置，或者说，是要素市场价格与机会成本的偏差或背离。Magee（1971）研究发现，要素市场扭曲具有要素流动障碍（factor immobility）、要素价格刚性（factor price rigidity），以及要素价格差别化（factor price differentials）这三种主要表现形式。要素市场扭曲不仅包括价格扭曲，还包括要素市场分割。要素市场扭曲是指要素价格与机会成本或边际产出所决定的均衡价格的偏离度。

现有文献对要素市场扭曲程度的测算，主要包括直接和间接两类指标。一类是根据要素市场扭曲的定义，估计生产函数后再计算要素边际产出与要素价格的比值以刻画市场扭曲程度。另一类是基于我国要素市场的市场化进程滞后于产品市场这一典型事实，依据樊纲等《中国市场化进程指数报告》中的市场化进程指数，来构建产品市场和要素市场的市场化指数的差距比值（张杰等，2011）。这一间接指标主要捕捉要素市场的市场化进程相对产品市场的滞后程度，但忽略了一个事实，即要素市场发育程度低的地区，产品市场和要素市场的发育程度都较低，会抹平地区间的相对扭曲程度（林伯强、杜克锐，2013），因此本书采用直接测算法。在生产函数的选取上，常用的有C-D生产函数和超越对数生产函数。超越对数生产函数比C-D函数在模型设定上具有更大的灵活性，放松了规模报酬不变和技术中性的假定，允许劳动力和资本非充分利用的情况，在一定程度上提高了模型估计的准确性和有效性。因此，本书采用超越对数生产函数对我国省际生产函数进行估计，并据此计算得到资本和劳动力要素市场扭曲程度的测量。

当考虑资本（K）、劳动力（L）两个要素时，超越对数生产函数可以表示为：

$$lnY_{it} = \beta_0 + \sum_{j=1}^{2} \beta_j lnX_{itj} + \frac{1}{2}\sum_{j=1}^{2}\sum_{k=1}^{2} \beta_{jk} lnX_{itj} lnX_{itk} + \varepsilon_{it} \quad (1)$$

式中，lnY_{it}是第i个省份第t年的对数产出；lnX_{itj}是第i个省份第t年第j种要素投入的对数形式。根据生产函数，可以求得各个要素的产出弹性为：

$$\alpha_{itj} = \frac{\partial lnY_{it}}{\partial lnX_{itj}} = \frac{\partial Y_{it}}{\partial X_{itj}}\frac{X_{itj}}{Y_{it}} = \beta_j + \sum_{k=1}^{2} \beta_{jk} lnX_{itk} \quad (j=1,2) \quad (2)$$

进一步，可以得到要素的边际产出为：

$$MP_{itj} = \frac{\partial Y_{it}}{\partial X_{itj}} = \alpha_{itj} * \frac{Y_{it}}{X_{itj}} = \left(\beta_j + \sum_{k=1}^{2} \beta_{jk} ln X_{itk}\right) * \frac{Y_{it}}{X_{itj}} \quad (j = 1,2) \quad (3)$$

根据要素扭曲的定义，资本要素和劳动力要素扭曲水平可表示为资本和劳动力的边际产出与二者实际价格（利率水平和工资水平）之比。即为：

$$Dist\_K_{it} = \frac{MP_{itk}}{r_{it}}, Dist\_L_{it} = \frac{MP_{itl}}{w_{it}} \quad (4)$$

根据定义，公式（4）中Dist_K和Dist_L即分别刻画了资本要素市场和劳动力要素市场的扭曲程度（张贵、王岩，2019）。

2.科技创新技术效率的影响因素分析

科技创新具有链式结构，包括基础研究、应用研究、实验开发等环节，其中，技术研发和成果转化是畅通科技-经济联结过程中至关重要的两个节点。政府对金融信贷部门的干预及管制削弱了市场机制在配置研发资源中的作用，地方政府为实现短期经济目标，倾向于将资源要素投向收益稳定、风险较低、经济效益见效快的项目，容易忽视不确定性较高、回报周期较长的技术研发项目。市场扭曲下的要素资源供给也弱化了企业的研发激励，造成技术效率的损失。

为分析要素市场扭曲对技术效率损失的影响方式，方便对症下药提高技术研发和转化效率，本书采用随机前沿分析（SFA）方法来研究技术研发和技术转化过程中的技术效率损失情况，并估算资本要素市场扭曲和劳动力要素市场扭曲对技术效率损失的影响。该方法首先设定一个随机边界生产函数框架，通过计算面板数据求出一个随机前沿生产函数，同时假定这些面板数据中的企业技术非效率服从截断正态随机分布并随时间的变化而变化。该方法假定生产边界模型都含有组合误差项，即其误差项既包括随机误差项v（符合正态分布），也包括技术非效率项u，应用面板数据库通过极大似然估计方法来估计随机边界函数，进而衡量技术效率。随机前沿分析（SFA）方法允许误差的存在，模拟情境精准，适合用于科技创新技术效率测度（陈勇军等，2015）。

参照陈勇军等（2015），本书采用Battese和Coelli（1992）模型来测度科技创新技术效率，以柯布-道格拉斯函数（C-D）为生产函数形式，具体公式为：

$$Y_{it} = AK_{it}^{\alpha}L_{it}^{\beta}e^{v_{it}-u_{it}} \tag{5}$$

进行对数化后，得到如下公式：

$$Ln(Y_{it}) = Ln(A) + \alpha Ln(K_{it}) + \beta Ln(L_{it}) + v_{it} - u_{it} \tag{6}$$

其中，$v_{it} \sim N(0,\sigma_v^2)$表示白噪声，$u_{it}$表示技术无效率（即效率损失）的部分，为非负变量，一般假设为截断正态分布，即$u_{it} \sim N^+(\mu_{it},\sigma_{it}^2)$。

结合影响因素变量设置，并根据Battese和Coelli对技术非效率（即生产无效率）影响因素的处理方式，构建出技术效率方程：

$$\mu_{it} = \delta_0 + \sum_{n=1}^{N} \delta_n Z_{nit} \delta_n Z_{nit} + W_{it} \quad (7)$$

其中，Z_{nit}表示技术无效率的第n项影响因素，N为技术无效率的解释变量的个数，δ为技术效率方程的外生解释变量系数待估计值，W_{it}为技术非效率（即生产无效率）方程的随机扰动项。

技术效率的公式为：

$$TE_{it} = \exp(-\widehat{u_{it}}) \quad (8)$$

当无效率项$\widehat{u_{it}}$=0时，存在完全的生产效率，TE_{it}值为1。当$\widehat{u_{it}}$趋向于正无穷时[1]，存在完全的生产无效率，TE_{it}值为0。本书采取的$\widehat{u_{it}}$是某些变量的线性组合，随时间和地区特征而改变，可据此对生产效率的变化轨迹作进一步研究。

需要注意的是，技术效率回归方程，即公式（7）中，被解释变量为技术无效率项所服从的截断正态分布的均值，而不是公式（8）所定义的技术效率。因此，公式（7）中若解释变量的估计系数符号为正，表明随着该变量取值的增加，技术无效率项（或技术效率损失）越大，技术效率越低。

---

[1] 注意到无效率项假设服从截断正态分布，因而总是非负的，只可能等于0或者大于0，从而技术效率TE的取值在0和1之间，且随着无效率项的增加而降低。

（二）变量选取与数据处理

1.要素市场扭曲分析的变量选取与数据来源介绍

在以公式（1）、公式（4）测算要素市场扭曲时，综合考虑数据统计口径的一致性以及数据的可得性，选取2009—2017年我国除港澳台外的31个省份的经济数据进行分析。变量选取与数据来源如下。

产出数据（Y）。根据惯例，产出选择地区生产总值，并以2008年为基期，经GDP平减指数调整得到。数据来源于各年度《中国统计年鉴》。

资本投入数据（K）。地区资本存量，采用固定资产投资价格指数折算为以2008年为基期的不变价，并运用永续盘存法对其进行存量化处理。参考张军等（2003）的研究，资本折旧率选定为9.6%。基期的资本存量参考经验做法，用基年固定资产投资总额除以10%计算得到。数据来自各年度《中国统计年鉴》。

劳动投入数据（L）。选用各地区年末城镇单位就业总人数。数据来自各年度《中国统计年鉴》。

资本的实际价格（r）。考虑到我国金融机构贷款利率存在动态调整，选取一年期内金融机构贷款利率的平均值作为利率水平的衡量指标。数据来自《中国第三产业统计年鉴2018》。

劳动力价格（w）。选取各地区城镇单位就业人员平均工资表征。数据来自各年度《中国统计年鉴》。

2.科技创新技术效率分析的变量选取与数据来源介绍

在以公式（6）、公式（7）和公式（8）来测算科技创新技术效率及影响因素分析时，考虑到西藏部分年度数据不全，故而选取了2009—2017年我国除西藏和港澳台外的30个省份的经济数据进行分析。变量选取与数据来源如下。

（1）技术研发效率分析部分。生产函数主要包括技术研发产出和研发活动投入相关变量。

技术研发产出（Pat）。多数研究把专利授权数作为研发产出的衡量指标，但专利授权数因审批周期长而存在难以准确刻画的滞后效应。为方便比较分析，选取各地区专利申请数和发明专利[1]申请数来衡量技术研发产出水平。数据来自各年度《中国科技统计年鉴》。

研发活动投入（RDK，RDL）。假定研发活动的投入要素仅包括资本和劳动力两种。大多数研究采用高技术产业R&D经费内部支出作为研发活动的资本投入，但该指标在部分年份没有报告，因而本书选择企业R&D项目经费来代替，同时选择R&D人员全时当量来表示技术研发的劳动投入。数据来自各年度《中国科技统计年鉴》。

技术效率方程包括解释变量和控制变量。解释变量为要素市场扭曲程度（Dist_K，Dist_L），由要素市场扭曲分析中计算得到。为了对技术效率方程进行详细分析，结合我国经济现实，参考已有文献，

---

[1] 专利分为发明、实用新型和外观设计三种，其中，发明专利技术含量最高，更能体现企业自主创新能力及从中获得潜在经济回报的独占优势。

在技术效率方程的估计中加入以下控制变量：用R&D经费内部支出中政府资金的占比来表示政府对科技创新的干预程度（Gov）；用以2008年为基期的GDP平减指数进行去价格化处理后的地区生产总值的对数来度量经济发展水平（$Develop$）；用出口占GDP的比重表示开放程度（$Open$）。数据来自各年度《中国科技统计年鉴》和《中国统计年鉴》。

（2）成果转化效率分析部分。生产函数方程主要包括技术合同金额（产出项）和成果转化相关投入变量（投入项）。根据经济现实，成果转化的投入变量主要考虑科研人员投入和专利产出投入两种，专利产出投入考虑专利申请总数和发明专利申请总数这两种设定。技术效率方程的设定与技术研发效率分析的设定一致。

（三）结果分析

根据科技创新技术效率的测度模型，运用Frontier 4.1软件进行回归分析。

1.要素市场扭曲程度的测度

在利用超越对数生产函数得到相关回归系数的基础上，对我国资本要素市场和劳动力要素市场扭曲程度进行测度。图7-11给出了2009—2017年全国层面这两种要素市场扭曲水平的平均值。

要素市场化配置改革

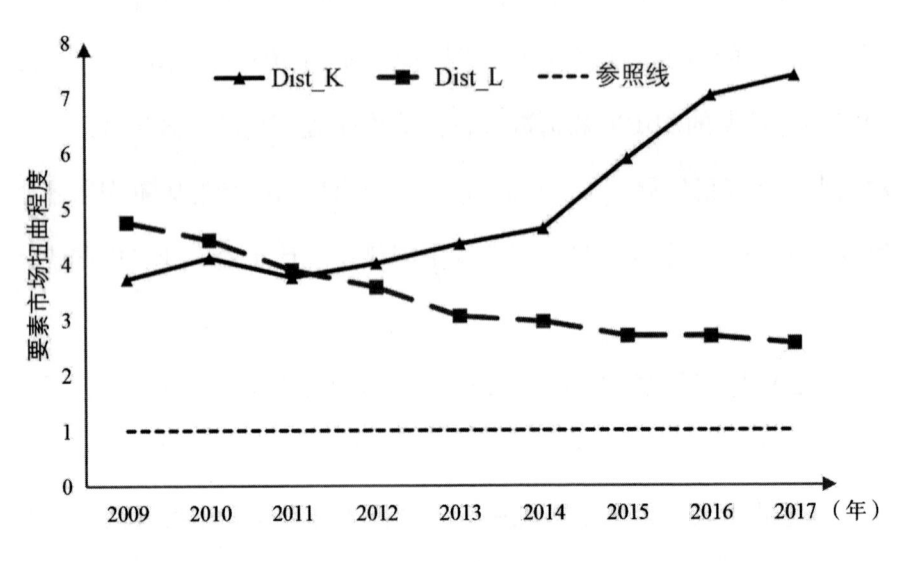

图7-11 资本和劳动力市场扭曲程度的变化趋势

由图11可知,从全国层面来看,资本要素市场和劳动力要素市场均呈现扭曲态势,并且资本要素市场的扭曲程度显著高于劳动力要素市场,这与王宁和史晋川(2015)的研究结果一致。多年来,在"以GDP为纲"的发展理念下,我国形成了通过扭曲生产要素价格来实现经济增长的发展模式,虽然这在短期内能刺激经济增长,但也给国民经济健康可持续发展埋下了隐患。同时,由于资本要素市场扭曲程度显著高于劳动力要素市场,使得投资驱动成为推动经济发展的首要选择。

除纵向比较外,横向的地区间要素市场扭曲程度也呈现显著特征。表7-3给出了2009—2017年各地区资本要素和劳动力要素市场扭曲的平均值。

表7-3 2009—2017年各地区资本要素市场和劳动力要素市场扭曲平均值

地区	Dist_K	Dist_L	地区	Dist_K	Dist_L
北京	5.44	1.35	广东	9.55	1.41
天津	5.45	3.89	广西	4.61	4.09
河北	6.30	3.27	海南	2.06	6.11
山西	4.25	3.19	重庆	4.76	3.68
内蒙古	5.25	4.89	四川	6.13	2.61
辽宁	5.30	2.60	贵州	3.34	3.69
吉林	3.96	4.03	云南	4.02	3.50
黑龙江	4.98	3.96	西藏	0.76	5.06
上海	6.76	2.04	陕西	4.51	3.03
江苏	8.22	1.41	甘肃	2.98	4.23
浙江	7.06	1.68	青海	1.73	5.98
安徽	5.53	3.66	宁夏	1.97	5.84
福建	5.59	2.77	新疆	3.32	3.22
江西	4.99	4.33			
山东	8.14	1.47	全国	4.98	3.40
河南	5.66	1.84	东部	6.35	2.55
湖北	5.77	2.94	中部	5.15	3.43
湖南	6.04	3.51	西部	3.64	4.24

数据来源：课题组计算得出。

从分地区研究结果来看，资本要素市场扭曲水平从东部向西部呈现递减趋势，而劳动力要素市场扭曲程度则从东部向西部呈递增趋势，这与地区要素驱动的现实状况基本相符。资本要素市场扭曲程度最高的前3个省份为广东、江苏、山东，表明这些地区的资本市场受到较为严重的外在干预，尤其是政府部门的过度干预使得资本的边际产出远远偏离于实际所得，说明资本价格受政府干预程度很高。

2.要素扭曲对技术研发和转化效率的影响

技术研发和转化效率的随机前沿分析结果见表7-4所示。其中，估计科技成果创造环节的生产函数[即模型（1）和模型（2）]时，解释变量选择R&D人员（log_RDL）与R&D经费投入（log_RDK）。估计科技成果转化环节的生产函数[即模型（3）和模型（4）]时，解释变量选择研发人员（log_RDL）与专利数（log_Pat）或发明专利数（log_InventPat）的对数。

为检验随机前沿方法的有效性，定义如下：

$$\sigma^2 = \sigma_u^2 + \sigma_v^2, \gamma = \frac{\sigma_u^2}{(\sigma_u^2 + \sigma_v^2)} \in [0,1]$$

其中，γ值越大，说明在没有达到生产前沿面的影响因素中，技术无效项占据的比重越大，随机误差的比重越小。γ的取值区间为[0，1]，对σ^2和γ进行检验，判断随机扰动项中技术无效率的比重，即γ的大小：$\gamma=0$，说明实际产出与前沿面产出的差距完全来自随机因素，此时采用OLS估计即可；γ越接近1，表明随机前沿模型能够解释技术研发效率损失的程度越高。由表7-4可知，模型（1）~（4）的γ值均较高，且通过了显著性检验，表明运用SFA方法是有必要的。

由模型（1）和模型（2）的估计结果可知，可以得到以下发现。

一是当前我国技术研发的突破口在于经费投入不足，而技术转移的突破口在于人员投入不足。从估计结果可以明显看出，经费投入和人员投入分别在创新链的不同环节发挥主导作用。一方面，经费投入对于技术研发至关重要。模型（1）和模型（2）均表明，R&D经费投入每增加1%，专利产出（或发明专利产出）增加2.357%（2.632%），且这一正向影响在1%的统计水平上显著。相反，研发环节的人员投入对于专利产出并没有表现出显著的正向影响，这可能是因为我国科研人员队伍较为庞大，而科技经费相对短缺。另一方面，在技术转移转化环节，专利产出的增长对于技术合同成交额不存在显著影响，而人员投入的影响显著为正。从模型（3）和模型（4）估计得到的产出弹性系数来看，人员投入每提高1%，技术合同成交金额可提高约1.5%。

表7-4 随机前沿生产函数的估计结果

变量	模型（1）	模型（2）	模型（3）	模型（4）
（a）生产函数方程				
constant	−4.608***	−4.640***	1.278	1.010
	（−3.766）	'（−7.091）	（0.907）	（0.260）
Log_RDL	0.026	−0.213	1.465***	1.543***
	（0.119）	'（−1.503）	（11.291）	（10.191）
Log_RDK, Log_Pat, 或Log_InventPat	2.357***	2.632***	−0.026	−0.023
	（4.299）	'（8.408）	（−0.564）	（−0.563）
（b）技术效率方程				
constant	−0.029	0.313	−18.102***	−29.090***
	（−0.025）	（0.318）	（−2.800）	（−5.111）
Dist_K	−0.024	−0.131	−0.218***	−0.241***
	（−0.352）	（−1.460）	（−3.576）	（−3.996）

（续表）

变量	模型（1）	模型（2）	模型（3）	模型（4）
Dist_L	0.166**	0.133**	0.159***	0.256***
	（2.458）	（2.179）	（2.826）	（3.558）
Gov.	−0.154	−0.795	−4.247***	−3.650***
	（−0.341）	（−1.595）	（−12.225）	（8.233）
Develop	−0.015	0.009	0.842***	1.245***
	（−0.248）	（0.228）	（3.414）	（4.803）
Open	−0.236	−0.339	0.068	0.069
	（−0.260）	（−1.029）	（0.694）	（1.131）
sigma-squared	0.232***	0.309***	0.791***	0.795***
	（4.976）	（8.064）	（10.961）	（12.695）
gamma	0.279***	0.438***	1.000***	0.998***
	（3.011）	（5.181）	（55436.4）	（159.248）
log likelihood function	−167.2	−187.4	−354.1	−351.6
LR单边检验	21.8***	30.6***	108.4	113.5

注：括号内数值为T检验值；***、**、*分别代表在1%、5%、10%的水平下显著。结果由Frontier 4.1估计得出。

二是劳动力市场扭曲是阻碍技术研发和转化效率提升的突出短板。从技术效率方程来看，不论是技术研发环节［模型（1）和（2）］，还是技术转化环节［模型（3）和（4）］，劳动力市场扭曲对于技术无效率程度的影响均为正，表明劳动力要素市场扭曲对我国技术研发和转化的效率提升产生了显著的抑制作用。长期以来，地方政府和企业采取人为压低工资水平的方式促进产出增加，一方面，抑制了地区对于创新产品的需求水平，弱化了市场需求对于技术研发的引致作用；另一方面，低收入水平极大地抑制了科研人员在技术研发和技术转化环节的积极性。同时，户籍制度、城乡二元结构以及地方保护等都对科技人才产生了挤出效应，市场在劳动力要素配置中的决定作用得不到充分发挥，造成企业技术研发效率损失。此外，资本市场扭曲对于技术研发环节没有显著影响，而对于技术转移转化效率存在积极影响，也与我国资本追逐短期利润、排斥高风险的前期研发活动，而追逐更接近市场化的技术甚至爆炒科技概念相一致。

四、国外促进技术转移转化的经验做法

当前推进技术要素市场化配置的关键，在于破除阻碍高校职务发明[1]转移转化的障碍，以充分挖掘创新潜力、激发转化动力。合理的职务发明制度是促进职务成果转化，提升创新能力驱动生产力发展不可或缺的条件。职务成果转化的权利配置规则即在雇员（发明人）、雇主（发明人所在企业或高校）及政府主管机构间配置职务成果转化所涉及的专利申请权、所有权、实施权、转化收益权等多种权利，是各国职务发明制度的核心内容，其实质在于平衡雇主和雇员之间的利益，实现社会资源优化配置，为提高职务发明专利的转化率提供有效的制度保障。

---

[1] 职务成果是发明专利授权的主要类型，高校科研人员完成的科技成果多为职务成果。

（一）国外促进技术转移转化的经验做法

美国、日本对高校职务成果转化权利的配置规则能有效地促进其专利转化已成为学界的共识。美日两国配置高校职务成果转化权利的规则分散在多部法律中，既有适用于全社会的普通立法形式，又有专门针对高校的特别立法形式。以激励创新为内在原则，其主要内容涉及三个方面：一是成果转化前，在雇员与雇主之间配置对职务成果专利的申请权、所有权、实施权；二是成果转化后，在雇员与雇主之间配置对转化收益的权利；三是在高校与政府主管部门之间配置对受财政资助的职务成果及其转化所涉及的专利申请权、所有权、实施权以及对转化收益的支配权等。具体来说，各阶段的经验做法主要包括如下方面。

一是注重激发利益相关方参与研发与成果转化的内在动力。依据波斯纳定理，在专利转化成本高这一客观情况下，将职务成果的初始权利（职务成果的专利申请权、专利权、专利实施权等）授予最珍视此权利的人，能达到社会整体效率最优的结果，既能有效激发雇员技术创造和产品研发的内在动力，又能有效激发雇主鼓励并支持其雇员进行技术创造和产品研发的内在动力。基于此，美日高校职务成果转化前的权利配置，一方面，两国在分配职务成果权利归属时都以"约定"配置方式为主，以"雇员优先"的法定配置方式为补充。两国都允许并尊重雇主和雇员就职务成果权利归属进行约定，在有约定的情况下按约定分配权利；没有约定时采用"雇员优先"的法定配置。另一方面，在确定职务发明专利所有权归属的同时，通过给相对方配置相应权利以平衡保护双方当事人的利益。两国专利法都在因缺少约定而将职务发明专利的所有权赋予雇员的同时，赋予雇主专利实施权，以平衡双方的权利。

二是注重职务发明人获得奖酬权利的现实性。美日高校职务成果转化收益的权利配置，注重保护发明人获得奖酬的权利并对发明人获得奖酬的权利采取强保护的救济机制，体现了激励发明人创造力并提高职务发明专利转化率的精神。一方面，规定了比例明确、计算方式确定的职务专利发明人获取奖酬的权利。美国《史蒂文森-怀德勒技术创新法》和《联邦技术创新法》明确了联邦政府有关部门和机构及其下属的联邦实验室的技术转让职责，规定凡是预算在2000万美元以上的联邦实验室，必须设立专门的研究与技术应用办公室从事研究开发成果的技术转让，各联邦机构将其研究开发预算的0.5%用于支持下属实验室研究与技术应用办公室的工作[1]；同时，规定的科研成果提成奖励制度要求企业须在每年的转化收益中提取一定比例用于奖励科技成果转化过程中有重大贡献的科研人员，发明人至少可以获得15%的回报。日本《国立大学法人法》规定大学须将转让职务成果给企业的一部分报酬返还给职务发明人（教师本人）以保证利益平衡并提高教师的再创造积极性，发明人一般可获得扣除专利申请费后收入的30%。另

---

[1] 李文元.科技中介机构功能完善和体系构建研究[D].镇江：江苏大学，2008.

一方面，职务成果转化后，因雇员对雇主事实上的弱势地位，其收益的实现有赖雇主的积极作为，为保障职务发明人奖酬权的实现，皆赋予雇员（发明人）向雇主等职务成果转化人提起仲裁或诉讼的救济权利。

三是注重赋予高校对职务成果及转化的自主权并设立专门的技术转化机构。美日对受财政资助的职务成果转化的权利配置，皆以激励高校研发及转化职务成果为基本原则，授予并保障高校对该类成果的知识产权及其转化收益的自主支配权。不同的是，美国为平衡发明专利的商业化与公共利益的保护，限定了高校转让职务成果所获收益的用途（限用于教育和研究），既授予政府资助机构强制许可第三人实施的介入权，又严格限制介入权的行使；而日本根据本国国情，注重高校法律主体资格的独立化，确保高校成为获得转化职务成果收益自主权的主体地位，通过立法成立了负责高校职务成果转化的专门机构并赋予其获得政府经费及人力支持的权利。

具体参考专栏1中的内容。

专栏1　美国大学、科研机构技术转移模式

美国作为全球科技创新大国，一直非常注重创新成果的转移转化。在美国的技术转移体系中，大学和科研机构形成了各具特色的技术转移模式，成为国家技术转移体系的重要组成部分。

（一）美国大学的技术转移

美国大学主要通过技术许可办公室和概念证明中心

（proof of concept centers, PoCCs）来推动技术转移，形成了两种不同的技术转移模式。

1. 建立技术许可办公室

在《拜杜法案》的推动下，20世纪70年代以来，美国的研究型大学开始成立技术许可办公室。技术许可办公室的工作人员由专业技术人员组成，他们了解国家政策法规，有着丰富的产业经验和谈判经验。技术许可办公室的职能主要包括：专利、版权许可；知识产权保护、管理；公共服务；创业和创办新公司。技术许可办公室在大学的技术转移中起着重要作用，被称为"技术牧羊人"。

2. 成立概念证明中心

美国的概念证明中心是在大学内部运行的组织机构，通过提供种子资金、商业顾问、创业教育，促进技术转移。概念证明中心通过与技术转化办公室合作，为具有前景的技术从实验室走向市场搭建起桥梁，加速已申请专利的技术进入市场，是对技术许可办公室工作的重要补充。概念证明中心的主要职责有：为具有创新的科研项目提供种子基金；为科研人员提供技术转移帮助，包括技术的商业评估、争取外部投资、提供产品孵化空间等；参与大学的创业教育活动等。概念证明中心在美国大学技术商业化过程中，在解决资金与资源、技能、信息不对称和激励问题等方面发挥了重要作用。

（二）美国国家实验室的技术转移

美国国家实验室是美国最主要的科研机构。美国的国家实验室研究体系形成于"二战"后，包括军工、物理、能源、生物技术等基础和前沿领域的研究机构，比如麻省理工学院的林肯实验室。美国国家实验室主要通过以下途径实现技术转移。

1. 政府部门设立技术转移机构

美国没有专门的科技管理部门，各职能部门下设技术转移机构来管理下属国家实验室的技术转移工作。商务部管理技术转移总体工作，对各职能部门的技术转移工作进行信息收集和汇总，定期向国会与总统递交国家实验室技术转移专题报告。1989年，美国成立罗伯特·C.波德国家技术转移中心，主要提供科技成果的转移服务，推动美国技术转移及技术成果产业化。

2. 联邦实验室技术转移联盟

技术转移联盟（federal laboratory consortium, FLC）成立于1974年，是由所有国家实验室共同组成的技术转移组织机构，目的是促进和协助国家实验室科技成果的快速转移。技术转移联盟的主要职能包括：培训联邦实验室联盟的成员、奖励实验室的技术转移项目、培育良好的技术转移环境、促进技术供需者合作。

3. 实验室设立技术转移办公室

国家实验室内部设立了"研究和技术应用办公室"（技术转移办公室），目的是促进科研成果转化。1980年美国通过了《史蒂文森-怀德勒技术创新法》，1986年又通过了《联邦技术转移法》，两部法案要求每个国家实验室都要建立研究与技术应用办公室。办公室的主要职能是：为实验室所从事的研究项目提供应用评估报告；为国家实验室研究项目进行产业化的信息推广；搭建国家实验室的研究、开发资源与

> 产业需求信息相联系的平台等,从事国家实验室的技术转移、信息推广和相关服务支持工作。
>
> 参考资料:贺艳.美国、德国大学和科研机构技术转移模式及启示[J].华北电力大学学报(社会科学版),2019(2).

(二)经验借鉴与启示

一是借鉴"以约定配置方式为主、以'雇员优先'的法定配置为补充,平衡配置双方权利"的做法,调整我国高校职务成果转化前的权利配置规则。当前部分地区和高校通过内部规定将依法属于高校的职务发明专利所有权部分分配给发明人,将高校职务发明专利的所有权由单位所有改变为单位与发明人混合所有,体现了平衡配置双方权利的意蕴,能有效激励发明人创新和转化的意愿,适宜被完善相关立法时所吸收。否则,"职务成果混合所有"的改革措施将无法获得形式上的合法性,提升职务成果转化率也就不可能从根本上获得所需的制度保障。

二是借鉴"注重职务发明人获得奖酬权利的现实性"的做法,统一并明确规定职务发明人具体的奖酬权利及救济程序。借鉴美国及日本的共性经验,建议通过立法统一规定发明人因其职务发明专利转化获得奖酬的实体标准及救济程序,确保高校职务成果发明人奖酬权利的实现。

三是借鉴"赋予高校对职务成果及转化的自主权并设立专门的技

术转化机构"的做法，强化高校对职务成果的自主权，资助设立专门的技术转化机构。借鉴美国尤其是日本的立法经验，完善我国高校职务成果及转化权利配置规则时，在高校设立专门的技术转移中介机构并给予经费及人力支持，清理并废除与《科技进步法》《促进科技成果转化法》对高校职务成果自主权规定相冲突的部分规范性文件，为激励高校转化职务成果提供配套的制度环境。

五、完善技术要素市场化的思路与对策

技术要素的高效配置，是推动经济高质量发展的关键所在。今后一段时间，是决胜全面建成小康社会、进而全面建设社会主义现代化强国的关键时期，是深化改革开放、加快转变经济发展方式的攻坚时期，必须结合目标导向和问题导向，进一步深化科技领域体制机制改革，充分释放全社会的创新潜力和活力。

（一）总体思路

党的十九大报告指出，"深化科技体制改革，建立以企业为主体、市场为导向、产学研深度融合的技术创新体系，加强对中小企业创新的支持，促进科技成果转化"。关键在于进一步明晰政府与市场的边界，走出技术市场的认识误区。技术市场在促进科技-经济对接方面发挥关键作用，深化技术市场改革要以市场化导向为突破口，着力完善技术市场体系短板，加快形成以市场为导向的技术价格形成机制，进一步完善技术市场供求机制，健全技术市场人才体系，完善政策法规体系，强化知识产权执法，营造有利于技术市场发展的良好政策和法制环境。

（二）对策措施

1.推进产学研主体深度融合，完善技术市场供求机制

一是进一步破除束缚技术供给的体制机制障碍。改革政府资助机制，鼓励高校等创新主体与企业等市场主体对接，从创新源头推进以市场为导向的产学研深度融合。破除科技转化奖励机制存在的审核审批、利益分割等障碍，合理免除成果转化单位的保值增值责任和国资流失责任。

二是进一步强化企业的创新主体地位。企业是市场经济活动的主体，在科技创新活动中不可替代。企业作为创新主体是市场经济和科技发展的内在规律要求，也是推行自主创新的国家战略、实现国家科技创新体系、提高国家竞争力的重要途径。必须高度重视激发企业创新工作，真正有效地发挥企业的主体作用。

三是加强中试熟化基地、人才、资金等条件建设，积极满足转化应用需求。在重点产业集聚的省份选择优势领域创建制造业创新中心，建设创新平台和"中试"系统，实现实验室技术向产品技术转移，跨越技术产业"死亡之谷"。致力于产生具有重要科学价值和经济社会影响、具有清晰成果形态的聚焦性产出。

2.规范技术评估和定价,完善以市场为导向的技术价格形成机制

一是规范简化技术评估和定价环节的权责利。由主管部门制定并颁布《技术要素价格管理办法》,明确技术要素价格管理的基本原则和具体办法,加强对技术要素价格评估的约束、责任认定与尽职免责细则,防止各种欺诈行为的发生,有效促进技术产品的开发和利用,维护技术产品所有者和购买者双方的正当权益。

二是加强技术转移服务机构能力建设,推动中介机构的职能觉醒。建立一批责权明确、形式多样的技术转移服务机构。既有综合性的服务机构,也有专门从事咨询、评估、项目孵化、专利申请、风险投资等服务的专业化服务机构。大力促进多种形式的、面向社会开展技术中介、咨询、经纪、信息、知识产权、技术评估、科技风险投资、技术产权交易等服务活动的科技中介机构的发展,满足日益增长的多样化、系统化、高层次的服务需求,使其切实起到枢纽的作用。

3.强化知识产权执法,营造有利于技术市场发展的良好环境

一是以集中协调为理念,设立专门的技术转移管理和监督机构。改变原来技术转移多头管理的局面,打破部门和行业的界限,资源整合,构建国家级的技术转移监管机构,负责对技术转移体系的建设和发展给予指导和协调,形成从上至下、层次分明的技术转移服务体系。

二是以更大力度加强知识产权保护。依法严厉打击各类侵犯知识产权和制售假冒伪劣的行为,集中查办一批侵害民营企业知识产权的

案件，营造公平竞争的市场环境。加强知识产权信息公共服务，便利企业获取知识产权信息。面向民营企业开展多层次、精准化的知识产权培训。

4.创新制度供给、推动政策落实，完善技术市场政策法规体系

一是尽快制定技术市场基本法。进一步改革法律保障体系，完善技术市场法律法规和政策体系，加快制定我国的《技术市场法》或《技术市场管理条例》，规范技术市场秩序，最大限度保护技术交易当事人的合法权益，保障交易安全、降低风险。激励技术商品的生产、流动和提高科技资源配置效率。

二是更好落实现有激励政策。简化审批流程，创新利益分享机制，鼓励科研院所和高校灵活探索共享专利权、职务科技成果混合所有制改革等科技成果和知识产权归属与利益分享方式，将近年来施行的相对成熟的税收和财政优惠政策上升为法律规定，发挥科研人员探索科技成果转化的积极性。

三是增加技术需求侧激励政策。激励企业创新需求。在企业研发费用税前加计扣除的基础上，鼓励生产企业采购新技术、新产品，给予增值税的先征后返；将部分创新产品补贴调整为对采购企业的税收激励或补贴；鼓励中小企业的创新需求。在政府采购中采用更有利于创新的标准体系，推动生产者采用创新技术和创新产品。补贴创新产品消费，对居民采购符合标准的新产品给予财政补贴。

5.调整技术市场人才激励政策,健全技术市场人才体系

一是加强科技人才激励。调整科技人才政策的激励扶持的结构力度。在现有科技人才激励措施倾向于应用领域的基础上,加大对基础性研究领域科技人才的激励和扶持力度,确保科研人才能够有动力和有条件地自觉地进行研究周期长和探索性强的基础性科研项目,提高自主创新研发的内生动力。

二是加强技术转移人才队伍建设。促进科技成果转化对从业人员的专业技能要求很高。研究开发机构、高等院校要建立相对独立、专业化的科技成果转化队伍,在人才上给予保障,并建立与科技成果转化相适应的考核和评价制度。建立健全技术经纪人培养体系,鼓励高等学校开设科技成果转移转化相关专业及课程,加快培养一批懂技术、懂经济、懂经营、懂管理、懂法律的复合型人才,纳入国家、地方专业人才培养体系。

三是加强技术市场培训体系建设。建立全国技术市场培训中心,对技术市场从业人员进行基础培训和技能培训,将技术经理人的培训正规化、系统化。探索建立国际高端技术转移人才培养机制,与国际技术转移组织联合培训国际注册高级技术经理人,培养具有专业化能力、复合型背景、国际化视野的高水平技术转移专业人才。

6.加强公共信息平台建设,完善技术市场体系短板

一是加强公共信息平台建设,实现科技资源共享机制。加强技术市场基础设施建设,扶持重点技术交易机构的建设,整合政府部门、

科研单位、信息研究分析机构的信息资源，建立多层次的公共信息网络，强化科技文献数据、科技成果供需数据、科技人才供需数据等各类科技信息资源建设，建立公共信息网络，解决公共信息渠道不畅、供应不足的问题，降低信息获取的难度和成本，有效降低技术交易成本。

二是建立完善科技报告制度和科技成果信息系统，健全科技成果信息共享机制。加快建立统一的管理数据库和科技报告制度，并依法向社会开放。实现国家科技资源持续累积、完整保存和开放共享。推动科技成果存量与增量数据资源互联互通，构建由财政资金支持产生的科技成果转化项目库与数据服务平台。

参考文献

白俊红, 卞元超. 要素市场扭曲与中国创新生产的效率损失[J]. 中国工业经济, 2016(11): 39-55.

陈勇军, 张飞涟, 刘尚. 基于随机前沿分析的产学研科技创新技术效率研究[J]. 科技进步与对策, 2015(24): 21-24.

戴魁早. 要素市场扭曲对产业技术创新的影响及其机制[M]. 北京:中国社会科学出版社, 2018.

周望军. 技术要素价格形成机制研究[J]. 价格理论与实践, 2006(11): 9-11+51.

贺艳. 美国、德国大学和科研机构技术转移模式及启示[J]. 华北电力大学学报(社会科学版), 2019(2): 128-134.

黄益平. 不对称开放的中国市场[J]. 上海经济, 2009(10): 16.

李平, 季永宝. 要素价格扭曲是否抑制了我国自主创新[J]. 世界经济研究, 2014(1): 10-15+87.

李文元. 科技中介机构功能完善和体系构建研究[D]. 镇江:江苏大学博士学位论文, 2008.

林伯强, 杜克锐. 要素市场扭曲对能源效率的影响[J]. 经济研究, 2013(9): 125-136.

王宁, 史晋川. 中国要素价格扭曲程度的测度[J]. 数量经济技术经济研究, 2015(9): 149-161.

熊鸿儒. 我国科研部门成果转化效率的测算与评价:基于价值导向的国际比较[J]. 学习与探索, 2019(2): 114-120.

徐颖. 知识商品交易价格理论研究[D]. 长春:吉林大学管理学院,2006.

银温泉, 才婉茹. 我国地方市场分割的成因和治理[J]. 经济研究, 2001(6): 3-12+95.

张贵, 王岩. 要素扭曲、技术研发与效率损失——中国高技术产业实证研究[J]. 科技进步与对策, 2019(1): 59-66.

张江雪. 中国技术市场发展研究——基于总体和区域的实证分析[M]. 北京: 北京师范大学出版社, 2011.

Battese G E, Coelli T J. Frontier production functions, technical efficiency and panel data: with application to paddy farmers in India[J]. Journal of productivity analysis, 1992, 3(1-2): 153-169.

Magee S P. Factor market distortions, production, distribution, and the pure theory of international trade[J]. The Quarterly Journal of Economics, 1971: 623-643.

第八章　数据要素市场化配置改革研究

当前，新一轮科技革命和产业变革席卷全球，数据要素正成为驱动全球经济结构转型，实现经济高质量发展的关键生产要素。世界主要国家正着力推动数据要素高效配置，释放数据要素"红利"，不断培育经济发展新动能，进而实现生产方式和生产力的历史性跨越。我国数据要素市场化配置尚处于起步发展阶段，数据要素市场化配置规模较低，成长速度相对缓慢，在市场化配置过程中，存在数据确权、开放共享、市场体系、监管治理等瓶颈制约。应以习近平新时代中国特色社会主义思想为指导，全面贯彻党的十九大精神，坚持新发展理念，以市场化配置为方向，以开放共享、有效利用、安全高效为原则，平衡数据自由流动、开发利用与个人信息保护及数据安全之间的关系，加快完善数据要素配置顶层设计，健全数据要素配置相关规则，明确数据要素界定，统筹推进数据开放共享和标准化建设，持续健全统一开放、竞争有序的数据要素市场体系，创新数据要素治理模式，构建完善的数据治理体系，从而加快形成与国情相符、与世情相适、"市场有效、政府有为、企业有利、个人有益"的数据要素市场化配置机制，实现数据要素资源价值深度挖掘和开发利用，最大限度扩大数据要素市场化配置范围，提升配置效率。

数据成为生产要素主要源于现代信息通信技术的发展，是数字经济时代的产物。21世纪以来，伴随互联网、大数据、云计算、物联网和人工智能等新一代信息通信技术叠浪式创新、存储能力和计算机算力的快速增长以及各类智能终端产品持续普及，海量的数据快速聚集，全球数据规模出现爆发式增长，人类社会正式进入了"大数据时代"（维克托·迈尔-舍恩伯格，2013）或者以数字化的数据和知识驱动的"数字经济时代"。继农业经济时代的土地和劳动力、工业经济时代的资本和技术等生产要素相继出现以后，数字经济时代，在新一代信息通信技术的推动下，数据已经成为现代生产和服务过程中的关键生产要素，成为经济社会发展的新型源动力，驱动着经济社会新一轮阶跃式发展。党的十九大报告明确将推进要素配置市场化改革作为经济体制改革的两大重点任务之一，因此，贯彻落实党的十九大精神，加快发展以数据为关键要素的数字经济，构建现代化经济体系，推进数据市场化配置是应有之义。考虑到政府拥有的数据都属于公共的，其本身通常并不被视为市场主体，也就不涉及数据要素的市场化交易，其资源配置更侧重于政府数据对社会的开放，因此，本书重点研究个体和企业所拥有的数据要素的市场化配置。

上述内容如图8-1所示。

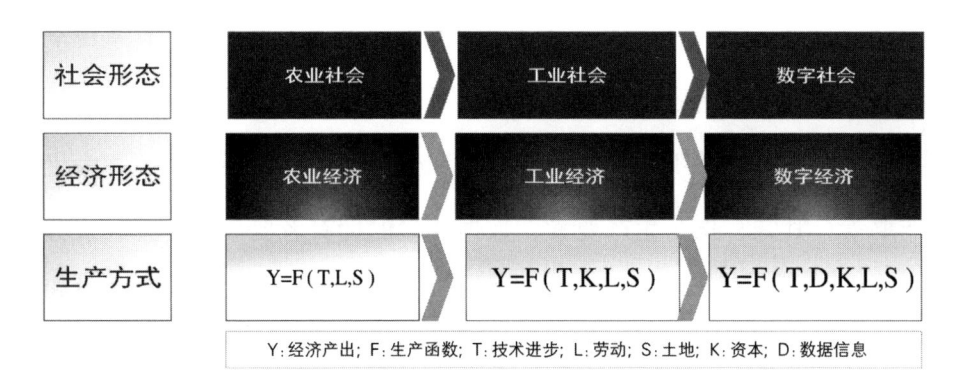

社会形态	农业社会	工业社会	数字社会
经济形态	农业经济	工业经济	数字经济
生产方式	Y=F(T,L,S)	Y=F(T,K,L,S)	Y=F(T,D,K,L,S)

Y:经济产出;F:生产函数;T:技术进步;L:劳动;S:土地;K:资本;D:数据信息

图8-1　社会经济形态变革与生产要素演进

一、数据要素的内涵、典型特征及市场构成要件

（一）数据要素的内涵及基本特征

所谓数据要素[1]，是指生产和服务过程中作为生产性资源投入，创造经济价值的数字化信息、数据和数字化知识的集合，其所有者和使用者可以按照要素参与收入分配。

理解数据要素的内涵，需要注意三个方面的问题：其一，数据要素是一种生产性资源，只有投入生产服务过程，用于产品生产和服务

---

[1] 数据、信息两者本身在语义上重叠。两者既有联系，又有区别。数据是信息的表现形式和载体，可以是符号、文字、数字、语音、图像、视频等；信息是数据的内涵，信息是加载于数据之上，对数据作出具体含义的解释。数据和信息是不可分离的，信息依赖数据来表达，数据则生动具体地表达出信息。两者在本质上并无区别，通常将两者混用或者合并使用。

提供，数据才能成为生产要素。作为生产要素的数据要素，既不同于网络信息技术领域和统计学上所说的数据和信息，也不同于日常生活中大家口耳相传的数据，还有别于作为最终产品的数据，后者提到的几类数据和信息并不能发挥生产要素和生产性功能，因而不能称为生产要素。其二，作为生产要素，数据要素的拥有者要参与要素收入分配，而作为最终产品形态的数据是经济产出，其拥有者没有参与要素收入分配。其三，不同于土地、资本、劳动力等传统生产要素，数据要素本身新颖且独具特色，其作为生产要素既有传统生产要素的一般性特征，比如要素需求的引致性和相互依赖性，还具有数字化、网络化、智能化、高可扩展性、无形资产性、规模经济性等典型特征，具体如下。

一是数字化。数字化是数据要素最基本的特征。所谓数字化主要是指运用互联网、大数据、云计算等信息通信技术，按照特定的信息通信技术规则和标准，将新一轮科技革命与经济社会活动交汇融合所产生的数据载体（文字、图片、影像、视频、信号等）进行数字编码（主要是0-1二进制）、采集、存储、传输、加工、管理、分析和应用的技术路径和处理方式。数字经济时代，经济社会活动的全面数据化，持续强化了数据要素作为现代生产要素和生产力的功能。

二是网络化。以互联网和物联网等网络技术为基础的万物互联使得数据要素呈现出全面网络化。作为数字经济时代国际、国内最重要和最基本的数据流载体，互联网是人们获取、交换和消费数据的主要方式，是人与人联通交流以及由此带来的服务与服务互联的最重要工具。作为互联网的自然延伸和拓展,物联网则通过使用射频识别、无线传感器、红外感应器、视频监控、全球定位系统、激光扫描器等信息采集终端,实现了物与物、人与物、人和人之间实时数据交换和通信,促进了数据要素生成、存储、流转、交易、使用、管理的高度网络化互联。

三是智能化。智能化是数据要素内在的质量属性。智能化是指事物具备人类所具有的感知功能、记忆与思维能力、学习与自适应能力、行为决策和执行能力等。当前,席卷全球的新一轮科技革命浪潮下,"大智移云"技术发展和人与人、人与物、物与物之间的万物互联,正使得全球社会经济发生了自农耕文明以来最深刻的变化。依托海量的数据资源,高效稳定的存储能力、强大的计算机能力、先进的深度学习和元学习智能模型和算法,大数据智能、群体智能、人机混合增强智能和类脑智能等新一代人工智能快速发展,驱动着数据要素走向智能化,也使得人类生产和生活呈现出智能化发展趋势。

四是高可扩展性。不同于土地、劳动力和资本等传统生产要素拓展性相对有限,依托云计算、深度学习等高度可拓展的技术架构,在云计算、超大型数据中心和服务器等数字信息基础设施支持下,包括超级计算机在内的现代智能终端,可以对人类活动所产生的几乎所有的结构化和非结构化的数据,运用可扩展性的算法实现大规模编码、存储、处理和应用,转变为生产性资源,投入生产和服务过程。同时,经过编码后的数据要素,可以以较低的成本甚至零边际成本生产、复制、拓展和共享。数据要素就是一座金矿,取之不尽,用之不竭,无限增长。近年来,数据规模每年增长50%,每两年翻一番,在很大程度上即是源于数据要素的高度可拓展性。

五是无形资产性。不同于劳动力、土地、实物资本等显性存在的生产要素,类似于知识产权,数据要素不具有实物形态,而主要以数字化的信息、数据和知识等隐性虚拟的形态存在,并存储在有形的、物质化的服务器和网络设备上。决定数据要素价值的关键在于其本身所具有的使用价值,它可以与其他生产要素组合,投入产品和服务生产及管理过程,为其使用者创造经济价值,是一种非货币性资产。同时,类似于专利等无形资产,数据要素缺乏可替代性,是高度异质性的。换言之,几乎没有两组数据要素是完全一样的,或者可以相互替换。很多数据要素,其组合的任意一条数据都是不同的,很难用相对标准的方式来对其进行评价。也就是说,提供数据要素的主体很难以标准化的、可比较的方式对其进行定价,其交易定价方式通常采取的是按需定价或者按使用价值定价。

六是规模经济性。数据要素具有独特的成本结构,即初始生产的固定成本高、复制的可变成本较低,一旦数据要素的规模突破临界容量,数据要素达到一定的密度水平,量变引起质变,特别是以高质量的大数据形态出现以后,这种成本结构就会产生巨大的规模经济效应,即数据要素供应规模越大,单位成本越低。同时,不同的数据要素呈现出互补性特征,对于特定的数据要素集合,进一步增加具有一定的数量和可用的质量数据要素资源,可以扩展数据要素使用范围,在提高整个数据要素组合的经济价值的同时,还可以提高各数据要素子集的经济价值，从而出现数据要素的范围经济效应和网络经济效应。

（二）数据要素市场的构成要件

依据制度经济学的逻辑，市场既是交易场所，还是交易制度和规则体系。以此类推，数据要素市场不仅是指数据要素交易的场所，还包括数据要素的交易规则及相应治理制度。组成数据要素市场的主要构件包括数据要素主体、数据要素、数据要素运行机制、数据要素保障制度。

一是数据要素市场主体。主要是指参与数据要素市场交易的生产和服务提供者，数据要素所有者、交易平台（中心）、数据经纪商等。其中，企业是数据要素市场最重要的交易主体，政府通常不被视为数据要素市场的主体。

二是数据要素集合。是指数据要素市场中，各类市场主体进行交易的对象。大体上可以按照主体维度、时间维度和格式进行分类（见表8-1）。按照数据生成或持有主体划分，数据可以分为个人数据、非个人数据，后者又包括企业数据、社会组织数据和政府数据等（见表8-2）。这些数据要素，一旦与其他生产要素组合在一起，参与生产和服务过程，就成为了生产要素。再次强调：仅仅作为交易对象的数据产品本身并不一定就是生产要素，也可能仅仅是普通的数据商品，比如数字音乐。

表8-1　数据要素的主要类别

分类维度		数据要素类型		
主体维度	个人	自愿生成数据	观察性数据	推断性数据
^	^	私人数据		公共数据
^	^	可识别数据		假名数据
^	非个人	匿名化数据		机器数据
时间维度		实时数据		历史数据
格式维度		结构化数据		非结构化数据

资料来源：根据GSMA（2018）整理。

表8-2　按生成或持有主体细分的数据要素类型

生成或持有主体	范围	示例
个人数据	与个人相关的，能够识别个人身份的数据	自然人的姓名、出生日期、身份证件号码、个人生物识别信息、住址、通信联系方式、通信记录和内容、账号密码、财产信息、征信信息、行踪轨迹、住宿信息、健康生理信息、交易信息等数据
企业数据	企业在生产和经营过程中合法生成、收集、处理、存储、交易的商业数据，包括匿名化的个人数据和加工后可用于交易的政府数据	企业概况、产品信息、财务数据、经营和管理数据、研究成果、与供应商和顾客相关的交易数据和行为数据
政府数据	政府和公共机构依据职责所生产、创造、收集、处理和存储的数据，包括个人数据和商业数据	政府部门采集整理的企业注册信息、企业经营信息、个人收入信息、国民经济信息、地理空间数据、资源矿产数据、公共资源交易数据；世界银行采集整理的各国国民收入账户、劳动力流动等方面数据

三是数据要素市场交易机制。包括数据要素市场运行机制、交易规则和交易组织方式。数据要素市场运行机制是指数据要素的价格形成机制、供求机制和竞争机制；数据要素交易规则是指数据要素市场中，数据要素交易和处置的依据和规范。交易组织方式是指各类市场主体参与数据要素交易的方式，比如有组织的集中交易、分散交易、数据中介交易、协商交易等。

四是数据要素市场保障机制。是指政府制定的保障数据要素市场高效健康运转的相关市场制度和治理机制以及高速互联互通的新一代数字信息基础设施，其中，市场制度主要包括产权、信用等制度；治理机制主要包括政府监管和反垄断政策。依托这些基本机制，确保数据要素市场是一个统一、开放、有序、竞争的市场。

二、推动数据要素市场化配置的国际经验镜鉴

当前，新一轮科技革命和产业变革席卷全球，数据要素正成为驱动全球经济结构转型，实现经济高质量发展的关键生产要素。以数字化的数据、知识和信息为关键投入的数字经济已成为世界主要国家力争抢占的制高点。为此，各国纷纷对大数据和数字经济发展进行战略部署，着力推动数据要素高效配置，释放数据要素"红利"，不断培育经济发展新动能，进而实现生产方式和生产力的历史性跨越。在推动数据要素高效配置方面，各国采取的主要举措有如下方面。

（一）分类明确数据权属，促进消除个人属性数据高效配置

数据要素产权包括所有权、使用权、排他权、处置权、交易权、享有权等。作为独特的生产要素，数据要素的权属界定及其保护，与数据类型、性质和权利本身类型密切相关。不同类型的数据要素，其权利结构差异很大。对于数据要素权属界定，国际社会没有形成共识和通行的规则。各国都是根据实际情况、发展的需要、法律传统、文化制度传统出发，来分类界定和保护数据产权，以促进数据资源安全高效配置。

强化政府数据共享，促进政府数据开放流通。世界主要国家对数据资源的开发管理正走向开放共享，并通过数据开放不断提升政府公共服务。政府收集了大量有价值的数据资源，这些数据资源具有公共资源属性，通过梳理这些资源，建立国家数据资产名录，明确各类数据的开放属性，建立数据开放的目录，加强数据开放和流通及共享，可以促进沉淀的政府数据资源实现更高效配置，不断提升政府公共服务和治理能力。2009年，美国奥巴马政府正式发布《开放透明政府备忘录》和《开放政府令》，并上线数据门户网站data.gov以后，全球掀起了开放数据运动。2011年9月20日，美国、英国、巴西、印度尼西亚、墨西哥、挪威、菲律宾、南非等八国联合签署《开放数据宣言》，成立开放政府合作伙伴（open government partnership，OGP）。

截至2019年5月，全球已有79个OGP参与国并作出了3100多项承诺，使其政府更加开放和负责，并向公民和企业等提供方便、易用、高价值的数据集。欧盟、经济合作与发展组织（OECD）、联合国（UN）、世界银行（WB）等国际组织也加入开放数据运动，建立了数据开放门户网站。此外，在推进政府数据开放过程中，英美提出了"数据全生命周期"的概念，在政府数据开始产生的每个流程，都加入隐私分析和设计，确保数据安全得到保障。如图8-2所示。

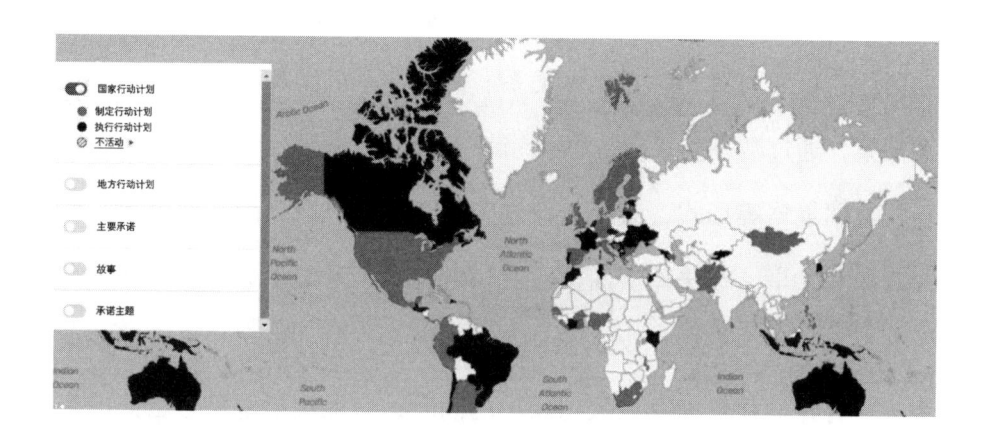

图8-2 全球加入开放政府合作伙伴（OGP）并制定或执行国家开放数据行动计划的国家

资料来源：开放政府合作伙伴（OGP）官网（https://www.opengovpartnership.org）。

鼓励企业数据共享利用，促进企业数据高效流转。企业是组织数据要素配置的重要主体，它既是数据要素的重要生产者，也是数据要素的重要需求者，企业与企业（B2B）、企业和政府（B2G）之间加强数据共享，有助于发挥企业数据资源成本效益，改善政府决策和公共服务。企业生成或采集加工后的产业数据资源和经过不可识别化处理后的个人数据，多属于商业数据，通常具有私人品性质，也具有私人品性质，其产权归属比较明确，通常允许流通共享和自由交易。近来年，欧洲各级采取了各种政策举措和立法来促进企业之间、企业与政府之间的数据共享、交易和再利用。在政策方面，欧盟委员会先后制定了《欧洲单一数字市场战略》《建立欧洲数据经济》《迈向共同的欧洲数据空间》等政策文件，推动单一数字市场建设，鼓励发展大数据公私合作伙伴关系（PPP），打造数字生态社区，促进企业之间建立信任、供需对接、建立伙伴关系、简化共享机制和明确法律法规政策框架，通过数据货币化、数据市场、行业数据平台、技术支持者和开放数据策略等形式，改善企业之间、企业与政府之间加强数据资源的获取和共享。在法律层面，欧盟相继制定了《关于数据库法律保护的指令》、《一般数据保护条例》（GDPR）和《隐私与电子通信条例》，旨在加强欧洲个人数据保护的同时，确保包括电信运营商的企业可以更多地利用匿名化、脱敏的数据，实现数据资源更大范围自由流动和共享。在操作方面，2016年以来，欧盟委员会一直在组织执行一系列举措，旨在让企业和其他利益相关方参与有关企业对企业关系数据共享的更广泛讨论，并且建立一个数据共享支持中心，以帮助确定和分享欧洲的最佳实践，并提供技术指导。

严格个人数据保护，平衡保护和利用的关系。在对个人可识别数据进行保护方面，其规则的建立需要在促进数据高效利用和个人权益保护之间寻求平衡，避免个人信息保护绝对化。严格而适当的个人数据保护体制可以给个人、企业、社会带来更大的信任感和安全感。在此基础上，数据资源的流动、共享、处置、交易才能获得更广泛、更深入的数据主体授权和民意支持，进而为数据经济的发展创造更友善的社会环境、法律政策环境，推动其进一步的发展。无论是普通（英美）法系国家还是大陆法系国家，个人数据的保护均旨在保护人格尊严和人格自由，同时承认个人数据的财产价值。传统上，个人数据权利界定和保护强调了数据主体的控制权和个人数据保护权，对个人数据的处理一定要经过数据主体的同意，均强调隐私和个人数据保护权的统一性，并在司法判例中承认人格权商业化和财产价值。经济合作与发展组织（OECD）1980年制定的《隐私保护和个人数据跨境流通指南》，以及美国的《隐私权法》就遵循这一法律传统。近年来，欧盟委员会一直致力于通过修订关于电子通信中数据和隐私保护的政策，审查基于数据的权利，以个人数据保护权为起点，在《一般数据保护条例》中创设了访问权（right of data access）和可移植权（right of data portability），构建了以数据访问权和可移植权为中心的隐私和数据保护制度框架，在个人数据保护方面，明确界定了数据主体、数据控制者、数据处置者的权利和责任关系，为个人数据经过不可识别化、匿名化、脱敏处理后的商业化利用、流转、交易、处置提供了法律依据。日本的《个人信息保护法》就借鉴了欧盟的《一般数据保护条例》。

上述内容参考图8-3所示。

图8-3 欧盟新个人数据保护规则要点

资料来源：EU，2018。

（二）构建数据要素市场，便利数据要素扩大交易规模

统一开放、竞争有序的现代数据要素市场体系是现代化经济体系的重要组成部分，为现代化经济体系建设提供良好的要素保障。为推动数字技术驱动的现代化经济体系建设，世界主要国家高度重视数字经济和数据要素市场体系建设。如图8-4所示。

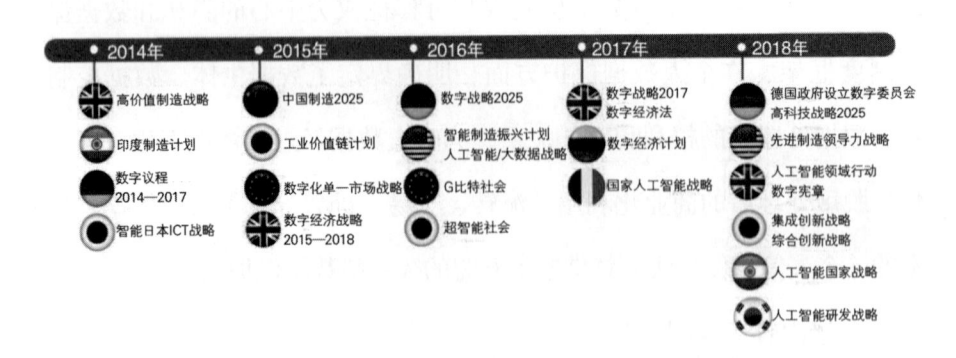

图8-4 G20数字经济发展战略

资料来源：中国信息通讯研究院，2018。

第八章
数据要素市场化配置改革研究

在发展战略上，2015年5月6日，欧盟委员会启动单一数字市场战略（digital single market strategy，DSM），旨在以三大支柱、16项关键计划为核心，通过一系列举措革除法律和监管障碍，将28个成员国市场打造成为一个统一的数字市场，以繁荣欧盟数字经济。2017年，在《建立欧盟数据经济》中，欧盟委员会呼吁针对非个人的机器生成数据设立数据产权，规范市场和交易，促进数据流通增值。2018年，《一般数据保护条例》和《非个人数据自由流动条例》进一步明确欧盟数据要素自由流动规范，要求成员国当局取消对数据本地化的不合理限制，增强对跨境数据存储和处理信任，允许专业用户可以更容易切换云服务商，从而确保欧盟境内的数据要素自由流动。具体参考专栏1中的内容。

专栏1　单一数字市场战略（DSM）的三大支柱

第一大支柱：接入。旨在便利消费者和企业跨欧盟获取数字产品和服务，涵盖跨境电商、消费者保护、物流、地域壁垒、电商领域反垄断调查、版权法改革、卫星和有线指令审查、税费改革等事项。

第二大支柱：环境。旨在为数字网络和创新性服务繁荣发展创造适宜的条件和公平竞争的环境，涵盖电信规则改革、音视频媒体制度审查、在线平台规则、个人数据保护、网络安全等事项。

第三大支柱：增长。旨在最大化数字经济的增长潜力，涵盖数据自由流动、标准和互操作性、数字技能等事项。

资料来源：欧盟官网，网址是https://ec.europa.eu/digital-single-market/en/policies/shaping-digital-single-market。

在组织方式上，英美在数据要素交易上普遍采取第三方组织模式。其中，美国主要采取数据经纪商模式（data broker），数据经纪商通过数据平台C2B分销、B2B集中销售、B2B2C分销集销混合这三种方式来开展数据资产交易，代表性数据经纪商有微软Azure、Datamarket、Factual、Infochimps、Acxiom、Corelogic、Datalogix、eBureau、ID Analytics、Intelius、PeekYou、Rapleaf、Recorded Future等（FTC，2014）。这些数据经纪商普遍不是直接从用户处收集数据，而是主要通过政府来源、商业来源和其他公开可用来源等三个途径收集数据，并将这些数据汇集整理起来，用于向需求方提供定制化、标准化的数据营销产品。英国第三方数据资产交易组织者主要包括信贷参考代理、欺诈预防代理、人口建模机构、数据经纪商、数据调查公司、公共机构、比价网站、转换服务商等类型（CMA，2015）。这些第三方数据资产交易组织者主要与初始数据生成企业和其他第三方数据资产交易组织者进行数据交易和共享。

（三）完善数字信息基础设施，加速数据要素无缝自由流动

现代数字信息基础设施已成为与电网、路网、铁路网、油气管网相并列的、须臾不可或缺的关键基础设施。高速、移动、安全、泛在的新一代信息基础设施和新型数据标准体系，可以促进各国、各地区网络基础设施互联互通，提升跨区域和全球范围数据交互的效率和水平，推动统一开放、竞争有序的现代数据要素市场加速形成。

第八章
数据要素市场化配置改革研究

加快数字信息基础设施建设成为各国促进数据要素市场化配置的共同战略举措。世界主要国家均将宽带、5G、物联网和人工智能等数字信息基础设施作为优先发展的方向，通过市场和政府"双轮驱动"，加快建设高速宽带网络和新一代数字信息基础设施，为数据要素市场发展和经济社会数字化、网络化和智能化转型奠定坚实基础。截至2018年，全球159个国家发布了宽带战略或行动计划，国际电信联盟（ITU）指出，预计到2020年用于连接下一个15亿人口的宽带网络基础设施投资将达4500亿美元。与此同时，包括美国、欧盟、英国、德国、日本、中国在内的众多国家均在超前研发和部署5G、物联网和人工智能的基础设施，加速5G等新一代数字信息技术商用步伐，为经济社会发展注入新动力。据全球移动通信协会（GSMA）编写的《5G——无限连接与智能自动化的时代》报告预测，未来几年商用5G网络将获得大量部署，到2025年将覆盖全球1/3的人口。届时，5G连接数量将超过11亿，约占全球移动连接数的1/8。

加快制定科学权威的数据标准是促进全球数据要素市场化配置的重要举措。数据标准是数据要素交易和流动的技术支撑，是现代数据要素市场体系发展的技术性基础设施。针对数据资源来源渠道庞杂、高度异质性、价值不确定性等特点制约了数据要素自由流动和交易定价的问题，国际标准化组织（ISO/IEC JTC1/SC32 数据管理和交换分技术委员会）、国际电信联盟（ITU-T）、国际电气与电子工程师学会大数据治理和元数据管理组织（IEEE BDGMM）等国际组织以及美国、英国等发达国家纷纷在大数据标准和计量方面发力，着力推动大数据标准制定，为加强数据质量管理、推进数据资产估值及交易定价奠定基础。

（四）健全数据监管体系，确保数据要素市场有序运行

数据要素市场的"繁荣"和"有序"相辅相成，完善的市场监管规则和有力的市场监管执法是确保数据要素市场实现统一开放、竞争有序的制度性保障。近年来，针对数据要素流动和交易等方面出现的基于数据的垄断行为、隐私侵犯、数据泄密等问题，各国政府普遍是一手抓规则建设，一手推动监管执法，以确保数据要素实现安全有序配置。

监管规则建设方面，全球主要国家普遍制定了有关数据产权和交易、数据跨境自由流动、网络安全、数据/隐私保护、数据开放共享等方面的规则，以便利数据要素交易。欧盟出台包括《建立欧盟数据经济》《一般数据保护条例》《非个人数据自由流动条例》《网络与信息系统安全指令》等一系列规定。英国信息专员办公室（ICO）、金融行为监管局（FCA）、通信监管办公室（Ofcom）以及竞争与市场监管局（CMA）纷纷出台了有关数据采集、数据安全、数据交易、隐私保护等相关规则，促进本国数据交易良性运转。美国政府主要依托《公平信用报告法》（FCRA）、《金融隐私权法案》和《联邦贸易委员会法》（FTC Act），解决消费者信息的收集、转让和销售所造成的隐私问题，针对大数据交易过程日益出现的损害消费者行为，美国联邦贸易委员会2014年还发布了《数据经纪商：呼吁透明度与责任》，对数

第八章
数据要素市场化配置改革研究

据经纪商组织和参与数据要素交易提出了明确的透明度和责任要求，推动数据经纪商强化市场自律。日本公正交易委员会竞争政策研究中心则于2017年11月发布了《数据与竞争政策研究报告书》明确了运用竞争法对"数据相关的市场垄断"行为进行规制的主要原则和判断标准。此外，在涉及跨境数据传输和流动规则方面，欧盟与美国签订了隐私盾（privacy shield）协议和欧盟内部则通过了GDPR的约束性公司章程（binding corporation rule）。2018年初，美国通过的《澄清境外数据的合法使用法案》（*Clarify Lawful Overseas Use of Data*，简称Cloud法案）对执法机构调取别国个人信息进行了规定，同时允许"合格的"外国机构调取美国公民信息，判断"合格"的标准是"外国政府的立法和国内法执行是否给予隐私和公民权利提供了稳健的保护"。如图8-5所示。

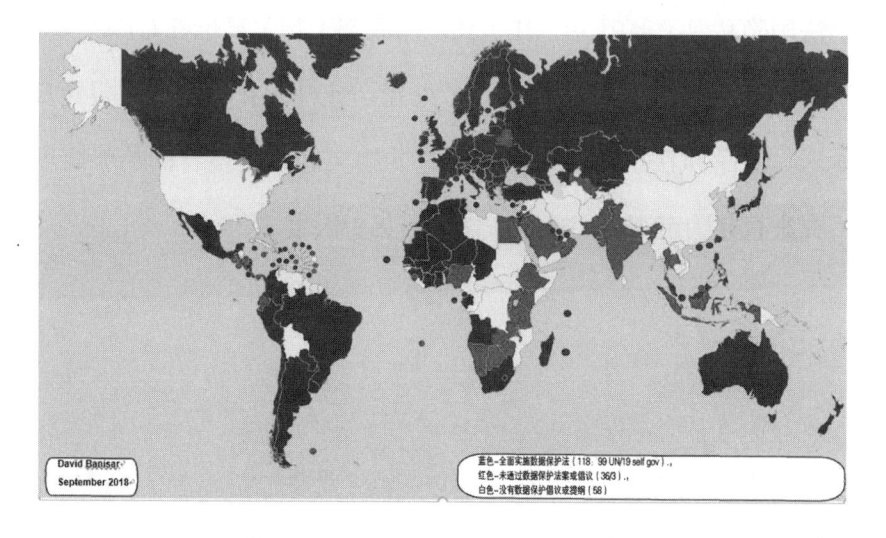

图8-5　2018年全球实施全面数据保护/隐私法律的地区

资料来源：Banisar，2018。

市场监管执法方面，各国反垄断和反不正当竞争机构普遍加强了互联网企业和数据交易主体的行为监管。在美国，2018年，因剑桥数据分析公司Cambridge Analytica获得了Facebook5000万用户的数据，并进行违规滥用，引发的Facebook用户隐私数据泄露以及Facebook上的虚假信息等问题，Facebook受到了美国参众两院的质询和联邦贸易委员会的调查。此外，自1970年《公平信用报告法》颁布以来，联邦贸易委员会已根据FCRA采取了100多项执法行动，对从事消费者数据交易的组织处以逾3000万美元的罚款。近年来，针对不受FCRA条例约束的某些数据经纪人违法行为，联邦贸易委员会更多依靠《联邦贸易委员会法》第五条来加强对数据经纪商的审查和监管力度[1]。在欧洲，2016年，欧盟竞争委员会对Facebook违反其收购短信服务商WhatsApp所作出的数据共享和隐私保护承诺，对其罚款1.1亿欧元；英国信息专员办公室、法国隐私保护部门（CNIL）和德国联邦卡特尔局也都对Facebook违反数据/隐私保护法律的行为进行了处罚。此外，在美国、欧盟和日本等地区，竞争执法机构针对企业通过并购实现数据整合的趋势高度重视，在进行并购审查时，普遍考虑数据集中因素。

---

[1] 例如，2016年2月，美国联邦贸易委员会诉LeapLab和其他共同被告案。该案中，美国联邦贸易委员会指控被告故意将消费者的社会保险号码、银行账户细节和其他信息出售给第三方，第三方将这些信息用于非法目的，违反《联邦贸易委员会法》第五条。共同被告将受到570万美元的货币罚款判决，禁止进一步向第三方出售或转让消费者数据，或在贷款申请或提供条件方面误导客户；被告还被要求在30天内销毁其拥有的所有客户数据。

三、推进数据要素市场化配置面临的主要问题

数据资源要素的高效配置，是推动数字经济成长的关键所在。当前，我国数据要素市场化配置尚处于发展的起步阶段，数据要素市场化配置规模较低，成长速度相对缓慢，在市场化配置过程中，存在数据确权、开放、流通、交易、监管等瓶颈制约问题。

（一）数据产权界定不够明晰

明晰的数据要素产权归属和法律性质，是数据资源要素市场化配置的基础。总体来看，政府公共数据、企业生成的数据权利、公民个人数据权利归属相对比较明确，问题的关键在于数据收集者/持有者（包括政府、企业、个人）收集和交易涉及公民个人信息的数据，其产权的归属、类型和结构界定规则仍不够明确，在国际社会上也没有达成共识。

对于个人信息保护，我国已经初步建立了与国内环境相符、与全球态势相适、以《民法总则》《刑法》《全国人民代表大会常务委员会关于加强网络信息保护的决定》《网络安全法》《电信和互联网用户个人信息保护规定》等为主体的个人信息保护法律框架，但对于数据收集者/持有者（包括政府、企业、个人）收集和交易涉及公民个

人信息的数据的产权归属方面,尚无明确的法律法规依据。《民法总则》(2017年3月15日第十二届全国人民代表大会第五次会议通过)第一百二十七条规定:"法律对数据、网络虚拟财产的保护有规定的,依照其规定。"法理上,该条款属于引致条款或转介条款。然而,一般的引致条款,都是有具体的相关规定予以对应的。但全国人大法工委编写的《中华人民共和国民法总则释义》又明确提出:"鉴于数据和网络虚拟财产的复杂性,限于《民法总则》的篇章结构,如何界定数据和网络虚拟财产,如何具体规定数据和网络虚拟财产的权利属性和权利内容,应由专门法律加以规定。"也就是说,《民法总则》只是提出了数据产权界定问题,但是并未作出具体规定。

(二)开放共享水平相对较低

数据要素开放共享是推动数据要素资源市场化配置的重要基础。当前,由于数据相关法律法规不健全、标准规范不统一、技术手段、权责范围,数据控制权与处置权边界不清晰,导致政府、企业等数据持有主体不愿、不敢,也不易推进数据开放和共享,数据跨地区、跨部门和跨境流动受到较大限制。

首先,政府数据开放质量不高。政府在履行行政职能、管理社会事务过程中采集和存储了大量数据,是社会数据资源存量的重要构成部分。近年来,尽管无论是中央政府还是地方政府都在大力推动政府数据开放和共享。然而,总体来看,政府数据开放共享呈现出"数据总量规模小、数据质量较差、可利用率不高、用户参与度低"的特点，信息孤岛、数据烟囱依旧林立。万维网基金会（the world wide web foundation）、开放数据研究所（open data institute）对2017年全球采用《开放数据宪章》和作为G20成员国的30个国家的政府开放数据晴雨表指数的评估结果显示，我国排名倒数第7位，排名相对落后。此外，2018年，复旦大学和国家信息中心联合发布的《中国地方政府数据开放报告》也显示，我国地方政府数据开放程度偏低，获取数据门槛高，数据质量较低，得到利用的数据少。如图8-6所示。

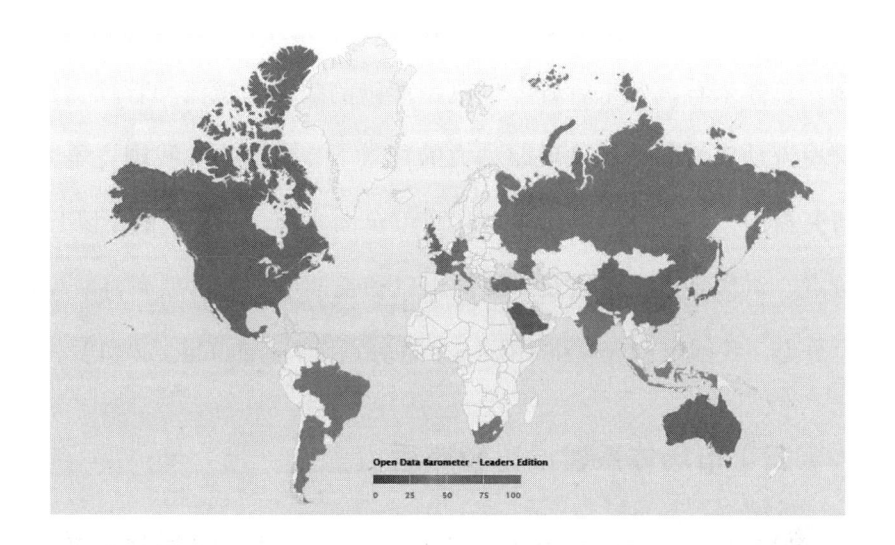

图8-6 2017年全球政府数据开放晴雨表指数（领导者版）

资料来源：参见网址https://opendatabarometer.org/?_year=2017&indicator=ODB.

其次，企业之间数据共享和再利用较少。伴随互联网普及率持续提升、数据生成和采集技术及智能终端产品的不断创新，我国互联网、金融、零售、制造、医疗、电信等行业的企业积累了海量的数据，但受制于法律法规、技术标准和交易机制等不完善以及开放共享的理念缺乏，数据要素的使用普遍以机构内部数据为主，呈现出自给自足的"小农经济"状态，企业数据开放共享和交易没有成为市场的主流形态，导致数据开放共享和交易规模的扩大受到限制。

最后，数据跨境流动限制比较严格。海量的数据流动为经济和贸易活动创造了大量机会。尽管新一代数字信息基础设施的发展极大地降低了数据传输的成本，互联网基础协议能够确定网络任意两点之间传输数据包的最快路径，也并不以地理边境为界，但出于国家主权、网络安全和隐私保护等方面考虑，我国初步建立了数据跨境流动管理机制，总体来看，效果较好。但过于严格的数据跨境流动管理，在数据跨境流动成为新经济发展驱动力的背景下，可能损坏我国竞争力。有研究指出，如果我国数据本地化政策全面实施，GDP可能下降1.1个百分点、对华直接投资以及对我国出口和长期增长的贡献率将减少1.8个百分点，我国出口规模将下降1.7个百分点（Verschelde，2014）。

（三）市场体系建设比较滞后

我国数据要素市场建设还处于起步阶段，数据要素市场体系建设相对滞后，市场机制在数据要素资源配置过程中的决定性还没有充分发挥，主要表现在如下方面。

一是数据要素市场交易机制不完善。由于对于数据产权、数据市场流转、交易规则、技术规范、平台功能、企业信用等方面缺乏共识，对交易的法律风险也认识不一，再加上缺乏高效可行的交易模式，都在很大程度上削弱了数据要素交易主体进行市场交易的意愿，

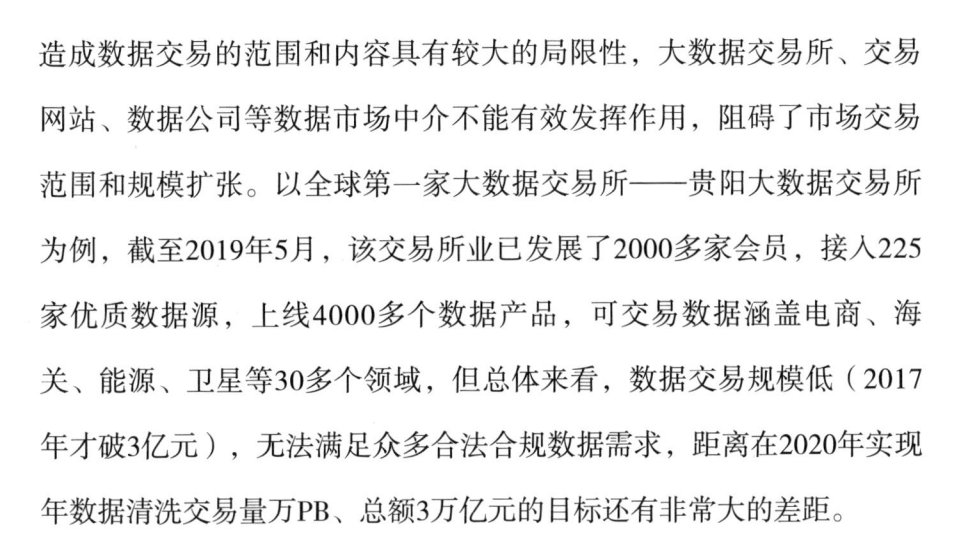

造成数据交易的范围和内容具有较大的局限性,大数据交易所、交易网站、数据公司等数据市场中介不能有效发挥作用,阻碍了市场交易范围和规模扩张。以全球第一家大数据交易所——贵阳大数据交易所为例,截至2019年5月,该交易所业已发展了2000多家会员,接入225家优质数据源,上线4000多个数据产品,可交易数据涵盖电商、海关、能源、卫星等30多个领域,但总体来看,数据交易规模低(2017年才破3亿元),无法满足众多合法合规数据需求,距离在2020年实现年数据清洗交易量万PB、总额3万亿元的目标还有非常大的差距。

二是数据要素资产估值和定价困难。数据标准规范和数据要素资产价值评估是实现数据要素交易、管理和利用的重要基础。与工业时代的劳动力、实物资本、土地等生产要素存在比较大的差异是,数据要素在形态上是非实物的、高度虚拟化和高度异质性。只有对海量的、采集口径多元、标准和格式各异、物理载体不一、数据结构不同的数据源进行清洗和标准化处理,才能将"脏数据"转为"有价值"的数据,确保数据的真实性、完整性、代表性、一致性、时效性和可用性,从而才能进一步进行数据资产估值和交易定价。目前,数据交易主体对于多源数据汇集、非结构化处理、数据清洗、数据建模等技术和工具还亟待突破和提升,这在很大程度上,制约着数据要素资产估值和定价,影响着数据要素的交易和流转效率。

三是数字信息基础设施建设不均衡问题。数字信息基础设施是促进数据要素高速自由流动的"大动脉",为数据要素市场发展提供重要的基础保障。目前,我国数字信息基础设施建设不平衡、不充分的问题仍然较为突出，主要表现在：农村互联网相关基础设施建设仍然比较滞后，城乡之间互联网普及率仍有较大差距；不同区域之间信息化程度差异也比较明显，东西部地区信息基础设施建设失衡的局面亟待改变；5G、物联网、人工智能等新型基础设施建设刚刚起步。数字信息基础设施发展不均衡，造成城乡之间、地区之间、行业之间仍存在"数字鸿沟"，不利于统一开放、竞争有序的数据要素大市场建设。

（四）流动和交易安全风险大

数据要素流通链条相对较长，涉及数据收集、存储、处理、流转、交易、使用等众多环节，尽管国家在顶层设计上高度重视数据和信息安全问题，但在操作层面上仍存在意识不强、办法不多、措施乏力等问题，数据安全问题形势比较严峻，严重制约着数据要素的市场化配置进程。

首先，数据泄密风险不容忽视。海量的数据在收集、存储、流转和利用过程中，数据安全防护更加困难，容易受到非法势力攻击和窃取，造成数据泄密重大事件不断上演，数据泄密风险问题依然比较严重。2018年，金雅拓（Gemalto）发布了一份有关数据泄露水平指数（breach level index）的最新调查报告显示：仅2018年上半年，全球就发生了945起数据泄露事件，共计导致45亿条数据泄露。同年，全球10大数据泄密事件中，我国企业发生的大规模数据泄密事件有4起，分别是：前程无忧网站195万条个人求职简历信息泄露；圆通快递10亿条用户信息数据被出售；华住旗下多个连锁酒店2.4亿条（66.2G）入住记录、1.3亿条入住登记身份信息（共22.3G）和约1.23亿条官网注册资料（53G）等泄露。此外，受政府、企业及个人都存在安全意识不足，数据安全风险把控能力弱、安全管理漏洞、黑客攻击以及敌对国家网络攻击等因素影响，甚至可能出现危害国家网络空间数据安全的重大数据泄密风险。

其次，数据交易法律风险较高。数据收集、交易、处置、转让和管理过程，可能涉及数据未经个人和企业用户明确授权或涉及企业的商业机密以及国家安全，容易出现法律风险。依据《刑法》第二百五十三条的规定，违反国家有关规定，向他人出售或者提供公民个人信息，属于刑事犯罪，将判刑。《最高人民法院最高人民检察院关于办理侵犯公民个人信息刑事案件适用法律若干问题的解释》则进一步明确了《刑法》第二百五十三条的执法量刑操作细则。2019年3月，估值高达2亿元的招聘大数据公司巧达科技因将大量未经用户明确授权、由第三方渠道获取和部分由用户明确授权主动上传的简历数据，用来交易买卖，涉嫌侵犯用户隐私权、侵犯公民个人信息的违法行为，被公安机关查封调查，就是明证。此外，国双司法大数据中心利用其专属的文书解析技术，针对中国裁判文书网中2013—2016年涉及侵犯公民个人信息类刑事案件进行了深度挖掘发现，我国侵犯公民个人信息类刑事案件的数量呈逐年增长趋势，绝大部分案件涉及非法获取和买卖公民个人信息类犯罪、利用个人信息诈骗类犯罪等15种刑事罪名。

再次，数据滥用行为凸显。数字经济的技术经济特征，驱动着数据市场呈现出集中趋势，造成数据垄断和数据不正当竞争等行为凸显，严重损害数据市场公平竞争和消费者利益。一方面，拥有更多独家数据资源的垄断企业可能滥用其市场支配地位，对竞争对手采取数据垄断、数据封锁、数据不正当竞争等行为，利用算法规则打击和消灭竞争对手，排斥和限制市场竞争。另一方面，拥有数据资源优势的企业可能运用数据算法进行合谋，或利用大数据对消费者进行精确画像，或是对消费者实施"大数据杀熟"，进行非法的价格歧视，或是实施捆绑销售等行为。此外，鉴于数据资源价值凸显，部分企业为了获取和收集数据，实施各种不正当竞争行为，造成数据不正当竞争案件。近年来，淘宝诉美景不正当竞争、大众点评诉百度地图、新浪微博诉陌陌、腾讯与今日头条互诉等不正当案件反映了此类数据滥用行为。

最后，违规数据收集风险高。万物互联时代，智能终端设备的普及，数据传输技术的进步，海量存储能力的扩展，个人信息数据指数化增长，并被众多主体收集，极大地放大了个人隐私被侵犯的风险。很多市场主体漠视用户知情权和选择权，违规收集与使用个人数据。近年来，包括阿里巴巴的支付宝、腾讯的手机QQ、百度地图、滴滴等互联企业的App和酒店、电商、机票代理等运用偷拍、监听等非法手段或者通过强制用户同意，收集用户涉及身份、年龄、活动轨迹、通话短信、支付记录、浏览记录、财务状况等在内的各类个人信息，严重侵犯了个人隐私权、知情权、选择权和个人信息保护权。2018年，中国消费者协会发布的《App个人信息泄露情况调查报告》显示，67.2%的受访者反映，手机App在自身功能不必要的情况下违反用户知情权和选择权，获取用户隐私权限的情况比较严重，其中，读取位置信息权限和访问联系人权限是安装和使用手机App时遇到最多的情况，分别占86.8%和62.3%。而受访者被要求读取通话记录权限（47.5%）、读取短信记录权限（39.3%）、打开摄像头权限（39.3%）、话筒录音权限（24.6%）的比例也相对较高。

（五）监管治理体系不够完善

近年来，为落实国家大数据战略，推进数据资源整合和开放共享，保障数据安全，加快建设数字中国，促进数据要素市场化配置，我国通过全面加强网络数据监管、推动政府数据开放、深入推进数据安全立法、完善个人信息保护法律体系等方式来健全数据监管治理体系。但是，由于发展阶段和认识不统一等种种原因，数据监管治理体系仍存在一些突出问题，主要表现在如下两个方面。

一是数据监管治理规则仍不够完善。尽管我国在政府数据开放、个人信息保护、数据安全、交易流通、跨境流动等方面出台了大量的法律法规、战略规划和政策文件，但缺乏可操作的细则。例如，政府数据公开方面，2007年以来，制定了《政府信息公开条例》等系列政策文件，但对于政府数据公开的范围、数据质量评估等方面没有具体细则，制约着公共数据资源的开放共享。又如，在个人信息保护和数据安全方面，《民法通则》《刑法》《全国人民代表大会常务委员会关于加强网络信息保护的决定》《网络安全法》《电信和互联网用户个人信息保护规定》等法律法规都有所涉及，但相关规定比较零散，相比之下，全球126个国家和地区已经颁布了专门的个人信息（数据）保护法，我们尚未制定统一的《个人信息保护法》，也未制定统一的《数据安全法》。又如，在跨境数据流动管理方面，我国《网络安全法》明确规定，"关键信息基础设施的运营者在中国境内运营中收集和产生的个人信息和重要数据因业务需要，确需向境外提供的，应当按照国家网信部门会同国务院有关部门制定的办法进行安全评估"。但迄今为止，尚未制定出数据跨境安全评估细则和操作办法。再如，在数据交易和流通方面，也没有制定出台《数据交易和流通法》的专门性法律法规，可交易和流转的数据范围还没有明确的法律依据。

二是数据监管治理组织亟待完善。当前，由于缺乏国家层次统筹推进数据资源管理的机制和统筹协调的管理机构，在国家层面，中央和地方、各职能部门、行业、企业、社会在推动数据要素配置过程中"各显神通"，看似"落实国家战略"和"百花齐放"，以求"劲往一处使"和"殊途同归"，实则"条块林立"和"各占山头"，对数据开放共享、数据交易市场准入、数据安全、数据滥用、数据交易纠纷等监管治理存在"九龙治水""三个和尚没水吃"等问题，这既不利于摸清国家数据资源的家底，也不利于数据资源的统筹管理和综合利用。因此，亟待从国家层面设立数据管理机构予以统筹协调和监管。

四、推进数据要素市场化配置的总体思路及对策举措

推进我国数据要素市场化配置是一项系统性工程，需要革新理念、统筹规划、强化创新、稳步推进。放眼全球，世界主要国家均在积极抢占国际数字经济竞争的制高点，我国应立足国情，借鉴国际经验，构建与我国实际需要、与国际环境相适应的数据要素市场化配置机制，促进数据要素实现高效安全配置。

（一）总体思路

党的十九大报告中指出："经济体制改革必须以完善产权制度和要素市场化配置为重点，实现产权有效激励、要素自由流动、价格反应灵活、竞争公平有序、企业优胜劣汰。"这一重要论述，是当前深化经济体制改革，推进数据要素市场化配置的基本遵循。因此，应以习近平新时代中国特色社会主义思想为指导，全面贯彻党的十九大精神，坚持新发展理念，以市场化配置为方向，以开放共享、有效利用、安全高效为原则，平衡数据自由流动、开发利用与个人信息保护及数据安全之间的关系，加快完善数据要素配置顶层设计，健全数据要素配置相关规则，明确数据要素界定，统筹推进数据开放共享和标准化建设，持续健全统一开放、竞争有序的数据要素市场体系，创新

数据要素治理模式，构建完善的数据治理体系，从而加快形成与我国实际相符、与国际潮流相适、"市场有效、政府有为、企业有利、个人有益"的数据要素市场化配置机制，实现数据要素资源价值深度挖掘和开发利用，最大限度扩大数据要素市场化配置范围，提升配置效率。

（二）具体对策举措

第一，加强顶层设计，统筹推进数据要素配置。一是在组织层面，建立推进数据要素配置部级联席机制，成立数据管理综合管理部门，以统筹推进数据要素配置管理工作，摸清国家数据资源规模，建立国家数据资产目录。二是在制度层面，加快制定出台《个人信息保护法》《数据安全法》《数据产权法》《数据交易和流通法》《关键信息基础设施管理条例》等基础性的法律法规，为数据要素高效配置提供法律依据和监管底线。三是在操作层面，制定包括数据产权界定、数据开放共享、市场体系建设、个人信息保护、数据安全和跨境流动等在内的可操作的实施细则和办法。

第二，构建"三个清单"，提升数据开放共享水平。一是在完善《政府信息公开条例》的基础上，完善政府数据开放的操作办法，着力构建《政府数据开放共享负面清单》，明确除了列入负面清单的数据，各政府部门应无条件对其他部门提供信息，并确保数据真实和更新及时，确保政府数据开放共享的质量。二是着力构建《个人信数据管理负面清单》，设定底线、细化规则，在强化个人信息保护和数据安全的同时，构建个人信息保护的基本框架，便利于促进数据资源开放和自由流动。三是制定《跨境数据流动安全评估办法》，着力构建《跨境数据流动负面清单》，推动数据资源在全球范围内安全高效配置。

第三，创新交易机制，健全数据要素市场体系。一是积极发挥大数据交易所、数据经纪商等市场中介，培育更多合格市场主体，创新交易模式、数据资产估值办法和交易定价方式。二是推动数字信息技术基础设施建设，构建万物智联、万物互联、人机交互、天地一体的数据要素流通环境，着力消除"信息孤岛"、"数据烟囱"和"数字鸿沟"。三是完善大数据流通交易规则，规范市场主体交易行为，推进流通风险评估，完善数据合规应用监督和审计。

第四，完善监管治理，构建数据要素治理体系。一是加强政府监管和促进行业自律，强化个人信息保护与数据安全管理，规范各类市场主体的数据资源利用行为。二是强化数据安全技术能力建设，积极研发和推广防泄露、防窃取、匿名化等大数据保护技术，加强以人为中心的隐私和安全设计，促进网络信息安全威胁数据采集与共享，建立统一高效、协同联动的网络安全管理体系。三是强化数据要素的市场监管和反垄断执法，坚决打击数据欺诈、数据垄断和各种数据不正当竞争行为，确保市场公平竞争和健康运行。

参考文献

维克托·迈尔-舍恩伯格.大数据时代:生活、工作与思维的大变革[R].2018.杭州:浙江人民出版社,2013.

中国信息通讯研究院.G20国家数字经济发展研究报告(2018年)[R].2018.

Banisar, D., "National Comprehensive Data Protection/Privacy Laws and Bills 2018", Available at SSRN: https://ssrn.com/abstract=1951416, 2018.

CMA, "The Commercial Use of Consumer Data", 2015.

EU, "Study on Data Sharing between Companies in Europe", A study prepared for the European Commission, 2018.

FTC, "DATA BROKERS A Call for Transparency and Accountability".

GSMA, "The Data Value Chain", GSMA Reserch Paper, 2018.

Verschelde,B.,"The Impact of Data Localisation on China's Economy", https://ecipe.org/publications/impact-data-localisation-chinas-economy/.

第九章　广东省要素市场化配置调研案例

党的十九大提出，经济体制改革必须以完善产权制度和要素市场化配置改革为重点，这为我国要素市场改革提供了强大动力。进一步探索要素市场的发展规律，调整要素配置结构，提高要素配置效率，这对于建立社会主义市场经济体系有重大意义。广东省大胆探索，积极实践，始终走在改革的前沿，社会经济发展成就显著。为深入了解我国要素市场化配置的改革探索和面临的主要问题，2019年7月初，国家发展改革委市场价格所《要素市场化配置改革》课题组与国家发展改革委体改司组成联合调研组，赴广东省广州市、佛山市和深圳市开展调研。就相关改革思路和对策进行了探讨，在此基础上，相关成果整理成此章内容。

要素市场化配置改革

一、广东省要素市场化配置改革的先进经验

（一）积极探索农村集体经营性建设用地入市

广东省率先以佛山市南海区为试点进行农村集体经营性建设用地入市的前瞻探索。截至2019年6月，南海区入市地块116宗，土地面积2894亩，成交总金额达90亿元，居全国试点地区前列。针对南海区农村集体经营性建设用地量大分散、利用低效以及配套设施不足的状况，南海区探索农村集体经营性建设用地整备制度，实现集体土地的连片整合开发和统筹综合开发，提升土地利用效率。

为充分挖掘现有土地资源的潜力，南海区在试点中探索农村集体经营性建设用地产业载体开发与利用制度，加强农村集体经营性建设用地产业载体项目用地的转让、开发销售、共用产权登记等制度建设，鼓励和规范投资者参与产业载体开发，释放了农村集体经营性建设用地的权能，使集体建设用地与国有建设用地不断趋近"同权同价"。

（二）继续深化人才发展体制机制改革

围绕广东省"促进更高水平的人才集聚"的发展部署，近年来，佛山市紧紧抓住粤港澳大湾区、广佛肇经济圈、珠江西岸经济带建设

等战略机遇，瞄准科学前沿和关键领域，伴随传统产业升级，大力实施人才强市战略，以"扩大总量、改善结构、提高素质"为目标，以创新驱动发展战略为引领，优化人力资源发展环境，深化人才发展体制机制改革和政策创新，充分发挥劳动力市场配置资源的作用。

响应广东省对全省人才发展的顶层设计和政策机制上的安排，佛山市已初步形成了规划纲要与基本政策相配套、服务政策与激励政策相协调的人才政策体系。在内容上，既有人才发展的宏观意见，又有具体实施的细化措施。在投入上，从2018年开始，佛山市级财政每年拿出不少于5亿元引进高层次人才，带动各区投入人才资金不少于30亿元。在时段上，既有长远发展的规划，又有阶段性引进紧缺人才的政策。在受众上，既有针对人才本人的优惠政策，又有对中介机构、引才主体的奖励办法。在环节上，人才政策贯穿了引、留、育、用等各个方面。为促进人力资源在全市五区的合理流动和有效配置，佛山市开展了职业指导下基层活动。为促进人才培养与市场需求有效对接，佛山市建立了劳动者终身职业培训体系。围绕服务产业、改善民生，瞄准公共就业人才服务关键领域、重点环节和短板问题，依托"佛山人才网"统筹建设佛山市"互联网+"公共就业人才服务平台。

（三）稳步推进金融市场改革创新

近年来，广东省在稳步推进金融市场改革创新和以直接融资支持民营企业、小微企业发展上成效显著。在金融服务综合改革方面，佛山市已初步形成在人民银行、银监会和金融工作局的调控监管下，银行、证券期货、保险等传统金融机构和融资担保、小额贷款、股权投资、融资租赁等泛金融机构共同发展的金融体系；构建股市、债市等多层次资本市场，拓宽企业融资渠道；不断丰富政策性金融工具和持续优化金融生态环境，设立银行与科技企业融资特点相匹配的科技信贷专营机构——科技支行，通过企业融资专项资金、普惠金融服务、中小企业信用和信息融资对接平台及企业走访等方式加强对民营企业和小微企业的金融支持。

在支持民营企业和小微企业直接融资方面，广东省通过做大做强多层次资本市场，切实提高资本市场服务实体经济发展的功能作用，积极支持民营企业创新融资方式、拓宽融资渠道，开展市场化并购重组，着力化解民营企业上市公司股票质押风险和经营财务风险，为民营企业高质量发展营造良好的资本市场环境。截至2018年底，广东省辖区内各类企业通过IPO、定向增发、发行公司债等方式实施直接融资302家（次），融资总额2310.24亿元；其中，民营企业实施直接融资228家（次），融资总额1465.82亿元，占比分别为75.5%和63.45%。

广东省中小微企业受益于区域性股权市场的金融服务。广东区域性股权市场成为广东地方政府扶持中小微企业的综合施策平台，推出了股权、债券和知识产权等适合中小微企业的融资产品。该平台帮助企业完成知识产权质押融资2.27亿元，通过"人才板"（省市引进专项人才的项目展示板块）和"青创板"（与共青团中央合作的全国大学生创业项目展示板块）等特色板块来落实人才引进和"双创"战略。2018年7月，广东辖区内两家股权交易中心整合成为"广东股权交易

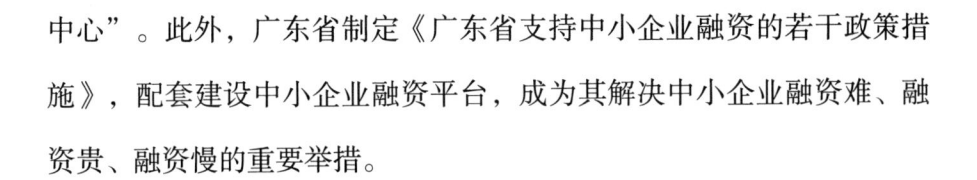

中心"。此外,广东省制定《广东省支持中小企业融资的若干政策措施》,配套建设中小企业融资平台,成为其解决中小企业融资难、融资贵、融资慢的重要举措。

(四)加快促进科技成果转移转化

广东省各地高度重视科技创新及知识产权保护运用工作。通过加强人才队伍建设、培育激发企业创新潜力活力、探索知识产权保护和运用的方式、整合全球创新资源等方式,补齐在创新人才、创新主体、创新合作等方面的短板,对科技成果转移转化和经济高质量发展发挥重要作用。

为吸引高端研究性人才和打造专业性技术人才,围绕广东省对全省人才发展的顶层设计和政策机制上的安排,各地积极出台人才政策,吸引海内外创新人才,为创新驱动发展提供源头活水。为激发企业创新活力,广东省支持华为、中兴等具有较强自主研发能力的创新型大型企业,打造创新"龙头";推动国家高新技术企业提质增量,提质创新"骨干";打造一批有自主品牌、有创新能力、高速成长的创新型企业群体扶持创新"小微",在教育、健康、金融、旅游等众多消费领域孵化和培育创新"独角兽"企业。

为加强国内外创新合作,广东省立足区位优势,以"粤港澳大湾区"建设为抓手,集聚全球高端创新资源,积极打造具有全球影响力的国际科技创新中心。

广东省持续加大知识产权保护的力度,统筹推进知识产权行政执法、司法保护以及协调机制建设，构建协调联动的知识产权保护大格局。

（五）统筹建设数据信息统一开放平台

统筹建设广东省政府数据统一开放平台——"开放广东"，各级政府部门可通过该平台向社会发布可公开的数据信息和服务，为社会公众和企业获取政府数据信息提供了便捷通道。截至2019年7月，"开放广东"平台对外开放1.39亿条政府数据，其中，38个省级部门开放454个数据集，21个地市开放2948个数据集。平台网站来访IP超过70万个，数据下载次数62万次，数据API被调用余2000万次，网站首页日均访问量达20万次。同时，"开放广东"平台支持各政府部门及企业使用已开放的数据资源进行应用开放，为社会提供增值服务。目前，广东省政务服务数据管理局正以优化营商环境改革为突破口，通过向金融领域提供政务数据，帮助商业银行加强对中小微企业的金融服务供给，提高金融服务效率。

二、要素市场化配置改革中存在的主要问题和原因

（一）土地要素

1. 农村集体经营性建设用地入市制度改革缺乏上位法支持

农村集体经营性建设用地入市制度改革缺乏上位法的支持，将影响集体土地的长期收益：一是抵押融资功能受到较大影响，根据《土

地管理法》、《物权法》和《担保法》，金融机构无法为集体土地办理抵押业务；二是难以吸引大中型企业，大中型企业更加注重生产经营场所的合法性和稳定性，对于产权不清晰的农村集体经营性建设用地普遍兴趣不高。

究其原因，尽管《佛山市南海区农村集体经营性建设用地抵押融资管理试行办法》中对集体经营性建设用地的使用权抵押作了明确规定，但由于仅是地方性法规，支持力度明显不够。此外，目前南海区使用集体经营性建设用地的主要是民营小企业，效益相对较差，影响集体土地的长期收益。

2.地下隐形市场存在，干扰城乡统一建设用地市场的培育

虽然政策上已允许集体经营性建设用地入市，但地下隐形市场仍然存在：一是原有违法用地只能继续在地下隐形市场流转，无法公开合法入市；二是为规避土地增值收益调节金和交易税费，部分集体经营性建设用地隐形入市，干扰了城乡统一建设用地市场的培育。

究其原因，就南海区而言：一是2005年以来，广东省开展了农村集体建设用地入市的实践探索，由于监管制度不严格，一些不符合流转条件的集体建设用地乘虚而入，导致存量农村集体经营性建设用地中相当部分是违法用地；二是按照集体经营性建设用地入市规定，流转集体经营性建设用地使用权时，村（居）集体应当缴纳土地增值收益调节金及相应税费，为了获取高额的收益，部分集体经营性建设用地依然隐形入市。

3.农村集体经营性建设用地入市制度改革打破了现有利益格局,各方矛盾亟待协调

农村集体经营性建设用地入市制度改革打破了地方政府垄断土地一级市场的格局,打破了现行土地增值收益分配的格局,因而各方利益矛盾仍需协调,土地增值收益分配机制有待完善。南海区集体经营性建设用地入市的土地增值收益分配机制仍存在一定的问题,矛盾的焦点集中在地方政府和村(居)集体之间。

究其原因,地方政府既是集体经营性建设用地入市的管理者,也是收益分配的参与者;村(居)集体为了维护自己利益主体地位,势必会与地方政府产生纠纷。允许集体经营性建设用地入市,减少土地征收范围,相当于将以往政府独享的土地增值收益让渡一部分给村(居)集体,也在一定程度上影响了地方政府推动集体经营性建设用地入市的积极性。

(二)劳动力要素

1.劳动力行业间配置不合理,就业结构性矛盾突出

佛山市劳动力市场的空缺岗位与失业并存,制造业从业人员数量多,但不少是稳定性较差的农村转移劳动力,高素质人才比重明显偏低。结构调整、人工智能和机器人的广泛应用等加速了传统产业的岗位以及大量重复性劳动岗位的就业替代。同时,农民工自身劳动技能低下,对现代生产要求和新兴产业岗位需求不能适应。

究其原因，不同劳动力市场的工资决定机制存在差异，电力、金融、机关事业单位，以及部分外企和大型民企的工资待遇、劳动权益保障和后续职业发展相对更好，大学生和高素质人才供大于求。而体制外的单位尤其是小型、微型民企的人才需求不能满足。此外，劳动力市场岗位需求变化通常超前于劳动力供给的变化，金融、互联网、高端制造业等新兴产业岗位增速非常快，规模稍大的企业对技术类的人才需求比较大，而相当一部分求职者掌握的知识和技能陈旧，缺乏对应的就业能力。

2.部分劳动者难以实现自主就业，就业积极性低

高校毕业生、就业困难人员"未就业"和"慢就业"现象突出。2017—2019年上半年，佛山市统计期末均有2000名左右的高校毕业生暂时未能就业，而全市长期失业者（登记失业6个月及以上）有5000多人。2019年第二季度，佛山市共有2500多名就业困难人员未能实现就业。

究其原因，不少就业困难人员因为年龄大、体力差、文化素质和专业技术水平低等，逐步被劳动力市场排斥，造成长期失业。而大学毕业生则是由于个人择业标准和报酬预期高于劳动力需求，主动放弃就业机会。他们当中的大部分人并非找不到工作，而是不愿意干苦活、累活、"伺候人"和收入低、压力大的活。特别是，非国有和集体经济单位是佛山市用工需求的主体，但是这些单位提供的空缺岗位通常工资待遇低、工作量大，这就与求职者的就业预期形成了鲜明反差，致使很多劳动者在就业路上停滞不前。

（三）资本要素

1.粤港澳大湾区资本要素自由流动存在障碍

港澳与内地资本市场虽有互通通道但"限流措施"较多，科研、创业、PE／VC等资金跨境流动管理不够灵活，跨境电子支付市场分化带来不便，导致大湾区内的港澳与内地城市之间形成"两个市场"，资本要素在"两个市场"之间无法自由流动。

究其原因：一是粤港澳三地金融监管体系不同，监管创新与融合方向尚未明确，使得金融机构难以把握金融产品创新和业务发展中的风险和合规性；二是大湾区金融机构的内部管理方式与文化存在明显差异，对于缺少跨境设立机构和展业经验的金融机构而言，缺乏融洽的内控合规管理模式和方法；三是随着理财互通、绿色金融等特色金融业务和创新产品的开展，对金融机构内控合规的智能化、精细化管理能力提出了新的要求，现有的内控合规管理经验可能不足以及时满足资金跨境流动业务的发展需求。

2.金融供给区域不协调、群体不平衡问题突出

分区域来看，粤东西北地区的财政收入、进出口总额等关键经济指标总和将近珠三角地区的1/3，而贷款规模总和仅为珠三角地区的1/9。分群体来看，当前对大中型企业、重资产行业企业等金融供给过剩，对大客户过度授信、多头授信、关联授信风险突出，对小微企业、轻资产行业企业金融供给严重不足。

究其原因：一是珠三角和粤东西北地区经济发展严重失衡，导致金融机构发展和金融业务开展不平衡。广东一直深受区域发展不平衡困扰，以2017年为例，广东经济总量接近9万亿元，其中，珠三角9个地市以占广东省30%的面积创造了80%的产出，汇集了90%的银行总资产，而粤东西北发展却严重滞后，存在"最富在广东、最穷也在广东"的难题。二是银行业金融服务创新能力滞后，金融供给手段单一、信贷配置效率不高。银行业对"规模收益"的重视大于"边际效用"或"社会效益"的现象，导致在传统业务模式下金融供给难以向金融服务薄弱环节流动，银行业资源配置呈现较大分化。

3.民营和小微企业融资存在风险隐患

作为广东经济发展的"左膀右臂"，民营经济和小微企业财务管理不规范、融资状况不透明的情况依然存在。例如，个别企业盲目扩张导致资金链紧张；关联企业较多，存在资金挪用的风险；部分企业存在民间借贷行为，难以掌握其真实的负债状况。银行等金融机构与借款中小企业之间的信任程度不高，尚未精准对接小微企业。

究其原因：一是银行等金融机构的服务精细化、信用评价能力和风险管控能力仍需提高。例如，金融机构服务实体经济的风险防控意识不足，而金融科技水平的欠缺也影响其风险管理能力的提升。二是在政府层面，征信体系和联合惩戒机制有待进一步完善。融资困难的关键在于信息不对称，使得众多中小企业融资时被排斥在外或者获得融资服务不足。目前，企业税务、工商、海关、质检、法院执行等信息尚未真正统一，守信联合激励和失信联合惩戒机制需要加强，信用中介服务组织的作用有待进一步提升，全社会信用环境建设有待进一步提升。

（四）技术要素

1.高质量技术供给不足，供需结构性矛盾突出

高质量的技术供给严重不足，企业技术需求与高校和科研机构的技术供给存在明显的结构性错配，科技-经济对接效率不高。很多促进科技成果转移转化相关政策并没有达到预期的效果，科研人员成果转化的积极性不高，很多成果申请到手后就放置一边不管，浪费非常严重。

究其原因：一是高校和科研机构考核评价更侧重科技成果的创造，而忽视成果的转移转化，导致科研人员进行技术研发主要是为了评定职称，而不是获取成果转化收益。二是科技成果的收益权没有理顺。调研发现，尽管科技成果的收益权已下放至单位，但在具体分配比例上没有完全理顺。例如，"学校的校长是一个想法，而书记可能是另一个想法"。三是扶持政策太多太零散，尚未形成政策合力。佛山市科技局同志表示，当前扶持政策太多太零碎，"有国家层面的，也有省市层面的，有科技部门的，也有工业和信息化部门、教育部门等不同部门的政策，即使是专门从事成果转化的，都不一定拎得清"。

2.专业服务机构与专业人才缺乏，成果转化效率有待提升

专业的科技成果转化中介服务机构和技术经纪人才较为缺乏，未能有效沟通科技成果的供需双方。专职于企业专利挖掘与知识产权布局的IP经理人依然是一个"稀有职业"，多数企业的知识产权岗位仅属

普通文员，离真正的经理人较远。

究其原因：一是技术交易本身对人才素质要求较高，人才培育难度大。要完成一项技术合同的交易并不容易，其中，涉及寻找合作伙伴、产业化应用、熟悉和开拓市场、技术更新等环节，专业性人才培育难度大。二是技术中介的盈利模式还有待探索。佛山市科技局的同志反映，由于技术市场发展还不成熟，很难界定和评估中介服务在科技成果转移转化过程中所作出的贡献，也就难以准确定价。

（五）数据信息要素

数据要素配置存在的突出问题是数据资源开放不充分和安全保障体系薄弱。从调研情况来看，目前，数据要素的市场化配置仅在政务数据公开层面有所进展。但在推进数据要素开放、共享和利用的进程中，仍面临数据资源开放不充分和政务数据安全体系尚未建立的困境。广东省在推动数据资源开发利用过程中，发现国家部委的相关数据共享开放的力度、范围仍不能满足"放管服"改革的需求。并且，对于数据能否与企业共享仍未明确，导致以"信用+"为担保的创新应用难以实施，无法为企业在投标等活动中降低经营成本。此外，尽管通过国家共享交换平台和省级政务大数据中心，已支撑大量数据跨部门、跨层级应用，但各级政务数据共享平台的安全体系建设薄弱，数据安全保障工作有待加强。

究其原因，主要是政务数据资产权责尚不清晰。由于政务数据资产权责尚未明确，数据提供、应用的责任和边界尚不清晰，阻碍了数据服务应用效力的提升。特别是，由于数据共享开放的权责尚未完全理顺，部分职能部门以数据的重要性和敏感性为由，对数据的共享开放有所保留，提供开放政务数据的积极性不高。

三、深化要素市场化配置改革的对策建议

深化要素市场化配置改革是要发挥市场在要素配置中的决定性作用，破除市场壁垒和体制性障碍，调整要素配置结构，提高要素配置效率。需要从各个要素的异质性出发，健全促进要素市场化配置的制度保障，营造良好的要素市场环境和激发各类要素市场主体的活力。

（一）土地要素

1.修订和完善土地利用相关法律法规，构建配套政策体系

我国法律层面尚未设置土地发展权，允许农村集体经营性建设用地入市是一项和土地发展权密切相关的制度，需要通过立法形式设立。应尽快从国家层面修订和完善农村集体经营性建设用地入市的相应法律和法规，构建与之配套的政策体系。首先，要形成"产权明晰、权能明确、权益保障、流转顺畅"的产权制度，这是农村集体经营性建设用地入市的前提，也是建立同权同价的城乡统一建设用地市场的关键。其次，要完善农村集体经营性建设用地抵押融资功能，这是提升入市土地价值的关键环节，可加速农村集体经营性建设用地流

转，提高土地利用效益。最后，大力培育农村集体经营性建设用地租赁、转让、抵押二级市场，培育城乡统一建设用地市场体系。

2.严格界定土地入市与征地边界，坚决清理地下隐形土地市场

一是严格界定土地入市与征地边界。明确可入市农村集体经营性建设用地的范围，禁止新增农村集体经营性建设用地入市，同时防止农用地、宅基地、公益事业及公共事业用地非法转为经营性建设用地，一并入市流转。二是清理地下隐形土地市场。开展农村集体经营性建设用地专项调查和确权登记工作，出台历史违法用地处理办法。对于历史违法用地，只要可以补办相应手续、补缴相应税费、达到"符合规划、用途管制和合法取得条件"的，皆可进行确权登记，允许使用权入市流转；对于不符合条件的历史违法用地，坚决予以取缔，杜绝入市交易流转。对于规避土地增值收益调节金和交易税费而隐形地下入市的，应依法追究主要责任人的法律责任，追缴违法所得。

3.完善土地增值收益分配机制，调动各方利益主体积极性

允许农村集体经营性建设用地入市，从而减少了征地范围，打破了原有土地收益分配格局，对地方财政造成较大冲击。地方政府通过土地增值收益调节金和税费形式参与集体用地入市收益分配，其分配比例应与征地收益相当，从而调动地方政府的积极性。

集体土地入市期满，村（居）集体可依法收回土地使用权，还可再次入市流转获取收益，同样也可以调动村集体经济组织的积极性。同时，村（居）集体分享的土地增值收益部分，在村（居）集体和村

（居）民之间分配时，应加大向村（居）民的倾斜力度，统筹安排于村（居）民的社会保障以及困难补贴等。

（二）劳动力要素

1.建立更加统一、公平的劳动力市场

不断完善以税费减免、小额贷款、专项补贴和就业援助等为主要内容的积极就业政策体系，打破城乡、区域间的分割，促进各类劳动者就业。综合运用财政、税收、金融等手段，加大对中小微企业的扶持力度。运用就业补贴政策，吸引高校毕业生到中小微企业就业，鼓励农村富余劳动力到各类企业就业。运用职业介绍补贴政策，鼓励社会职业中介机构为企业推荐介绍求职者和引进劳动力。运用企业吸纳社会保险补贴政策，扶持城乡就业困难人员和高校毕业生到各类用人单位就业。改革国有企业工资决定机制，破除行业垄断，提高竞争性水平，减少企业工资分配制度不健全、秩序不规范的问题。加快健全工资集体协商法律法规，完善工资平等协商机制、正常增长机制和支付保障机制，引导企业尤其是非公经济组织逐步提高薪酬水平和福利待遇。

2.提高劳动者职业技能，扩大高学历劳动者供给

多措并举，提高劳动者的职业技能。一是建立职业培训与产业需求动态对接机制，根据产业转型升级、智能制造发展和生产性服务业高端化的要求，设立以促进产业发展、满足用工需求、促进就业和人力资源素质提升为目标的培训项目，大力开展订单类、定向类或定

岗类的就业技能普及培训、岗位技能提升培训和创业技能培训，促进创新型、应用型、复合型技能人才培养。二是强化技能培训与企业岗位实际需求的紧密联系，充分利用大型骨干企业的资源优势，在政策和资金上鼓励并支持企业特别是大型制造业企业创办职业技能培训学校。三是重点实施异地务工人员技能提升和失业人员转业转岗培训，并开展个性化的就业指导。

扩大高学历劳动者供给，一是实施激励计划及人才居住补贴政策，加快完善"人才引进调档"和"人才引进入户"等网上服务功能；二是进一步放宽引进人才落户条件，包括设立"四级"人才集体户网络、放宽企业设立集体户的条件、拓宽人才引进渠道、放宽"购房入户"的条件、简化人才落户程序等。

（三）资本要素

1.统筹推进粤港澳大湾区金融合作发展

一是构建大湾区金融体系建设和互通互联机制，部署大湾区支付清算、证券市场等基础设施互联互通规划和行动安排。二是拓展双向金融布局，加快国际化步伐。支持三地金融机构和金融服务机构互设网点布局、分支机构，甚至是具备清算结算、资产管理、金融服务外包、金融产品研发等功能的金融总部。三是促进大湾区金融科技应用协同和创新发展。联合港澳金融管理机构共同探索运用区块链、大数据、云计算、人工智能等金融科技手段，优化金融市场基础设施功能。鼓励广东省内金融机构及科技企业等市场主体加强与港澳地区相关企业的交流合作，联合开展定期交流和信息互换，促进良性竞争、共同发展。

2.继续增强对民营和中小微企业的金融支持

一是建立健全中小微企业金融服务结构，加强金融产品和金融服务模式的创新，构建覆盖全生命周期的融资服务体系，形成培育中小微企业发展的长效机制。二是强化企业信用建设，构建适应于中小微企业特点的信用评价体系和公共征信平台，建立健全中小微企业信用信息公示披露制度，积极完善企业信用信息共享和信用约束机制，鼓励政府性担保公司和民营担保公司为中小微企业提供信用保证。三是优化金融营商环境，推进有利于民营和中小微企业融资的基础设施建设，积极做好政策制定、政策落实和政策宣传，推动各项扶持政策措施协同落地。

（四）技术要素

1.完善考核评价体系和利益分配机制，有效激励创新创造和成果转移转化

一是建立多元的成果评价体系和科学的考核分类体系，把行业产业与国家发展战略需求和研究工作及个人发展结合起来，充分调动不同群体科研人员的积极性和创造性。二是加快形成成熟的转移转化模式和利益分配机制，使科技人员放心大胆地开展工作。鼓励创新主体采取"放水养鱼"政策，制定科技人员参与科技成果转化收益的分配方案，从制度上保障科技人员的正当利益。三是整合跨部门政策资

源，形成政策合力。构建基于从实验室到市场的全企业生命周期视角下的联合创新资助体系，创新融资方式，推动高校科技资助单一依赖政府或自筹融资向依赖风险资本转变。

2.着力培育科技成果转化专业服务机构与经纪人才

一是鼓励各单位建立健全成果转化工作机制，引导建立专门从事科技成果转化的管理服务机构。二是充分发挥社会各界的力量，支持社会化、专业化的技术转移机构，培育打造运行机制灵活、专业人才集聚、服务能力突出的技术转移机构。三是以战略眼光与国际化视野，打造专业人才队伍。研究建立技术经纪人培养体系，加强培育专业服务人才，开设科技成果转移转化专业及课程试点。四是要建立合理的成果转化收益分配和奖励机制，加大对技术转移服务人员的激励措施，引进、吸引更多的复合型人才。

（五）数据信息要素

1.加强数据信息开放共享制度管理

一是探索数据立法，明确数据资产权责，提升数据服务。特别是，加强国家层面的数据立法工作，明确数据资产的所有权和使用权。二是结合政务数据公开重点工作内容，明确政务数据开放和共享的范围、条件，编制和动态更新《数据开放目录》，开展数据梳理、编目和开放工作。三是明确《数据开放目录》中的数据格式、更新周期、数据领域、数据范围和信息等属性，实现分级分类管理。

2.建立政务数据安全体系,优化数据信息开放共享流程

建立政务数据安全体系,保障数据安全可控。需进一步加强跨层级政务数据安全管理,从身份鉴别、访问控制、安全传输、数据加密、数据脱敏和安全审计等多方面构建数据信息开放和共享的安全体系。

优化数据信息开放共享流程,一是从国家层面加大统筹协调力度,优化数据申请、授权使用流程,进一步推进国家部委数据向地方开放;二是在地方层面加快大数据平台建设,以数据治理和数据服务为主线,以释放数据价值,助推数字政府建设和实现便民利企为出发点和落脚点,加快建设省市一体化的大数据平台。

第十章 优化资金配置调研案例

我国是以间接融资为主的金融体系，银企合作机制对于资金配置起着关键作用。山东省日照市和河南省新乡市的银企合作创新机制，对解决企业资金链和优化资金配置具有重要作用。2019年7月，国家发展改革委体改司和国家发展改革委市场和价格研究所联合调研组赴山东日照和河南新乡调研主办银行制度，了解这种银企合作机制对于重塑银企合作关系、优化配置金融资源以及防范金融风险的意义，相关成果整理成本章内容。

一、银企合作新机制的关键作用

日照和新乡的银企合作机制的共同之处，是采用了主办银行制度。这种主办银行制度是指基于银企业务往来，每家企业选择一家银行作为主办行，签订《银企合作协议》，建立长期合作关系，银行为企业提供融资、结算、咨询等综合性金融服务。由于日照、新乡的主办银行制度在机制方面不断创新，取得了积极成效，不仅满足了市场融资需求，关键是解决了经济风险时期银行对大企业抽贷断贷和小微企业融资难融资贵问题，能够基于长期合作关系配置信贷资金，对于当地塑造健康的金融生态、解决企业融资发挥了重要作用。

在日照和新乡调研发现，主办银行制度在基层颇为活跃。这种银行制度在两地出现的时间和原因基本一致。2014年由于经济下行，银行抽贷自保，企业资金风险沿着互保联保链条迅速蔓延，银行与企业间互不信任，许多企业面临资金链断裂的风险。日照和新乡为遏制资金链断裂风险可能带来当地经济出现重大金融风险，希望保护诚实守信、符合产业政策、市场发展潜力大、产业带动能力强的企业渡过难关，分别于2014年7月和12月推出主办银行制度。这种制度在经济下行风险加大、企业资金链紧张时期，能降低银行对企业抽贷的可能性，迅速稳定当地的经济发展。截至2019年6月末，日照共23家银行与546家企业签订主办银行合作协议，累计发放贷款162.01亿元；其中，中型企业11户、小型企业472户、微型企业63户，小微企业占比98%，有效解决了小微企业"融资难、融资贵"问题。截至2019年5月末，新乡共16家银行与237户重点企业签订了主办银行协议，支持了661个项目，累计使用应急转贷资金167.2亿元，撬动银行贷款221.28亿元，银企共赢成效显著。

二、创新型主办银行制度的机制创新

日照的主办银行针对小微企业，分两种模式：一是对授信1000万元以下的中小微企业采取"一对一"模式，银企双方自由选择，签订协议；二是对授信1000万元以上、1亿元以下的中小微企业采取"主办银行+协办银行"模式，主办行是企业最大授信行，主办行与协办行不超过5家。新乡的主办银行制度则主要针对授信在1亿元以上的大中型企业，采取主办银行牵头、辅办银行配合的"一对多"模式，操作相对复杂，但更切合新乡实际，根据本地加工业发达特点，优先解决大型企业融资问题，大企业救活了，依附其产业链上的小微企业自然就有了生存空间。

新主办银行制度的机制创新各有特色。日照先后出台了《关于探索实施中小微企业主办银行制度的指导意见》《全面实施中小微企业主办银行制度的工作方案》等11项文件保证了创新制度的贯彻实施。其5项核心机制包括：一是主办行负责研究对协议企业的授信总量控制，二是主办行和协办行联合授信管理，三是签约企业承诺真实信息披露，四是银行为企业量身定做综合金融服务方案，五是银企在解除主办银行关系时，信贷要有序退出。这五项措施有效地保障了银企互信，企业集中精力发展生产，银行建立稳固的客户关系和市场基础。

新乡市创新主办银行主要针对大型重点企业，人民银行指导银行业协会出台了《新乡市信贷主办银行管理办法》《新乡市应急转贷资金使用管理暂行办法》《新乡市打击逃废银行债务管理暂行办法》等三个文件保证其规范化运行。其三项核心机制包括：一是开展试点，选取有行业代表性、有发展潜力的企业开展试点，探索新型银企关系；二是市财政出资设立"应急转贷资金"，累计使用应急转贷资金167.2亿元，有效地帮助企业解决了资金周转困难，化解了银行风险；三是实施债权人委员会制度，对债务规模5000万元以上且超过3家债权行的企业成立债委会，按市场化、法制化原则实行"一企一策"，确定增贷、稳贷、减贷、重组等处置机制，形成了信息共享、联合统一授信、同进同退、风险共同防范、集体会商等机制。上述措施保证了银行在企业陷入困境时，帮企业渡过难关，不会盲目抽贷、断贷。

三、新主办银行制度的利弊分析

新主办银行制度体现了银行和企业自我约束及相互约束的契约精神。新主办银行制度基于市场自律之下，体现了市场主导的特点。日照的主办银行制度有4项保障措施：一是银行同业自律，认真落实《日照市银行业金融机构主办银行制度自律公约》，避免恶性竞争。二是失信联合惩戒，依托社会信用体系，对严重失信的企业，严格禁止一切融资授信合作，对严重失信行为形成高压态势，维护良好的金融生

第十章
优化资金配置调研案例

态环境。三是负面清单管理，对不遵守主办银行制度的银行和企业，一律纳入负面清单。对银行视情节轻重与金融管理措施挂钩；对严重失信企业，银行机构不得提供融资等金融服务。四是矛盾纠纷调解，维护银行企业的合法权益。这种主办银行制度非常有效，日照银行签约的小微企业的贷款不良率仅为0.66%，而截至2019年5月末，我国金融机构单户授信1000万元以下小微企业贷款不良率为5.9%，这显示了主办银行制度的强大生命力。

日照和新乡的主办银行制度均选择了信贷型主办银行。从国际经验来看，主办银行分两种：一是以日本为代表的银企互相持股型主办银行，二是以英国为代表的信贷型主办银行。日本主银行制允许大银行与大企业相互参股，但产业资本和金融资本融合容易导致垄断，这种银企关系曾使日本银行20世纪90年代末深陷企业破产的泥潭。英国采用的是信贷型主办银行制度，银企关系稳定，银行对中小微企业贷款的70%为长期信贷，极大地促进了中小微企业健康发展。调研组认为，两地选择的信贷型主办银行制度的方向是正确的。

新主办银行制度的重点在于构建新型银企合作机制。我国银行目前遵循安全性、流动性和效益性原则，主要是约束银行自身，而对银行外部合作关注较少。其弊端是：面对一家好企业时，银行争相提供信贷，过度授信或恶性竞争，企业信贷资金过多，有的就不安心主业而进入虚拟经济以图获取高额利润；但对于小微企业，银行则提高信贷门槛，使其始终处于融资难融资贵的境地。这种体制使银行在经济繁荣期对企业盲目授信、过度授信，在经济衰退期又抽贷、断贷，处于一种无序竞争状态。新主办银行制度则改变了这种银企关系，充分遵循市场规则和契约精神，关注银企长期合作关系，实行同进退共发展。风险来临时，银行不再是逃跑主义，而是帮助企业想办法，把"雨中收伞"变成"下雨送伞"，努力成为企业发展的好伙伴。银行在坚持市场化改革的同时，唯有肩负起一定的社会责任，发挥"经济血液"作用，才能促进生产要素优化配置和快速流动。日照银行在实践中创新的"伙伴式主办银行"，被纳入2018年中国小微企业金融服务白皮书，成为银行业服务小微企业的优秀案例。

调研发现，主办银行制度仍有待改进。一是信息共享协议缺乏刚性约束，企业担心其经营、投资、财务等信息公开会不利于融资谈判；工商、税务等信息又过于零散，银行难以印证企业信息的真实性。日照银行反映"银企协议只是软约束，协议执行完全取决于企业配合程度"。二是有些企业缺乏自我约束，广东发展银行新乡分行反映，其6家签约企业已退出1家，退出的某科技公司向广发分行贷款1.2亿元，但因无序扩张导致亏损停工，最后只收回3000万元。目前新乡辖区内企业的互保联保风险仍然较大，资金链异常紧张，一旦一家企业出现问题，将影响其他企业的银行授信。三是企业逃废债问题依然存在，个别企业由于经营及还贷压力，逃废银行债务，给银行造成损失，极大地破坏了银行业帮扶困难企业的信心，恶化了融资环境。四是银行续贷面临风险。债权行在办理抵（质）押延期或展期手续时，需要先解压再办理续贷手续，在这个过程中抵质押品很容易被第三方冻结，导致银行债权悬空。上述问题都成为推进落实主办银行制度的掣肘。

四、加快塑造新型银企合作机制

根据各地实际情况推行主办银行制度。对于小微企业，可优先推行主办银行制度，采用"一对一"模式，地方商业银行可作为推行主办银行制度的主体，为小微企业打通资金渠道，构建地方性银行与小微企业的长期合作关系，实现利益共享、风险共担，解决小微企业融资难融资贵问题。对于大中企业，推行"一对多"模式的"主办银行+辅办银行"制度，建立"主办银行+债权人委员会"双机制，促进银企信贷关系转型，强化银行同业合作，规范金融同业竞争，实现管理制度的根本性转变，推动建立长期紧密的银银、银企合作，降低金融风险。

充分发挥主办银行的业务优势，实现综合性金融服务优化升级。推广主办银行坚持以客户为中心、制定差异化金融服务方案的经验，综合考量签约企业的资产规模、信用等级、偿债能力等经营特点，主动为企业提供与其需求相匹配的金融产品和服务，最大限度地满足企业生产经营合理资金需求。实行信贷供给差异化，适当降低签约企业信贷准入门槛，合理确定贷款期限，提高审批发放效率，鼓励推行"一次授信、随用随贷"。根据企业信用状况，给予利率优惠，降低企业财务成本。推广无还本续贷，支持正常经营的签约企业融资周转"无缝衔接"。设立金融服务顾问团，为签约企业提供融资融智服务,有效整合融资、结算、投行、保险及咨询服务等各类业务资源,为企业量身定做综合性服务方案。

规范企业信息披露,强化企业诚信意识。主办银行签约企业要签订《诚信经营信用承诺书》,依法合规经营、履行纳税义务、财务规范透明,及时披露企业生产经营、真实负债、技术改造、法人变动等重大事项,营造推进主办银行制度良好的外部环境。要加快银行征信系统的信用体系建设,搭建信用信息共享平台,分散在各部门的信用信息应能够集中共享,及时更新企业的关联关系、银行授信、担保、投资、财务、税务、司法等各类信用信息,形成企业信息大数据库管理,缓解银企信息不对称,从根本上解决企业信息披露问题。

强化主办银行的融资风险管控,建立有序的合作退出机制。银行主动参考依法备案的第三方专业评级机构对企业的评级结果,与内部评级结果形成互补,嵌入贷款流程,确定授信额度,防范企业多头开户、多头授信、一单多融、挪用资金、隐性负债等风险。建立风险受偿次序机制,一旦企业出现风险,主办银行要按照合作协议约定不得随意抽贷、压贷,只有企业救助无望后,银行方可依法处置。主办银行和辅办银行要事先规定各行贷款的受偿顺序,其中,主办银行最后受偿;企业要按照事先约定的受偿顺序归还银行贷款。当企业无力偿付时,相关银行可以按照市场价格转让该偿付权。只有当该债权确实无人承接时,该银行可以依法提起破产清算请求,对企业进行破产清算。

建立主办银行执行效果评价制度,与金融管理政策挂钩。由各地

第十章
优化资金配置调研案例

人民银行对银行业金融机构落实主办银行制度的实际效果进行综合评价，并依据评价结果实行激励约束的制度安排。按照国有商业银行、股份制银行、城市商业银行、农村商业银行和村镇银行等四大类进行评价，评价指标包括业务类指标、管理类指标和评价类指标，权重可分别为30%、20%、50%。评价结果作为人民银行对商业银行再贷款、再贴现、常备借贷便利等的重要依据。

新型主办银行制度的目的是塑造银企合作机制。通过调研可知，这种银企合作机制恰恰能够解决我国银行长期以来面临的同业恶性竞争，企业在困难时期需要银行大力帮助之时，银行恰恰是逃避责任，逃跑主义，因此值得探索研究。重新研究银企长期合作关系的塑造，才能实现信贷资金的合理配置。各地可通过"政、银、企"合作联动，通过实施主办银行模式的银企合作机制，改善金融服务。下一步可以继续优化《银企主办合作协议》，从制度上明确主办银行的责任义务，在风险来临时，主办银行应勇于担当，不盲目停贷、抽贷，要给企业提供风险缓释方案，建立长期紧密的新型银企合作关系，提高金融资源配置效率和水平，在支持经济高质量发展方面发挥关键作用。

我国应当考虑修订《主办银行管理暂行办法》，将经过实践检验的创新经验写入新的主办银行管理办法，从制度上明确主办银行制度中的银企双方的权利义务。从长远来看，新主办银行制度应写入《银行法》，将银企长期合作关系、银行的社会责任、银行要落实国家产业政策等内容以国家银行制度的形式确定下来。

后　记

40多年来，中国的经济体制改革一直是围绕着资源要素配置方式的改革和完善来进行的。我国第十四个五年规划和2035年远景目标纲要更是明确指出"推进要素市场化配置改革"，也对建立各类生产要素统一市场进行明确指引。改革还在持续，研究也在丰富，改革方案已经推出并贯彻实施，在不断完善中，以实践丰富理论，不断总结经验，深化改革。从认识到实践再到认识，以丰富社会主义市场经济理论，为改革提出思路，提出建议。改革涉及各类要素市场，我们仍在对各个点进行探讨，以完善、拓展和深化社会主义市场经济理论体系。以要素市场化配置改革为起点，课题负责人带领课题组进行了"市场评价贡献、贡献决定报酬"前提下的要素收益分配机制研究、新发展格局下的高标准市场体系研究、要素市场化配置为核心的统一大市场研究等，将陆续推出一系列改革研究的著作，进行理论研究和制度突破的实践探索。敬请期待！